# 2023
# 中国渔业统计年鉴

农业农村部渔业渔政管理局
全国水产技术推广总站　中国水产学会　编制

中国农业出版社
北　京

# 《中国渔业统计年鉴》编辑委员会

# 编 者 说 明

一、《中国渔业统计年鉴》以正式出版年份标序。其统计数据起讫日期：渔民家庭收支调查起讫时间为2021年11月1日至2022年10月31日，其他数据起讫时间为2022年1月1日至2022年12月31日。

二、统计数据中，远洋渔业数据按照远洋渔业管理办法进行统计，国家级水产原良种场数据来源于渔业渔政管理局养殖处，渔港数据来源于2021年全国沿海渔港核查工作，水产品贸易数据来源于中国海关统计，技术推广数据来源于全国水产技术推广总站、中国水产学会，其余数据来源于31个省、自治区、直辖市渔业主管部门和中国农业发展集团总公司。

三、主要统计指标数据执行2021年度国家统计局批准执行的统计指标体系（国统制〔2021〕15号）。

四、根据《农业农村部关于统计督察"回头看"整改工作方案》，自2022年起本年鉴中渔业产值为海洋捕捞（含远洋渔业）、海水养殖、淡水捕捞、淡水养殖产品产值之和，而2021年及以往年度年鉴中，渔业产值为海洋捕捞（含远洋渔业）、海水养殖、淡水捕捞、淡水养殖产品及水产苗种产值之和。

五、度量衡单位均采用国际统一标准计量单位。涉及水产品产量数字一律采用1996年制定的水产品产量统计新标准统计。

六、部分数据合计数或相对数由于单位取舍不同而产生的计算误差，均未做机械调整。

七、全国统计数据中，均未包括香港特别行政区、澳门特别行政区和台湾省。

八、各表中的“空格”表示该项统计指标数据不足本表最小单位数、数据不详或无该项数据。

九、本年鉴数据如有误列，敬请及时指正。

# 2022 年全国渔业统计情况综述

2022 年，面对国内外经济发展复杂多变环境，全国渔业系统深入学习贯彻党的二十大精神，落实党中央、国务院决策部署和农业农村部党组有关要求，全力以赴保供给，凝心聚力促振兴，攻坚克难守底线，有效应对新冠疫情和严重自然灾害，渔业经济保持较好发展态势，为农业经济社会稳定提供了坚实基础和有力支撑。统计数据显示，全年渔业经济持续回暖，水产品产量稳步增长，市场价格平稳，进出口贸易出现逆差，渔民收入保持增长。

## 一、全社会渔业经济总产值

按当年价格计算，全社会渔业经济总产值 30 873.14 亿元，其中渔业产值 15 267.49 亿元、渔业工业和建筑业产值 6 621.17 亿元、渔业流通和服务业产值 8 984.48 亿元，三个产业产值的比例为 49.5：21.4：29.1，如图 1 所示。渔业流通和服务业产值中，休闲渔业产值 847.40 亿元，同比上升 1.42%。

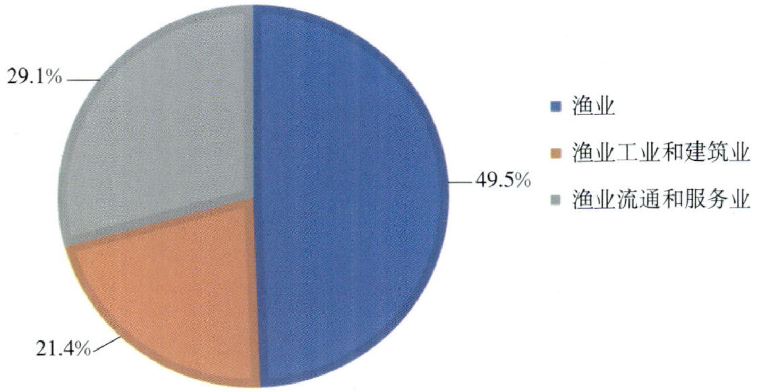


图 1　2022 年渔业经济总产值构成

渔业产值中，海洋捕捞产值 2 488.91 亿元，海水养殖产值 4 638.84 亿元，淡水捕捞产值 276.70 亿元，淡水养殖产值 7 863.03 亿元（渔业产值以国家统计局年报数据为准）。渔业产值中，水产苗种产值 843.45 亿元。

渔业产值中，海水产品与淡水产品的产值比例为 46.7：53.3，养殖产品与捕捞产品的产值比例为 81.9：18.1。

## 二、渔民人均纯收入

据对全国近 1 万户渔民家庭当年收支情况调查，2022 年全国渔民人均纯收入 24 614.41 元，比上年增加 1 172.28 元、增长 5.00%。

## 三、水产品产量及人均占有量

2022 年，全国水产品总产量 6 865.91 万吨，同比增长 2.62%。其中，养殖产量 5 565.46 万吨、同比增长 3.17%，捕捞产量 1 300.45 万吨、同比增长 0.35%，养殖产品与捕捞产品的产量比例为 81.1∶18.9，如表 1、表 2 所示；海水产品产量 3 459.53 万吨、同比增长 2.13%，淡水产品产量 3 406.38 万吨、同比增长 3.13%，海水产品与淡水产品的产量比例为 50.4∶49.6。

**表 1　2022 年全国水产养殖产量**

| 指　标 | 养殖产量（万吨） | 海水养殖 | | 淡水养殖 | |
|---|---|---|---|---|---|
| | | 产量（万吨） | 同比（%） | 产量（万吨） | 同比（%） |
| **全国总计** | **5 565.46** | **2 275.70** | **2.92** | **3 289.76** | **3.35** |
| 鱼　类 | 2 903.04 | 192.56 | 4.44 | 2 710.48 | 2.66 |
| 甲壳类 | 684.84 | 195.25 | 5.26 | 489.59 | 6.80 |
| 贝　类 | 1 588.56 | 1 569.58 | 2.85 | 18.97 | -3.19 |
| 藻　类 | 272.39 | 271.39 | -0.03 | 1.00 | 19.98 |
| 其他类 | 116.64 | 46.92 | 7.28 | 69.72 | 8.69 |

**表 2　2022 年国内捕捞产量**

| 指　标 | 国内捕捞产量（万吨） | 海洋捕捞 | | 淡水捕捞 | |
|---|---|---|---|---|---|
| | | 产量（万吨） | 同比（%） | 产量（万吨） | 同比（%） |
| **全国总计** | **1 067.47** | **950.85** | **-0.06** | **116.62** | **-2.64** |
| 鱼　类 | 731.70 | 641.87 | -0.51 | 89.83 | -2.39 |
| 甲壳类 | 200.89 | 188.53 | 1.29 | 12.36 | 0.33 |
| 贝　类 | 49.46 | 36.29 | 0.99 | 13.17 | -6.70 |
| 藻　类 | 1.94 | 1.94 | -4.40 | | |
| 头足类 | 59.15 | 59.15 | 1.02 | | |
| 其他类 | 24.33 | 23.07 | -2.46 | 1.26 | -3.43 |

2022 年，远洋渔业产量 232.98 万吨，同比增长 3.71%，占水产品总产量的 3.39%。

2022 年，全国水产品人均占有量 48.63 千克（全国人口数为 141 175 万人），比上年增加 1.27 千克、增长 2.68%。

## 四、水产养殖面积

2022 年，全国水产养殖面积 7 107.50 千公顷，同比增长 1.40%。其中，海水养殖面积 2 074.42 千公顷、同比增长 2.41%，淡水养殖面积 5 033.08 千公顷、同比增长 0.99%，海水养殖与淡水养殖的面积比例为 29.2：70.8，如表 3、表 4 所示。

**表 3　2022 年全国海水养殖面积**

| 指　　标 | 海水养殖面积（千公顷） | 同比（%） | 占总面积比重（%） |
|---|---|---|---|
| **全国总计** | **2 074.42** | **2.41** | |
| 鱼　　类 | 74.62 | -2.28 | 3.60 |
| 甲 壳 类 | 300.17 | 0.03 | 14.47 |
| 贝　　类 | 1 270.46 | 3.79 | 61.24 |
| 藻　　类 | 139.48 | -0.42 | 6.72 |
| 其 他 类 | 289.70 | 1.65 | 13.97 |

**表 4　2022 年全国淡水养殖面积**

| 指　　标 | 淡水养殖面积（千公顷） | 同比（%） | 占总面积比重（%） |
|---|---|---|---|
| **全国总计** | **5 033.08** | **0.99** | |
| 池　　塘 | 2 624.88 | 0.78 | 52.15 |
| 湖　　泊 | 688.46 | 3.78 | 13.68 |
| 水　　库 | 1 447.73 | 0.59 | 28.76 |
| 河　　沟 | 141.89 | -3.81 | 2.82 |
| 其　　他 | 130.14 | 0.86 | 2.59 |

## 五、渔船年末拥有量

2022 年，年末渔船总数 51.10 万艘、总吨位 1 031.33 万吨。其中，机动渔船 34.24 万艘、总吨位 1 007.36 万吨、总功率 1 837.02 万千瓦，非机动渔船 16.86 万艘、总吨位 23.97 万吨。

机动渔船中，生产渔船 32.90 万艘、总吨位 886.13 万吨、总功率 1 590.47万千瓦，辅助渔船 1.35 万艘、总吨位 121.23 万吨、总功率 246.54 万千瓦。

## 六、渔业人口和渔业从业人员

2022 年，渔业人口 1 619.45 万人，比上年减少 14.79 万人、下降 0.90%。渔业人口中传统渔民为 515.16 万人，比上年减少 1.99 万人、下降 0.39%。渔业从业人员 1 177.92 万人，比上年减少 6.71 万人、下降 0.57%。

## 七、水产品加工与贸易

截至 2022 年年底，全国水产加工企业 9 331 个，水产冷库 8 675 座。水产加工品总量 2 147.79 万吨，同比增长 1.07%。其中，海水加工产品 1 709.15 万吨，同比增长 0.02%；淡水加工产品 438.64 万吨，同比增长 5.39%。用于加工的水产品总量 2 556.13 万吨，同比增长 1.33%。其中，用于加工的海水产品 1 976.32 万吨，同比增长 1.29%；用于加工的淡水产品 579.81 万吨，同比增长 1.44%。

据海关总署统计，2022 年我国水产品进出口总量 1 023.28 万吨、进出口总额 467.38 亿美元，同比分别增长 7.17%和 16.99%。其中，出口量 376.30 万吨、同比下降 0.99%，出口额 230.31 亿美元、同比增长 5.04%；进口量 646.98 万吨、进口额 237.06 亿美元，同比分别增长 12.57%和 31.53%。2022 年贸易逆差 6.75 亿美元。

## 八、渔业灾情

2022 年，由于渔业灾情造成水产品产量损失 76.78 万吨，受灾养殖面积 435.31 千公顷，直接经济损失 97.93 亿元。

# 2018—2022 年主要统计指标统计图

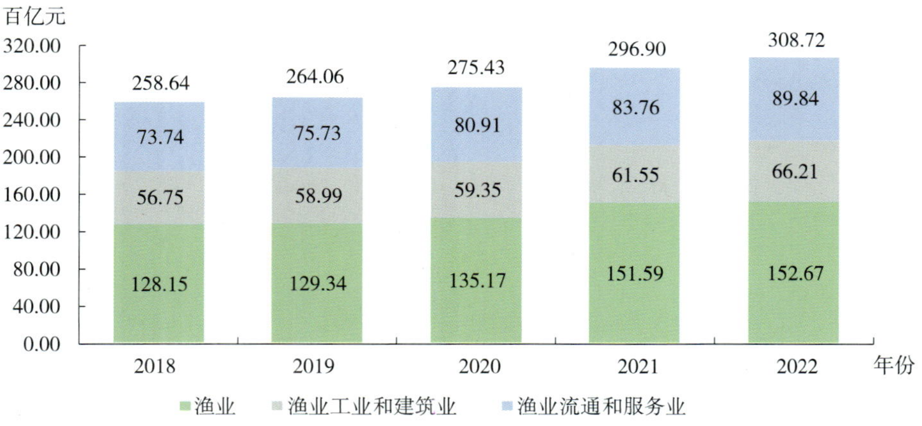


图 1　2018—2022 年全国渔业经济总产值及构成

注：2018—2021 年渔业产值含水产苗种产值，2022 年渔业产值不含水产苗种产值。

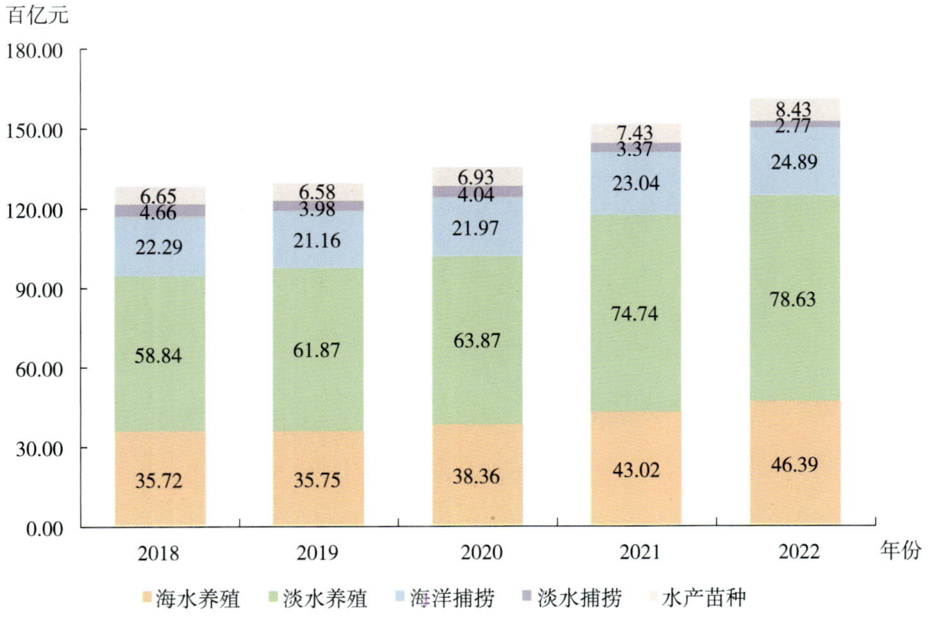


图 2　2018—2022 年全国渔业产值构成及水产苗种产值

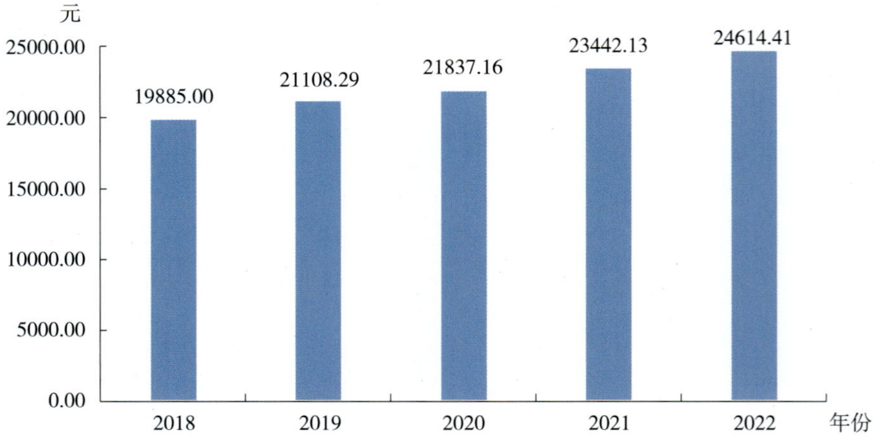


图 3　2018—2022 年全国渔民人均纯收入

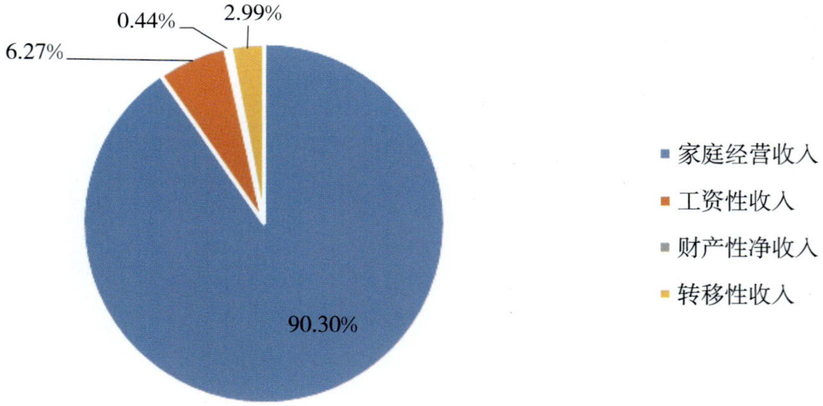


图 4　2022 年全国渔民家庭人均总收入构成

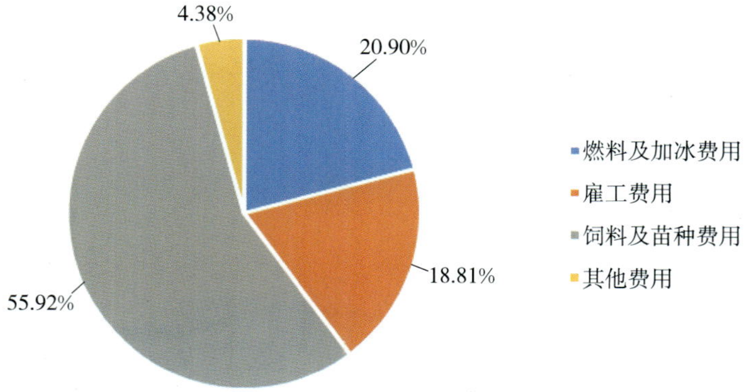


图 5　2022 年全国渔民家庭经营渔业人均支出构成

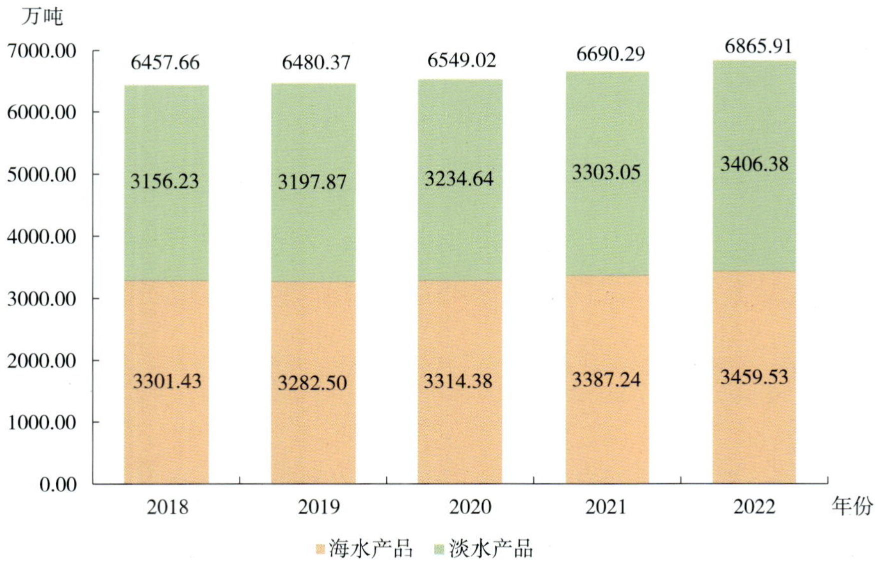


图 6　2018—2022 年全国水产品产量及构成

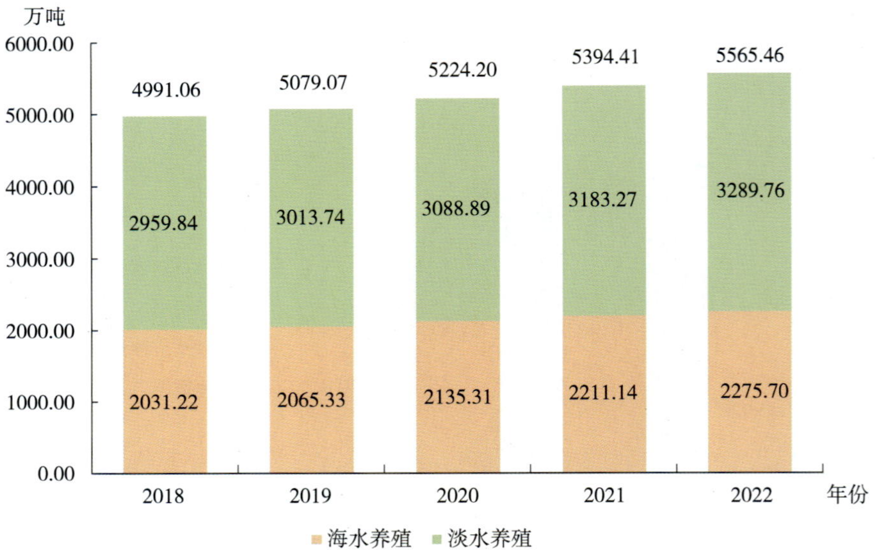


图 7　2018—2022 年全国养殖产品产量及构成

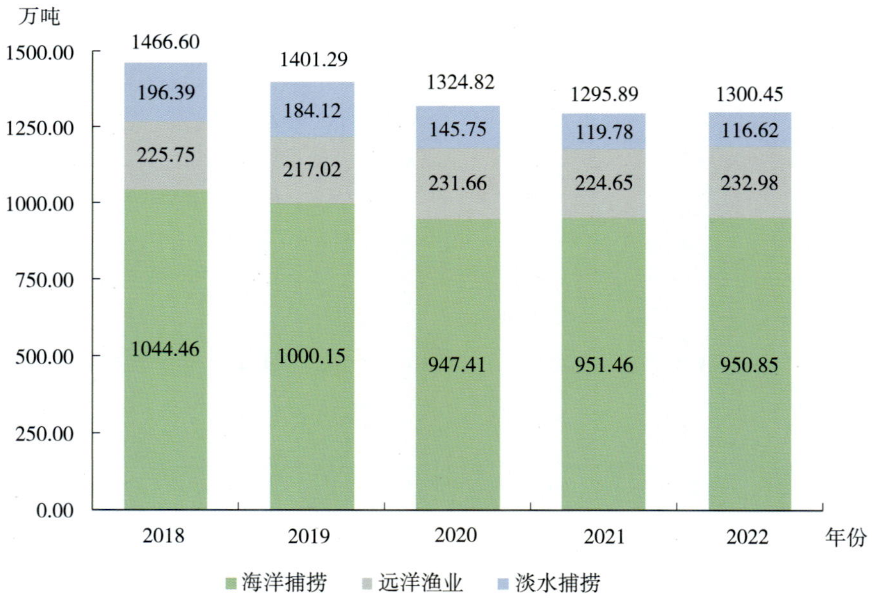


图 8　2018—2022 年全国捕捞产品产量及构成

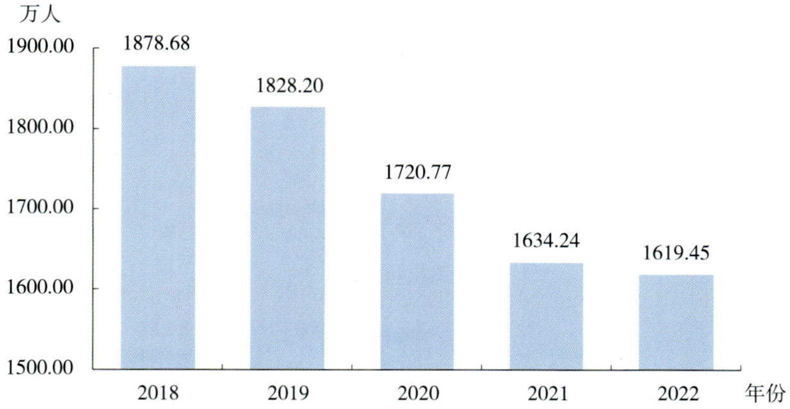


图 9　2018—2022 年全国渔业人口数量

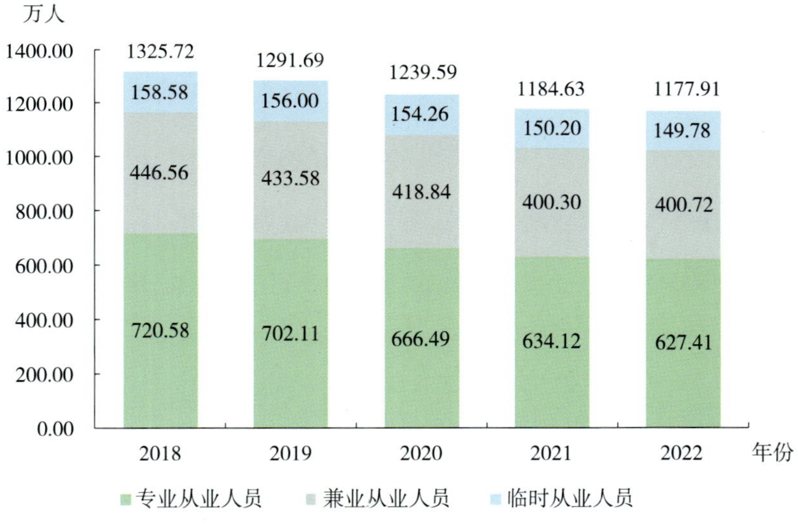


图 10　2018—2022 年全国渔业从业人员数量及构成

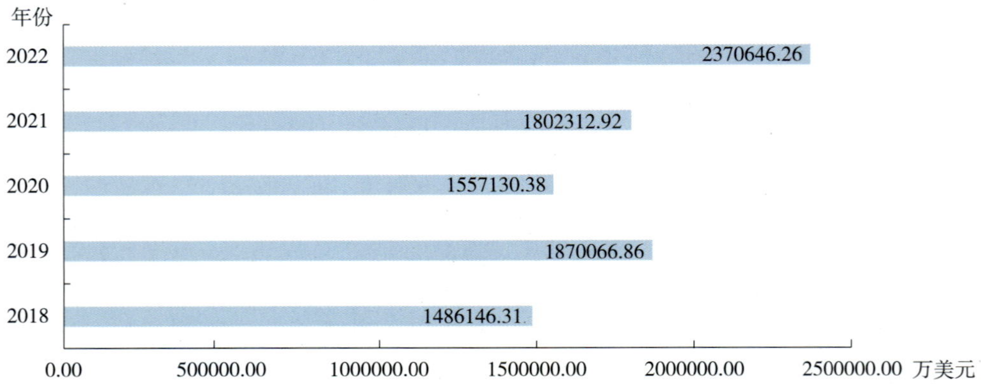


图 11　2018—2022 年全国水产品进口额

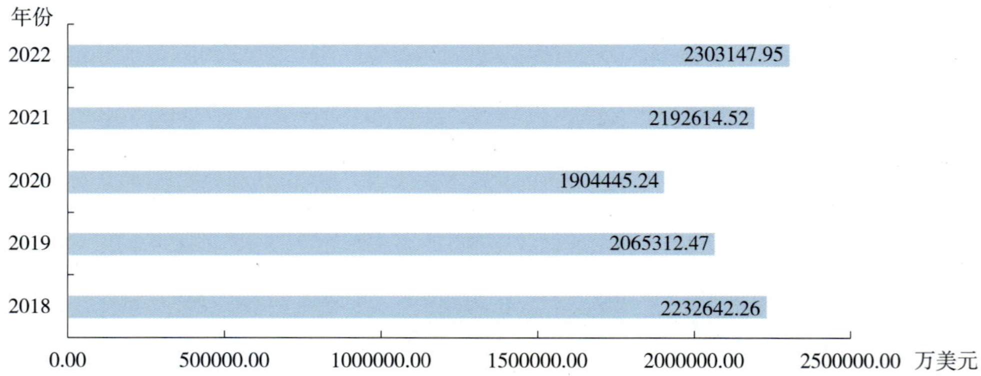


图 12　2018—2022 年全国水产品出口额

# 目　　录

# 第一部分

# 经济核算

# 1-1 总产值

## 全国渔业经济总产值
## （按当年价格计算）

单位：万元

| 指　　标 | 2022 年 | 2021 年 | 2022 年比 2021 年增减（±） |
|---|---|---|---|
| **渔业经济总产值** | **308 731 406.54** | **289 468 290.11** | **19 263 116.43** |
| 1. 渔业 | 152 674 871.33 | 144 157 308.50 | 8 517 562.83 |
| 其中：海水养殖 | 46 388 448.33 | 43 017 007.14 | 3 371 441.19 |
| 淡水养殖 | 78 630 293.97 | 74 737 522.48 | 3 892 771.49 |
| 海洋捕捞 | 24 889 093.29 | 23 037 181.11 | 1 851 912.18 |
| 淡水捕捞 | 2 767 035.74 | 3 365 597.77 | -598 562.03 |
| 其中：水产苗种 | 8 434 488.02 | 7 428 973.59 | 1 005 514.43 |
| 2. 渔业工业和建筑业 | 66 211 691.65 | 61 551 634.31 | 4 660 057.34 |
| 其中：水产品加工 | 47 846 051.59 | 44 962 174.89 | 2 883 876.70 |
| 渔用机具制造 | 4 194 044.93 | 4 088 847.46 | 105 197.47 |
| 其中：渔船渔机修造 | 2 542 461.89 | 2 508 171.63 | 34 290.26 |
| 渔用绳网制造 | 1 438 695.82 | 1 372 627.39 | 66 068.43 |
| 渔用饲料 | 10 393 445.20 | 8 935 711.00 | 1 457 734.20 |
| 渔用药物 | 360 186.99 | 335 286.03 | 24 900.96 |
| 建筑业 | 2 482 143.11 | 2 305 477.16 | 176 665.95 |
| 其他 | 935 819.83 | 924 137.77 | 11 682.06 |
| 3. 渔业流通和服务业 | 89 844 843.56 | 83 759 347.30 | 6 085 496.26 |
| 其中：水产流通 | 72 474 433.96 | 67 515 883.16 | 4 958 550.80 |
| 水产（仓储）运输 | 5 449 111.71 | 5 309 133.15 | 139 978.56 |
| 休闲渔业 | 8 473 950.76 | 8 355 635.93 | 118 314.83 |
| 其他 | 3 447 347.13 | 2 578 695.06 | 868 652.07 |

注：渔业产值=海水养殖+淡水养殖+海洋捕捞+淡水捕捞。为了方便对比，2021 年渔业产值扣除了水产苗种产值，与《2022 中国渔业统计年鉴》数据存在差异，后表中分地区数据也相应调整。

# 各地区渔业经济总产值、渔业产值
## （按当年价格计算）

单位：万元

| 地区 | 2022 年 | | 2021 年 | | 2022 年比 2021 年增减(±) | | 渔业产值占农业产值比重(%) |
|---|---|---|---|---|---|---|---|
| | 渔业经济总产值 | 其中：渔业产值 | 渔业经济总产值 | 其中：渔业产值 | 渔业经济总产值 | 其中：渔业产值 | |
| 全国总计 | 308 731 406. 54 | 152 674 871. 33 | 289 468 290. 11 | 144 157 308. 50 | 19 263 116. 43 | 8 517 562. 83 | 9. 9 |
| 北　京 | 359 255. 24 | 36 619. 90 | 387 730. 35 | 34 990. 10 | -28 475. 11 | 1 629. 80 | 1. 4 |
| 天　津 | 739 416. 22 | 704 583. 00 | 851 303. 00 | 809 297. 00 | -111 886. 78 | -104 714. 00 | 13. 5 |
| 河　北 | 4 000 473. 59 | 3 422 908. 04 | 3 513 500. 75 | 2 980 243. 00 | 486 972. 84 | 442 665. 04 | 4. 5 |
| 山　西 | 145 929. 86 | 88 984. 54 | 148 449. 20 | 88 579. 97 | -2 519. 34 | 404. 57 | 0. 4 |
| 内蒙古 | 249 453. 36 | 187 739. 43 | 249 120. 06 | 179 104. 13 | 333. 30 | 8 635. 30 | 0. 7 |
| 辽　宁 | 13 324 660. 00 | 6 845 166. 00 | 12 685 866. 00 | 6 494 012. 00 | 638 794. 00 | 351 154. 00 | 17. 0 |
| 吉　林 | 1 663 140. 49 | 615 945. 41 | 1 583 559. 20 | 543 890. 64 | 79 581. 29 | 72 054. 77 | 1. 9 |
| 黑龙江 | 1 890 204. 00 | 1 478 997. 90 | 1 716 933. 26 | 1 305 042. 31 | 173 270. 74 | 173 955. 59 | 2. 2 |
| 上　海 | 560 802. 37 | 512 094. 98 | 481 570. 19 | 432 323. 73 | 79 232. 18 | 79 771. 25 | 18. 7 |
| 江　苏 | 38 232 804. 80 | 18 569 330. 00 | 37 166 744. 07 | 18 345 989. 15 | 1 066 060. 73 | 223 340. 85 | 21. 3 |
| 浙　江 | 24 263 459. 00 | 12 611 763. 00 | 23 078 832. 00 | 11 883 245. 00 | 1 184 627. 00 | 728 518. 00 | 33. 6 |
| 安　徽 | 10 529 231. 86 | 6 430 976. 22 | 9 724 894. 58 | 6 032 705. 48 | 804 337. 28 | 398 270. 74 | 10. 5 |
| 福　建 | 35 394 260. 99 | 17 407 483. 20 | 33 983 633. 19 | 16 215 117. 01 | 1 410 627. 80 | 1 192 366. 19 | 31. 6 |
| 江　西 | 11 506 448. 59 | 5 552 336. 53 | 11 102 197. 53 | 5 410 593. 93 | 404 251. 06 | 141 742. 60 | 13. 1 |
| 山　东 | 44 130 620. 77 | 17 297 000. 00 | 39 703 579. 24 | 16 526 000. 00 | 4 427 041. 53 | 771 000. 00 | 14. 3 |
| 河　南 | 2 153 546. 35 | 1 474 489. 00 | 2 111 665. 24 | 1 434 112. 00 | 41 881. 11 | 40 377. 00 | 1. 3 |
| 湖　北 | 35 134 030. 00 | 15 843 494. 00 | 31 392 881. 00 | 14 592 878. 00 | 3 741 149. 00 | 1 250 616. 00 | 17. 7 |
| 湖　南 | 10 812 638. 99 | 6 178 100. 00 | 9 112 393. 99 | 5 708 184. 00 | 1 700 245. 00 | 469 916. 00 | 7. 6 |
| 广　东 | 42 260 185. 64 | 18 611 780. 71 | 40 228 661. 00 | 17 214 013. 00 | 2 031 524. 64 | 1 397 767. 71 | 21. 3 |
| 广　西 | 11 910 680. 80 | 5 758 044. 17 | 11 514 545. 91 | 5 550 604. 39 | 396 134. 89 | 207 439. 78 | 8. 3 |
| 海　南 | 5 659 581. 77 | 4 666 111. 43 | 5 703 514. 00 | 4 354 000. 00 | -43 932. 23 | 312 111. 43 | 20. 5 |
| 重　庆 | 2 123 830. 43 | 1 369 937. 00 | 2 101 064. 00 | 1 381 702. 00 | 22 766. 43 | -11 765. 00 | 4. 5 |
| 四　川 | 6 743 960. 49 | 3 431 085. 03 | 6 231 045. 17 | 3 278 137. 97 | 512 915. 32 | 152 947. 06 | 3. 5 |
| 贵　州 | 866 378. 42 | 795 583. 18 | 748 166. 34 | 678 436. 73 | 118 212. 08 | 117 146. 45 | 1. 6 |
| 云　南 | 1 983 554. 63 | 1 199 000. 00 | 1 880 793. 33 | 1 123 799. 87 | 102 761. 30 | 75 200. 13 | 1. 8 |
| 西　藏 | 934. 00 | 629. 00 | 6 152. 45 | 5 875. 45 | -5 218. 45 | -5 246. 45 | 0. 1 |
| 陕　西 | 592 690. 28 | 350 581. 48 | 562 937. 24 | 331 421. 33 | 29 753. 04 | 19 160. 15 | 0. 8 |
| 甘　肃 | 33 656. 82 | 23 637. 13 | 34 077. 66 | 23 816. 60 | -420. 84 | -179. 47 | 0. 1 |
| 青　海 | 65 000. 00 | 65 000. 00 | 78 000. 00 | 62 000. 00 | -13 000. 00 | 3 000. 00 | 0. 8 |
| 宁　夏 | 435 817. 78 | 227 072. 05 | 445 668. 86 | 249 644. 71 | -9 851. 08 | -22 572. 66 | 2. 7 |
| 新　疆 | 367 360. 00 | 321 000. 00 | 407 762. 30 | 356 500. 00 | -40 402. 30 | -35 500. 00 | 0. 6 |
| 中农发集团 | 597 399. 00 | 597 399. 00 | 531 049. 00 | 531 049. 00 | 66 350. 00 | 66 350. 00 | |

# 各地区渔业经济总产值
## （按当年价格计算）（一）

单位：万元

| 地　区 | 总　计 | 一、渔业产值 | | | |
|---|---|---|---|---|---|
| | | 合　计 | 海水养殖 | 淡水养殖 | 海洋捕捞 |
| **全国总计** | **308 731 406.54** | **152 674 871.33** | **46 388 448.33** | **78 630 293.97** | **24 889 093.29** |
| 北　京 | 359 255.24 | 36 619.90 | | 16 969.90 | 9 104.00 |
| 天　津 | 739 416.22 | 704 583.00 | 34 879.73 | 569 772.72 | 94 175.27 |
| 河　北 | 4 000 473.59 | 3 422 908.04 | 1 960 567.72 | 592 504.70 | 788 293.55 |
| 山　西 | 145 929.86 | 88 984.54 | | 87 801.74 | |
| 内蒙古 | 249 453.36 | 187 739.43 | | 167 809.51 | |
| 辽　宁 | 13 324 660.00 | 6 845 166.00 | 4 556 230.00 | 1 094 398.00 | 1 120 021.00 |
| 吉　林 | 1 663 140.49 | 615 945.41 | | 560 057.08 | |
| 黑龙江 | 1 890 204.00 | 1 478 997.90 | | 1 312 778.90 | |
| 上　海 | 560 802.37 | 512 094.98 | | 297 642.26 | 213 105.74 |
| 江　苏 | 38 232 804.80 | 18 569 330.00 | 3 271 058.00 | 12 642 225.00 | 1 907 034.00 |
| 浙　江 | 24 263 459.00 | 12 611 763.00 | 2 657 852.00 | 3 138 732.00 | 6 598 074.00 |
| 安　徽 | 10 529 231.86 | 6 430 976.22 | | 6 090 037.69 | |
| 福　建 | 35 394 260.99 | 17 407 483.20 | 10 696 135.51 | 2 236 824.44 | 4 310 564.28 |
| 江　西 | 11 506 448.59 | 5 552 336.53 | | 5 438 277.97 | |
| 山　东 | 44 130 620.77 | 17 297 000.00 | 11 397 629.80 | 2 234 874.95 | 3 459 711.55 |
| 河　南 | 2 153 546.35 | 1 474 489.00 | | 1 388 968.00 | |
| 湖　北 | 35 134 030.00 | 15 843 494.00 | | 15 771 193.00 | |
| 湖　南 | 10 812 638.99 | 6 178 100.00 | | 6 173 478.80 | |
| 广　东 | 42 260 185.64 | 18 611 780.71 | 8 427 380.35 | 8 463 889.16 | 1 547 655.63 |
| 广　西 | 11 910 680.80 | 5 758 044.17 | 2 553 930.16 | 2 232 525.70 | 898 037.68 |
| 海　南 | 5 659 581.77 | 4 666 111.43 | 832 785.06 | 452 556.46 | 3 345 917.59 |
| 重　庆 | 2 123 830.43 | 1 369 937.00 | | 1 369 937.00 | |
| 四　川 | 6 743 960.49 | 3 431 085.03 | | 3 431 085.03 | |
| 贵　州 | 866 378.42 | 795 583.18 | | 775 072.32 | |
| 云　南 | 1 983 554.63 | 1 199 000.00 | | 1 140 179.92 | |
| 西　藏 | 934.00 | 629.00 | | 329.00 | |
| 陕　西 | 592 690.28 | 350 581.48 | | 350 581.48 | |
| 甘　肃 | 33 656.82 | 23 637.13 | | 23 637.13 | |
| 青　海 | 65 000.00 | 65 000.00 | | 65 000.00 | |
| 宁　夏 | 435 817.78 | 227 072.05 | | 218 104.11 | |
| 新　疆 | 367 360.00 | 321 000.00 | | 293 050.00 | |
| 中农发集团 | 597 399.00 | 597 399.00 | | | 597 399.00 |

# 各地区渔业经济总产值
## （按当年价格计算）（二）

单位：万元

| 地区 | 一、渔业产值（续） | | 二、渔业工业和建筑业 | | |
|---|---|---|---|---|---|
| | 淡水捕捞 | 水产苗种 | 合计 | 水产品加工 | 渔用机具制造 |
| | | | | | 小计 |
| **全国总计** | **2 767 035.74** | **8 434 488.02** | **66 211 691.65** | **47 846 051.59** | **4 194 044.93** |
| 北京 | 10 546.00 | 3 955.00 | 8 606.00 | 6 313.00 | |
| 天津 | 5 755.28 | 21 437.48 | 15 600.00 | | |
| 河北 | 81 542.07 | 162 933.61 | 410 540.33 | 340 668.00 | 29 151.00 |
| 山西 | 1 182.80 | 2 309.00 | 41 697.12 | 1 672.00 | |
| 内蒙古 | 19 929.92 | 10 928.23 | 11 332.00 | 11 332.00 | |
| 辽宁 | 74 517.00 | 667 911.00 | 3 265 539.00 | 2 748 426.00 | 126 589.00 |
| 吉林 | 55 888.33 | 17 691.51 | 707 521.00 | 706 318.00 | 473.00 |
| 黑龙江 | 166 219.00 | 49 930.80 | 78 292.00 | 31 303.00 | 13.00 |
| 上海 | 1 346.98 | 9 827.40 | 27 416.00 | 27 416.00 | |
| 江苏 | 749 013.00 | 864 277.00 | 6 394 608.10 | 3 653 029.43 | 303 721.55 |
| 浙江 | 217 105.00 | 241 125.00 | 5 434 170.00 | 4 375 788.00 | 289 348.00 |
| 安徽 | 340 938.53 | 479 101.19 | 1 618 280.21 | 676 509.52 | 659 875.27 |
| 福建 | 163 958.97 | 858 935.57 | 13 260 817.00 | 11 097 042.00 | 734 674.00 |
| 江西 | 114 058.56 | 449 680.06 | 3 306 191.30 | 2 365 153.26 | 23 311.92 |
| 山东 | 204 783.70 | 873 755.80 | 14 189 211.94 | 11 009 799.10 | 1 769 148.00 |
| 河南 | 85 521.00 | 125 584.00 | 220 263.00 | 61 835.00 | 1 024.00 |
| 湖北 | 72 301.00 | 1 121 288.00 | 8 039 040.00 | 5 962 079.00 | 21 024.00 |
| 湖南 | 4 621.20 | 374 030.06 | 1 505 668.79 | 824 395.20 | 79 192.08 |
| 广东 | 172 855.57 | 835 946.39 | 4 895 902.26 | 2 503 606.76 | 78 301.83 |
| 广西 | 73 550.63 | 267 895.22 | 1 404 051.67 | 838 319.85 | 57 812.66 |
| 海南 | 34 852.32 | 353 845.00 | 550 806.19 | 479 968.62 | 17 137.62 |
| 重庆 | | 125 943.26 | 137 794.96 | 10 904.00 | 2 624.00 |
| 四川 | | 335 830.07 | 347 079.14 | 25 770.00 | 214.00 |
| 贵州 | 20 510.86 | 44 802.14 | 11 805.53 | 9 923.91 | |
| 云南 | 58 820.08 | 83 277.57 | 198 554.77 | 50 005.94 | 60.00 |
| 西藏 | 300.00 | 554.38 | 305.00 | 50.00 | |
| 陕西 | | 22 666.90 | 55 714.50 | 3 752.00 | |
| 甘肃 | | 556.70 | 13.00 | | |
| 青海 | | | | | |
| 宁夏 | 8 967.94 | 25 869.68 | 40 260.84 | 5 712.00 | |
| 新疆 | 27 950.00 | 2 600.00 | 34 610.00 | 18 960.00 | 350.00 |
| 中农发集团 | | | | | |

# 各地区渔业经济总产值
## （按当年价格计算）（三）

单位：万元

| 地　区 | 二、渔业工业和建筑业（续） | | | | | |
|---|---|---|---|---|---|---|
| | 渔用机具制造（续） | | 渔用饲料 | 渔用药物 | 建　筑 | 其　他 |
| | 渔船渔机修造 | 渔用绳网制造 | | | | |
| **全国总计** | **2 542 461.89** | **1 438 695.82** | **10 393 445.20** | **360 186.99** | **2 482 143.11** | **935 819.83** |
| 北　京 | | | 2 113.00 | 180.00 | | |
| 天　津 | | | 15 600.00 | | | |
| 河　北 | 7 425.00 | 21 333.00 | 38 967.58 | | 1 287.00 | 466.75 |
| 山　西 | | | 2 106.00 | 37 919.12 | | |
| 内蒙古 | | | | | | |
| 辽　宁 | 74 667.00 | 38 387.00 | 201 598.00 | 14 271.00 | 149 945.00 | 24 710.00 |
| 吉　林 | 63.00 | 67.00 | 709.00 | 21.00 | | |
| 黑龙江 | | 13.00 | 45 235.00 | 691.00 | 1 050.00 | |
| 上　海 | | | | | | |
| 江　苏 | 158 468.01 | 117 418.60 | 2 001 026.00 | 123 018.03 | 199 913.31 | 113 899.78 |
| 浙　江 | 154 417.00 | 115 334.00 | 575 260.00 | 63.00 | 90 989.00 | 102 722.00 |
| 安　徽 | 10 179.00 | 649 695.37 | 219 836.12 | 10 023.13 | 49 934.17 | 2 102.00 |
| 福　建 | 660 978.50 | 63 519.50 | 1 148 358.00 | 2 369.00 | 126 810.50 | 151 563.50 |
| 江　西 | 16 360.88 | 6 951.04 | 614 731.81 | 19 674.62 | 244 238.76 | 39 080.93 |
| 山　东 | 1 316 980.00 | 330 625.00 | 232 975.34 | 19 017.50 | 705 456.00 | 452 816.00 |
| 河　南 | 4.00 | 1 020.00 | 154 630.00 | 585.00 | 1 650.00 | 539.00 |
| 湖　北 | 889.00 | 17 838.00 | 1 574 559.00 | 68 097.00 | 406 952.00 | 6 329.00 |
| 湖　南 | 29 858.64 | 49 333.44 | 415 069.45 | 37 853.65 | 140 651.84 | 8 506.57 |
| 广　东 | 50 378.03 | 20 245.83 | 2 218 098.58 | 9 042.17 | 58 680.12 | 28 172.80 |
| 广　西 | 48 878.12 | 1 359.13 | 336 760.69 | 6 428.30 | 164 055.17 | 675.00 |
| 海　南 | 12 238.71 | 4 898.91 | 48 116.32 | 1 390.62 | 1 985.51 | 2 207.50 |
| 重　庆 | 91.00 | 619.00 | 102 304.00 | 1 060.00 | 20 902.96 | |
| 四　川 | 214.00 | | 254 408.14 | 6 662.00 | 60 025.00 | |
| 贵　州 | | | 1 867.74 | 13.88 | | |
| 云　南 | 30.00 | 30.00 | 119 280.19 | 1 294.97 | 27 593.67 | 320.00 |
| 西　藏 | | | 250.00 | 5.00 | | |
| 陕　西 | | | 19 736.40 | 507.00 | 30 010.10 | 1 709.00 |
| 甘　肃 | | | | | 13.00 | |
| 青　海 | | | | | | |
| 宁　夏 | | | 34 548.84 | | | |
| 新　疆 | 342.00 | 8.00 | 15 300.00 | | | |
| 中农发集团 | | | | | | |

# 各地区渔业经济总产值
## （按当年价格计算）（四）

单位：万元

| 地区 | 三、渔业流通和服务业 | | | | |
|---|---|---|---|---|---|
| | 合计 | 水产流通 | 水产（仓储）运输 | 休闲渔业 | 其他 |
| **全国总计** | **89 844 843.56** | **72 474 433.96** | **5 449 111.71** | **8 473 950.76** | **3 447 347.13** |
| 北京 | 314 029.34 | 292 911.00 | 4 242.00 | 16 396.34 | 480.00 |
| 天津 | 19 233.22 | | | 18 483.22 | 750.00 |
| 河北 | 167 025.22 | 38 587.00 | 15 439.00 | 85 029.59 | 27 969.63 |
| 山西 | 15 248.20 | 7 987.95 | 371.60 | 6 860.65 | 28.00 |
| 内蒙古 | 50 381.93 | 22 637.00 | 4 535.06 | 23 209.87 | |
| 辽宁 | 3 213 955.00 | 2 244 150.20 | 499 174.00 | 324 868.80 | 145 762.00 |
| 吉林 | 339 674.08 | 185 062.21 | 6 301.00 | 146 862.87 | 1 448.00 |
| 黑龙江 | 332 914.10 | 269 377.77 | 10 745.50 | 50 625.83 | 2 165.00 |
| 上海 | 21 291.39 | 14 633.34 | | 6 658.05 | |
| 江苏 | 13 268 866.70 | 11 580 719.86 | 576 705.44 | 739 642.46 | 371 798.94 |
| 浙江 | 6 217 526.00 | 5 324 174.00 | 260 267.00 | 288 824.00 | 344 261.00 |
| 安徽 | 2 479 975.43 | 1 853 076.32 | 175 817.61 | 415 613.90 | 35 467.60 |
| 福建 | 4 725 960.79 | 4 001 988.79 | 291 079.40 | 159 472.34 | 273 420.26 |
| 江西 | 2 647 920.76 | 2 181 558.76 | 125 166.00 | 285 373.25 | 55 822.75 |
| 山东 | 12 644 408.83 | 8 268 593.95 | 2 038 399.80 | 1 808 938.58 | 528 476.50 |
| 河南 | 458 794.35 | 369 216.88 | 28 018.40 | 59 458.47 | 2 100.60 |
| 湖北 | 11 251 496.00 | 8 186 084.00 | 606 999.00 | 1 304 075.00 | 1 154 338.00 |
| 湖南 | 3 128 870.20 | 2 274 364.59 | 227 544.75 | 284 012.33 | 342 948.53 |
| 广东 | 18 752 502.67 | 17 356 162.32 | 71 402.51 | 1 233 959.00 | 90 978.84 |
| 广西 | 4 748 584.96 | 4 514 032.70 | 167 312.62 | 45 580.32 | 21 659.32 |
| 海南 | 442 664.15 | 218 282.43 | 20 778.60 | 173 591.00 | 30 012.12 |
| 重庆 | 616 098.47 | 326 421.31 | 51 851.80 | 233 567.58 | 4 257.78 |
| 四川 | 2 965 796.32 | 2 240 432.15 | 201 682.67 | 517 177.39 | 6 504.11 |
| 贵州 | 58 989.71 | 10 124.59 | 617.30 | 48 081.82 | 166.00 |
| 云南 | 585 999.86 | 434 851.04 | 39 070.01 | 111 548.41 | 530.40 |
| 西藏 | | | | | |
| 陕西 | 186 394.30 | 119 296.75 | 9 311.05 | 52 277.15 | 5 509.35 |
| 甘肃 | 10 006.69 | 124.77 | 78.45 | 9 797.97 | 5.50 |
| 青海 | | | | | |
| 宁夏 | 168 484.89 | 135 932.28 | 14 701.14 | 17 364.57 | 486.90 |
| 新疆 | 11 750.00 | 3 650.00 | 1 500.00 | 6 600.00 | |
| 中农发集团 | | | | | |

# 1-2 渔民家庭收支

## 全国渔民人均纯收入

单位：元

| 地 区 | 2022 年 | 2021 年 | 2022 年比 2021 年增减（±） | |
|---|---|---|---|---|
| | | | 绝对量 | 幅度（%） |
| **全国总计** | **24 614.41** | **23 442.13** | **1 172.28** | **5.00** |
| 北 京 | 20 033.73 | 12 270.05 | 7 763.68 | 63.27 |
| 天 津 | 28 864.28 | 28 525.00 | 339.28 | 1.19 |
| 河 北 | 25 109.85 | 21 535.74 | 3 574.11 | 16.60 |
| 山 西 | 12 967.98 | 12 137.18 | 830.80 | 6.85 |
| 内蒙古 | 15 554.82 | 14 900.94 | 653.88 | 4.39 |
| 辽 宁 | 26 295.58 | 23 369.04 | 2 926.54 | 12.52 |
| 吉 林 | 16 535.95 | 16 407.68 | 128.27 | 0.78 |
| 黑龙江 | 25 610.46 | 23 765.15 | 1 845.31 | 7.76 |
| 上 海 | 30 306.99 | 29 792.01 | 514.98 | 1.73 |
| 江 苏 | 30 098.13 | 30 030.09 | 68.04 | 0.23 |
| 浙 江 | 31 980.96 | 31 311.00 | 669.96 | 2.14 |
| 安 徽 | 25 663.25 | 22 343.42 | 3 319.83 | 14.86 |
| 福 建 | 27 498.27 | 25 793.23 | 1 705.04 | 6.61 |
| 江 西 | 20 871.39 | 19 379.09 | 1 492.30 | 7.70 |
| 山 东 | 26 385.50 | 25 179.22 | 1 206.28 | 4.79 |
| 河 南 | 18 375.72 | 18 276.25 | 99.47 | 0.54 |
| 湖 北 | 25 171.78 | 23 943.03 | 1 228.75 | 5.13 |
| 湖 南 | 21 879.84 | 20 496.98 | 1 382.86 | 6.75 |
| 广 东 | 23 597.40 | 22 436.81 | 1 160.59 | 5.17 |
| 广 西 | 22 886.25 | 22 867.11 | 19.14 | 0.08 |
| 海 南 | 17 156.47 | 17 228.05 | -71.58 | -0.42 |
| 重 庆 | 22 681.86 | 22 713.13 | -31.27 | -0.14 |
| 四 川 | 23 089.59 | 22 151.75 | 937.84 | 4.23 |
| 贵 州 | 12 926.38 | 12 332.73 | 593.65 | 4.81 |
| 云 南 | 20 469.17 | 19 585.39 | 883.78 | 4.51 |
| 西 藏 | | | | |
| 陕 西 | 16 675.01 | 15 828.16 | 846.85 | 5.35 |
| 甘 肃 | 10 758.58 | 9 515.29 | 1 243.29 | 13.07 |
| 青 海 | 16 663.10 | 15 870.00 | 793.10 | 5.00 |
| 宁 夏 | 18 525.20 | 16 702.19 | 1 823.01 | 10.91 |
| 新 疆 | 19 917.29 | 19 669.46 | 247.83 | 1.26 |

# 各地区渔民家庭收支调查（一）

单位：元/人

| 地　　区 | 一、家庭总收入 | （一）家庭经营收入 | 其中：经营渔业 | （二）工资性收入 | 其中：渔业 | （三）财产净收入 | 其中 1. 红利收入 |
|---|---|---|---|---|---|---|---|
| **全国总计** | **82 267.04** | **74 284.70** | **69 838.92** | **5 154.67** | **1 949.14** | **365.33** | **73.47** |
| 北　京 | 85 713.04 | 73 858.42 | 71 607.40 | 7 971.12 | 831.12 | 849.49 | 88.27 |
| 天　津 | 239 233.35 | 225 005.88 | 221 174.06 | 9 904.97 | 4 645.32 | 2 252.53 | |
| 河　北 | 169 658.11 | 162 516.64 | 160 841.00 | 3 310.31 | 2 703.69 | 475.92 | 281.36 |
| 山　西 | 72 535.19 | 70 034.69 | 67 018.99 | 2 151.16 | 370.16 | 116.28 | |
| 内蒙古 | 44 459.93 | 42 267.39 | 32 085.75 | 1 005.41 | 125.45 | 5.33 | |
| 辽　宁 | 133 126.40 | 123 946.76 | 118 788.89 | 5 153.93 | 2 306.11 | 453.50 | 3.51 |
| 吉　林 | 40 667.81 | 39 310.51 | 31 525.96 | 813.01 | | 177.17 | |
| 黑龙江 | 98 706.53 | 96 921.28 | 86 699.52 | 402.21 | 128.67 | 551.29 | |
| 上　海 | 147 484.57 | 143 124.30 | 141 826.86 | 2 082.39 | | 922.53 | |
| 江　苏 | 126 214.32 | 117 362.05 | 113 601.06 | 4 980.56 | 960.11 | 1 189.28 | 34.60 |
| 浙　江 | 118 259.32 | 100 461.77 | 93 585.96 | 13 398.51 | 5 847.01 | 694.00 | 249.67 |
| 安　徽 | 75 733.16 | 69 161.74 | 61 936.13 | 4 452.60 | 1 110.25 | 373.22 | 18.03 |
| 福　建 | 84 924.07 | 78 222.68 | 74 932.33 | 4 947.44 | 2 174.28 | 244.64 | 93.50 |
| 江　西 | 68 441.55 | 62 102.45 | 57 742.21 | 2 705.53 | 648.15 | 239.36 | 20.20 |
| 山　东 | 100 423.64 | 93 669.93 | 89 596.37 | 3 184.20 | 1 115.92 | 391.98 | 35.47 |
| 河　南 | 41 926.42 | 36 651.81 | 32 601.25 | 4 096.94 | 374.79 | 240.88 | 28.21 |
| 湖　北 | 57 784.90 | 49 315.62 | 46 410.94 | 4 797.70 | 1 888.42 | 153.82 | 24.45 |
| 湖　南 | 57 332.39 | 49 021.83 | 43 318.07 | 5 752.18 | 2 522.72 | 217.13 | 30.57 |
| 广　东 | 58 946.20 | 50 243.92 | 46 929.89 | 6 586.80 | 3 347.07 | 177.86 | 105.47 |
| 广　西 | 79 278.20 | 69 893.40 | 64 770.29 | 6 359.80 | 1 573.91 | 156.10 | 8.76 |
| 海　南 | 45 967.99 | 42 811.39 | 37 485.43 | 1 971.80 | 571.97 | 96.73 | |
| 重　庆 | 101 445.66 | 94 271.46 | 89 806.69 | 5 027.05 | 871.41 | 867.06 | 709.47 |
| 四　川 | 72 312.60 | 65 502.29 | 60 956.07 | 4 259.15 | 1 367.59 | 223.07 | 27.00 |
| 贵　州 | 27 196.39 | 23 797.86 | 20 374.06 | 2 517.94 | 393.22 | 59.72 | |
| 云　南 | 100 661.49 | 96 293.25 | 89 270.76 | 2 002.53 | 893.47 | 1 144.51 | 63.43 |
| 西　藏 | | | | | | | |
| 陕　西 | 115 359.57 | 109 406.88 | 105 886.96 | 5 158.70 | 3 782.61 | 460.14 | 115.94 |
| 甘　肃 | 30 218.90 | 27 725.69 | 22 120.60 | 1 813.69 | 937.77 | 478.57 | |
| 青　海 | 43 767.86 | 36 642.86 | 27 142.86 | 7 125.00 | 1 978.57 | | |
| 宁　夏 | 181 793.70 | 174 158.44 | 169 995.52 | 3 592.81 | 975.19 | 271.48 | |
| 新　疆 | 181 355.65 | 176 552.30 | 175 757.32 | 4 803.35 | 4 481.17 | | |

# 各地区渔民家庭收支调查（二）

单位：元/人

| 地　　区 | 一、家庭总收入（续） | | | | | | 二、家庭经营费用支出 |
|---|---|---|---|---|---|---|---|
| | （三）财产净收入（续） | （四）转移性收入 | | | | | |
| | 其中（续） | | 1. 生产补贴（惠农补贴） | 其中：渔业补贴 | 2. 社会救济或政策性生活补贴 | 3. 其他转移性收入 | |
| | 2. 转让经营权租金收入 | | | | | | |
| **全国总计** | **89.22** | **2 462.34** | **775.56** | **721.82** | **60.69** | **1 626.10** | **51 273.90** |
| 北　　京 | 551.02 | 3 034.01 | | | | 3 034.01 | 57 099.36 |
| 天　　津 | 1 804.19 | 2 069.97 | | | 251.79 | 1 818.18 | 188 383.61 |
| 河　　北 | 168.42 | 3 355.23 | 2 989.31 | 2 985.80 | 1.81 | 364.11 | 120 168.84 |
| 山　　西 | 116.28 | 233.07 | 25.78 | 23.26 | | 207.29 | 55 229.96 |
| 内 蒙 古 | 5.33 | 1 181.81 | 377.81 | 14.79 | 75.44 | 728.56 | 23 726.83 |
| 辽　　宁 | 193.06 | 3 572.20 | 2 263.21 | 2 129.79 | 172.77 | 1 136.23 | 96 081.55 |
| 吉　　林 | 56.98 | 367.12 | 159.18 | | | 207.95 | 20 391.17 |
| 黑 龙 江 | 494.25 | 831.75 | 358.88 | 11.98 | | 472.87 | 66 875.99 |
| 上　　海 | | 1 355.36 | | | | 1 355.36 | 104 901.78 |
| 江　　苏 | 139.22 | 2 682.43 | 485.40 | 374.93 | 70.01 | 2 127.03 | 82 098.49 |
| 浙　　江 | 61.50 | 3 705.04 | 1 219.91 | 1 159.73 | 325.75 | 2 159.38 | 75 206.00 |
| 安　　徽 | 171.71 | 1 745.60 | 326.47 | 31.59 | 49.45 | 1 369.68 | 43 066.19 |
| 福　　建 | 35.25 | 1 509.31 | 712.73 | 706.80 | 48.14 | 748.45 | 52 331.21 |
| 江　　西 | 102.22 | 3 394.21 | 77.73 | 9.77 | 32.20 | 3 284.28 | 44 356.36 |
| 山　　东 | 96.11 | 3 177.52 | 2 144.51 | 2 137.51 | 72.44 | 960.57 | 62 830.26 |
| 河　　南 | 19.51 | 936.79 | 36.90 | | 4.18 | 895.72 | 22 309.80 |
| 湖　　北 | 23.38 | 3 517.75 | 69.82 | 26.18 | 18.95 | 3 428.98 | 30 211.80 |
| 湖　　南 | 18.20 | 2 341.25 | 99.39 | 10.81 | 49.98 | 2 191.88 | 33 270.79 |
| 广　　东 | 58.88 | 1 937.62 | 985.46 | 985.46 | 25.79 | 926.37 | 33 426.37 |
| 广　　西 | 84.38 | 2 868.90 | 1 459.99 | 1 459.99 | 43.25 | 1 365.66 | 50 681.88 |
| 海　　南 | | 1 088.07 | 749.41 | 749.41 | 24.01 | 314.64 | 28 049.56 |
| 重　　庆 | 88.67 | 1 280.08 | 234.04 | 190.00 | 42.65 | 1 003.39 | 65 844.84 |
| 四　　川 | 33.99 | 2 328.10 | 92.64 | 31.86 | 19.01 | 2 216.45 | 42 836.71 |
| 贵　　州 | 53.02 | 820.88 | 146.28 | 127.78 | 8.81 | 665.78 | 11 568.01 |
| 云　　南 | 899.30 | 1 221.20 | 379.07 | 357.94 | 99.07 | 743.06 | 74 418.78 |
| 西　　藏 | | | | | | | |
| 陕　　西 | 7.25 | 333.84 | 34.42 | 34.42 | 9.13 | 290.30 | 91 376.09 |
| 甘　　肃 | 51.50 | 200.95 | 34.78 | 6.77 | 28.03 | 138.14 | 16 541.65 |
| 青　　海 | | | | | | | 13 714.29 |
| 宁　　夏 | 243.70 | 3 770.96 | 2 979.85 | 2 962.96 | | 791.11 | 157 312.07 |
| 新　　疆 | | | | | | | 154 755.23 |

# 各地区渔民家庭收支调查（三）

单位：元/人

| 地　　区 | 二、家庭经营费用支出（续） | | | | | 三、生产性固定资产折旧 | 其中：渔业固定资产折旧 |
|---|---|---|---|---|---|---|---|
| | 其中：经营渔业支出 | 1. 燃料及冰费用 | 2. 雇工费用 | 3. 饲料及苗种费用 | 4. 其他费用 | | |
| **全国总计** | **49 439. 27** | **10 331. 04** | **9 299. 04** | **27 644. 16** | **2 165. 03** | **3 610. 09** | **3 319. 56** |
| 北　　京 | 56 624. 36 | 7 681. 58 | 2 682. 45 | 45 032. 81 | 1 227. 53 | 6 205. 71 | 3 299. 93 |
| 天　　津 | 187 536. 81 | 9 741. 53 | 9 789. 91 | 165 421. 98 | 2 583. 39 | 1 970. 29 | 1 937. 45 |
| 河　　北 | 119 286. 07 | 15 822. 00 | 45 959. 86 | 51 941. 35 | 5 562. 86 | 4 892. 72 | 4 847. 74 |
| 山　　西 | 54 270. 66 | 5 839. 65 | 4 141. 67 | 42 342. 25 | 1 947. 09 | 3 705. 88 | 3 413. 11 |
| 内 蒙 古 | 20 977. 86 | 2 594. 89 | 2 049. 90 | 15 122. 66 | 1 210. 42 | 4 749. 20 | 2 318. 06 |
| 辽　　宁 | 94 178. 01 | 20 974. 99 | 29 164. 40 | 41 761. 60 | 2 277. 02 | 8 765. 96 | 8 360. 43 |
| 吉　　林 | 19 335. 05 | 2 210. 58 | 2 593. 92 | 13 750. 20 | 780. 35 | 1 772. 63 | 1 410. 96 |
| 黑 龙 江 | 61 739. 85 | 7 158. 49 | 6 118. 41 | 46 774. 36 | 1 688. 59 | 2 475. 49 | 1 751. 59 |
| 上　　海 | 103 679. 26 | 11 740. 35 | 13 117. 20 | 73 129. 84 | 5 691. 86 | 2 301. 46 | 2 294. 40 |
| 江　　苏 | 80 268. 39 | 12 505. 61 | 15 377. 61 | 49 374. 38 | 3 010. 79 | 6 629. 46 | 6 105. 57 |
| 浙　　江 | 73 819. 16 | 21 434. 77 | 16 527. 28 | 32 206. 00 | 3 651. 11 | 5 980. 30 | 5 420. 90 |
| 安　　徽 | 40 043. 24 | 2 822. 38 | 4 732. 31 | 30 276. 53 | 2 212. 03 | 1 133. 03 | 1 015. 51 |
| 福　　建 | 50 925. 15 | 13 258. 01 | 10 851. 17 | 24 139. 67 | 2 676. 30 | 4 508. 95 | 4 461. 63 |
| 江　　西 | 41 625. 47 | 2 402. 18 | 2 724. 63 | 35 032. 09 | 1 466. 57 | 755. 11 | 675. 57 |
| 山　　东 | 61 421. 24 | 17 664. 99 | 21 675. 75 | 17 788. 59 | 4 291. 92 | 9 755. 18 | 8 997. 17 |
| 河　　南 | 21 507. 95 | 1 918. 52 | 738. 47 | 18 435. 52 | 415. 43 | 574. 53 | 440. 60 |
| 湖　　北 | 29 137. 92 | 1 250. 11 | 1 260. 88 | 24 899. 21 | 1 727. 72 | 820. 33 | 645. 64 |
| 湖　　南 | 31 133. 84 | 2 333. 75 | 2 483. 43 | 24 976. 70 | 1 339. 96 | 1 079. 85 | 788. 01 |
| 广　　东 | 31 354. 06 | 16 620. 97 | 8 313. 74 | 5 578. 99 | 840. 36 | 1 837. 92 | 1 770. 13 |
| 广　　西 | 48 678. 85 | 18 124. 41 | 5 014. 54 | 24 623. 95 | 915. 94 | 3 688. 26 | 3 596. 35 |
| 海　　南 | 24 150. 53 | 6 479. 06 | 1 780. 70 | 15 266. 05 | 624. 72 | 761. 97 | 750. 51 |
| 重　　庆 | 63 488. 46 | 3 989. 26 | 5 167. 69 | 51 708. 51 | 2 623. 00 | 4 700. 76 | 3 825. 25 |
| 四　　川 | 41 357. 40 | 2 335. 98 | 3 057. 23 | 33 660. 01 | 2 304. 19 | 2 032. 77 | 1 685. 96 |
| 贵　　州 | 10 575. 68 | 1 603. 26 | 1 150. 16 | 7 620. 03 | 202. 23 | 2 012. 71 | 1 648. 56 |
| 云　　南 | 71 539. 69 | 3 542. 48 | 4 573. 60 | 60 517. 25 | 2 906. 37 | 866. 76 | 608. 32 |
| 西　　藏 | | | | | | | |
| 陕　　西 | 90 838. 04 | 6 803. 62 | 5 298. 55 | 75 068. 12 | 3 667. 75 | 4 034. 77 | 3 921. 12 |
| 甘　　肃 | 14 677. 57 | 651. 43 | 1 424. 77 | 11 670. 28 | 931. 09 | 2 867. 87 | 2 183. 40 |
| 青　　海 | 13 714. 29 | 1 785. 71 | 5 142. 86 | 6 785. 71 | | 13 333. 33 | 13 333. 33 |
| 宁　　夏 | 154 029. 14 | 7 210. 61 | 11 595. 37 | 128 075. 75 | 7 147. 41 | 3 160. 83 | 868. 16 |
| 新　　疆 | 154 755. 23 | 6 527. 20 | 16 850. 21 | 129 711. 30 | 1 666. 53 | 6 354. 25 | 6 354. 25 |

# 各地区渔民家庭收支调查（四）

单位：元/人

| 地　　区 | 四、税费支出 | 其中：渔业税费支出 | 五、转移性支出 | 六、纯收入 | 其中：渔业纯收入 | 七、可支配收入 | 八、生活消费支出 |
|---|---|---|---|---|---|---|---|
| **全国总计** | **2 768.63** | **2 657.89** | **1 596.59** | **24 614.41** | **17 093.16** | **23 755.29** | **11 053.59** |
| 北　　京 | 2 374.24 | 2 370.46 | 1 665.73 | 20 033.73 | 10 143.77 | 18 750.66 | 12 166.67 |
| 天　　津 | 20 015.18 | 19 760.99 | 1 355.51 | 28 864.28 | 16 584.13 | 27 782.49 | 15 575.83 |
| 河　　北 | 19 486.69 | 19 486.69 | 1 361.81 | 25 109.85 | 22 909.99 | 25 101.71 | 10 546.44 |
| 山　　西 | 631.38 | 563.64 | 1 666.74 | 12 967.98 | 9 164.99 | 11 501.85 | 9 115.72 |
| 内 蒙 古 | 429.09 | 319.91 | 1 481.20 | 15 554.82 | 8 610.16 | 14 327.97 | 10 676.04 |
| 辽　　宁 | 1 983.30 | 1 509.51 | 3 276.23 | 26 295.58 | 19 176.83 | 23 181.10 | 15 064.18 |
| 吉　　林 | 1 968.05 | 1 959.41 | 459.93 | 16 535.95 | 8 820.54 | 16 276.97 | 8 611.29 |
| 黑 龙 江 | 3 744.58 | 3 743.62 | 617.72 | 25 610.46 | 19 605.11 | 25 783.81 | 8 402.21 |
| 上　　海 | 9 974.35 | 9 769.57 | 1 462.27 | 30 306.99 | 26 083.63 | 29 550.70 | 10 116.63 |
| 江　　苏 | 7 388.24 | 6 708.59 | 2 750.71 | 30 098.13 | 21 853.55 | 28 043.73 | 12 049.20 |
| 浙　　江 | 5 092.05 | 5 047.92 | 3 049.71 | 31 980.96 | 16 304.72 | 29 408.07 | 17 372.37 |
| 安　　徽 | 5 870.69 | 5 527.66 | 1 621.39 | 25 663.25 | 16 491.57 | 25 592.18 | 10 461.46 |
| 福　　建 | 585.64 | 580.09 | 894.67 | 27 498.27 | 21 846.54 | 26 664.21 | 11 024.98 |
| 江　　西 | 2 458.70 | 2 385.59 | 1 462.16 | 20 871.39 | 13 713.51 | 21 437.94 | 10 569.70 |
| 山　　东 | 1 452.70 | 1 430.10 | 1 852.23 | 26 385.50 | 21 001.29 | 25 581.80 | 11 688.49 |
| 河　　南 | 666.37 | 662.86 | 765.13 | 18 375.72 | 10 364.64 | 18 089.24 | 7 007.17 |
| 湖　　北 | 1 580.98 | 1 540.39 | 1 470.79 | 25 171.78 | 17 001.57 | 24 847.62 | 7 966.79 |
| 湖　　南 | 1 101.90 | 897.82 | 1 784.74 | 21 879.84 | 13 031.92 | 20 988.72 | 10 542.30 |
| 广　　东 | 84.50 | 77.95 | 1 062.82 | 23 597.40 | 18 060.29 | 22 654.05 | 9 751.44 |
| 广　　西 | 2 021.80 | 2 010.00 | 1 647.97 | 22 886.25 | 13 518.99 | 21 960.08 | 14 752.73 |
| 海　　南 |  |  | 620.63 | 17 156.47 | 13 905.76 | 17 882.65 | 10 188.69 |
| 重　　庆 | 8 218.19 | 8 071.34 | 2 181.09 | 22 681.86 | 15 483.05 | 20 884.36 | 10 221.77 |
| 四　　川 | 4 353.54 | 4 314.96 | 1 130.73 | 23 089.59 | 14 997.20 | 22 712.72 | 9 757.08 |
| 贵　　州 | 689.29 | 636.27 | 731.76 | 12 926.38 | 8 034.56 | 12 285.82 | 7 050.85 |
| 云　　南 | 4 906.78 | 4 874.30 | 1 108.80 | 20 469.17 | 13 499.86 | 19 752.66 | 9 794.97 |
| 西　　藏 |  |  |  |  |  |  |  |
| 陕　　西 | 3 273.70 | 3 157.75 | 1 346.38 | 16 675.01 | 11 787.07 | 17 059.29 | 10 959.77 |
| 甘　　肃 | 50.80 | 50.80 | 568.29 | 10 758.58 | 6 153.37 | 10 841.73 | 4 918.72 |
| 青　　海 | 57.14 |  | 471.43 | 16 663.10 | 2 073.81 | 28 335.42 | 9 321.43 |
| 宁　　夏 | 2 795.61 | 2 795.61 | 1 953.56 | 18 525.20 | 16 240.76 | 17 077.65 | 12 055.26 |
| 新　　疆 | 328.87 | 328.87 | 1 140.59 | 19 917.29 | 18 800.14 | 19 426.98 | 15 542.18 |

# 第二部分

# 生　　产

# 2-1 水产品总产量

## 全国水产品总产量

单位：吨

| 指 标 | 2022 年 | 2021 年 | 2022 年比 2021 年增减（±） | |
|---|---|---|---|---|
| | | | 绝对量 | 幅度（%） |
| **全国总计** | **68 659 122** | **66 902 945** | **1 756 177** | **2.62** |
| 海水产品 | 34 595 280 | 33 872 434 | 722 846 | 2.13 |
| 淡水产品 | 34 063 842 | 33 030 511 | 1 033 331 | 3.13 |
| 养殖产量 | 55 654 627 | 53 944 050 | 1 710 577 | 3.17 |
| 海水养殖 | 22 756 987 | 22 111 374 | 645 613 | 2.92 |
| 淡水养殖 | 32 897 640 | 31 832 676 | 1 064 964 | 3.35 |
| 捕捞产量 | 13 004 495 | 12 958 895 | 45 600 | 0.35 |
| 海洋捕捞 | 9 508 508 | 9 514 584 | -6 076 | -0.06 |
| 远洋渔业 | 2 329 785 | 2 246 476 | 83 309 | 3.71 |
| 淡水捕捞 | 1 166 202 | 1 197 835 | -31 633 | -2.64 |
| 养殖产品中：鱼类 | 29 030 385 | 28 246 561 | 783 824 | 2.77 |
| 甲壳类 | 6 848 368 | 6 439 059 | 409 309 | 6.36 |
| 贝类 | 15 885 589 | 15 456 691 | 428 898 | 2.77 |
| 藻类 | 2 723 905 | 2 722 928 | 977 | 0.04 |
| 其他类 | 1 166 380 | 1 078 811 | 87 569 | 8.12 |
| 捕捞产品中：鱼类 | 7 316 987 | 7 371 829 | -54 842 | -0.74 |
| 甲壳类 | 2 008 904 | 1 984 542 | 24 362 | 1.23 |
| 贝类 | 494 600 | 500 512 | -5 912 | -1.18 |
| 藻类 | 19 398 | 20 438 | -1 040 | -5.09 |
| 头足类 | 591 514 | 585 514 | 6 000 | 1.02 |
| 其他类 | 243 307 | 249 584 | -6 277 | -2.51 |

# 各地区水产品产量（一）

单位：吨

| 地　区 | 2022年 | | | | | | | |
|---|---|---|---|---|---|---|---|---|
| | 总产量 | 1. 养殖产品小计 | (1) 海水养殖 | (2) 淡水养殖 | 2. 捕捞产品小计 | (1) 海洋捕捞 | (2) 远洋渔业 | (3) 淡水捕捞 |
| **全国总计** | **68 659 122** | **55 654 627** | **22 756 987** | **32 897 640** | **13 004 495** | **9 508 508** | **2 329 785** | **1 166 202** |
| 北　京 | 17 492 | 10 439 | | 10 439 | 7 053 | | 4 252 | 2 801 |
| 天　津 | 281 198 | 247 153 | 9 771 | 237 382 | 34 045 | 23 794 | 7 468 | 2 783 |
| 河　北 | 1 124 367 | 853 521 | 580 005 | 273 516 | 270 846 | 190 614 | 42 590 | 37 642 |
| 山　西 | 53 081 | 52 619 | | 52 619 | 462 | | | 462 |
| 内蒙古 | 108 696 | 98 711 | | 98 711 | 9 985 | | | 9 985 |
| 辽　宁 | 4 892 341 | 4 224 209 | 3 392 947 | 831 262 | 668 132 | 461 607 | 172 614 | 33 911 |
| 吉　林 | 251 246 | 232 675 | | 232 675 | 18 571 | | | 18 571 |
| 黑龙江 | 735 001 | 685 000 | | 685 000 | 50 001 | | | 50 001 |
| 上　海 | 254 657 | 115 810 | | 115 810 | 138 847 | 10 038 | 128 020 | 789 |
| 江　苏 | 5 048 566 | 4 443 520 | 924 037 | 3 519 483 | 605 046 | 412 345 | 15 838 | 176 863 |
| 浙　江 | 6 217 152 | 2 802 721 | 1 495 736 | 1 306 985 | 3 414 431 | 2 572 416 | 685 946 | 156 069 |
| 安　徽 | 2 455 031 | 2 346 395 | | 2 346 395 | 108 636 | | | 108 636 |
| 福　建 | 8 613 939 | 6 395 400 | 5 477 892 | 917 508 | 2 218 539 | 1 531 200 | 615 303 | 72 036 |
| 江　西 | 2 832 383 | 2 800 506 | | 2 800 506 | 31 877 | | | 31 877 |
| 山　东 | 8 812 740 | 6 651 168 | 5 560 794 | 1 090 374 | 2 161 572 | 1 687 960 | 373 700 | 99 912 |
| 河　南 | 942 473 | 831 545 | | 831 545 | 110 928 | | | 110 928 |
| 湖　北 | 5 004 205 | 4 980 200 | | 4 980 200 | 24 005 | | | 24 005 |
| 湖　南 | 2 725 944 | 2 723 905 | | 2 723 905 | 2 039 | | | 2 039 |
| 广　东 | 8 940 291 | 7 677 336 | 3 396 736 | 4 280 600 | 1 262 955 | 1 124 205 | 61 933 | 76 817 |
| 广　西 | 3 656 705 | 3 078 015 | 1 656 464 | 1 421 551 | 578 690 | 476 405 | 18 972 | 83 313 |
| 海　南 | 1 703 110 | 673 384 | 262 605 | 410 779 | 1 029 726 | 1 017 924 | | 11 802 |
| 重　庆 | 566 303 | 566 303 | | 566 303 | | | | |
| 四　川 | 1 721 461 | 1 721 461 | | 1 721 461 | | | | |
| 贵　州 | 268 433 | 264 074 | | 264 074 | 4 359 | | | 4 359 |
| 云　南 | 678 824 | 652 178 | | 652 178 | 26 646 | | | 26 646 |
| 西　藏 | 125 | 50 | | 50 | 75 | | | 75 |
| 陕　西 | 173 500 | 173 500 | | 173 500 | | | | |
| 甘　肃 | 14 380 | 14 380 | | 14 380 | | | | |
| 青　海 | 18 881 | 15 123 | | 15 123 | 3 758 | | | 3 758 |
| 宁　夏 | 170 448 | 163 871 | | 163 871 | 6 577 | | | 6 577 |
| 新　疆 | 173 000 | 159 455 | | 159 455 | 13 545 | | | 13 545 |
| 中农发集团 | 203 149 | | | | 203 149 | | 203 149 | |

# 各地区水产品产量（二）

单位：吨

| 地　区 | 2021 年 | | | | | | | |
|---|---|---|---|---|---|---|---|---|
| | 总产量 | 1. 养殖产品小计 | (1) 海水养殖 | (2) 淡水养殖 | 2. 捕捞产品小计 | (1) 海洋捕捞 | (2) 远洋渔业 | (3) 淡水捕捞 |
| **全国总计** | **66 902 945** | **53 944 050** | **22 111 374** | **31 832 676** | **12 958 895** | **9 514 584** | **2 246 476** | **1 197 835** |
| 北　京 | 21 807 | 11 683 | | 11 683 | 10 124 | | 7 472 | 2 652 |
| 天　津 | 273 282 | 237 966 | 10 865 | 227 101 | 35 316 | 26 722 | 5 744 | 2 850 |
| 河　北 | 1 081 010 | 805 472 | 543 151 | 262 321 | 275 538 | 190 903 | 49 570 | 35 065 |
| 山　西 | 50 863 | 49 912 | | 49 912 | 951 | | | 951 |
| 内蒙古 | 106 834 | 96 442 | | 96 442 | 10 392 | | | 10 392 |
| 辽　宁 | 4 824 064 | 4 065 948 | 3 249 160 | 816 788 | 758 116 | 475 350 | 245 787 | 36 979 |
| 吉　林 | 249 498 | 230 867 | | 230 867 | 18 631 | | | 18 631 |
| 黑龙江 | 718 514 | 675 514 | | 675 514 | 43 000 | | | 43 000 |
| 上　海 | 227 851 | 67 899 | 231 | 67 668 | 159 952 | 9 912 | 149 281 | 759 |
| 江　苏 | 4 938 062 | 4 334 936 | 881 128 | 3 453 808 | 603 126 | 412 819 | 12 339 | 177 968 |
| 浙　江 | 5 990 514 | 2 657 210 | 1 393 226 | 1 263 984 | 3 333 304 | 2 568 585 | 608 437 | 156 282 |
| 安　徽 | 2 365 033 | 2 242 195 | | 2 242 195 | 122 838 | | | 122 838 |
| 福　建 | 8 530 729 | 6 321 175 | 5 437 156 | 884 019 | 2 209 554 | 1 531 132 | 606 575 | 71 847 |
| 江　西 | 2 695 115 | 2 661 004 | | 2 661 004 | 34 111 | | | 34 111 |
| 山　东 | 8 544 248 | 6 419 349 | 5 373 842 | 1 045 507 | 2 124 899 | 1 691 798 | 337 368 | 95 733 |
| 河　南 | 943 224 | 833 260 | | 833 260 | 109 964 | | | 109 964 |
| 湖　北 | 4 832 079 | 4 806 257 | | 4 806 257 | 25 822 | | | 25 822 |
| 湖　南 | 2 661 061 | 2 655 449 | | 2 655 449 | 5 612 | | | 5 612 |
| 广　东 | 8 845 163 | 7 568 096 | 3 362 424 | 4 205 672 | 1 277 067 | 1 127 181 | 60 819 | 89 067 |
| 广　西 | 3 548 070 | 2 964 515 | 1 587 196 | 1 377 319 | 583 555 | 479 415 | 18 671 | 85 469 |
| 海　南 | 1 640 918 | 624 751 | 272 995 | 351 756 | 1 016 167 | 1 000 767 | | 15 400 |
| 重　庆 | 545 343 | 545 343 | | 545 343 | | | | |
| 四　川 | 1 664 890 | 1 664 890 | | 1 664 890 | | | | |
| 贵　州 | 262 061 | 257 256 | | 257 256 | 4 805 | | | 4 805 |
| 云　南 | 657 743 | 628 390 | | 628 390 | 29 353 | | | 29 353 |
| 西　藏 | 828 | 140 | | 140 | 688 | | | 688 |
| 陕　西 | 170 700 | 170 700 | | 170 700 | | | | |
| 甘　肃 | 14 205 | 14 205 | | 14 205 | | | | |
| 青　海 | 18 285 | 18 285 | | 18 285 | | | | |
| 宁　夏 | 165 999 | 159 938 | | 159 938 | 6 061 | | | 6 061 |
| 新　疆 | 170 539 | 155 003 | | 155 003 | 15 536 | | | 15 536 |
| 中农发集团 | 144 413 | | | | 144 413 | | 144 413 | |

# 各地区水产品产量（三）

单位：吨

| 地　　区 | 2022 年比 2021 年增减（±） | | | | | | | |
|---|---|---|---|---|---|---|---|---|
| | 总产量 | 1. 养殖产品小计 | (1) 海水养殖 | (2) 淡水养殖 | 2. 捕捞产品小计 | (1) 海洋捕捞 | (2) 远洋渔业 | (3) 淡水捕捞 |
| **全国总计** | **1 756 177** | **1 710 577** | **645 613** | **1 064 964** | **45 600** | **-6 076** | **83 309** | **-31 633** |
| 北　京 | -4 315 | -1 244 | | -1 244 | -3 071 | | -3 220 | 149 |
| 天　津 | 7 916 | 9 187 | -1 094 | 10 281 | -1 271 | -2 928 | 1 724 | -67 |
| 河　北 | 43 357 | 48 049 | 36 854 | 11 195 | -4 692 | -289 | -6 980 | 2 577 |
| 山　西 | 2 218 | 2 707 | | 2 707 | -489 | | | -489 |
| 内蒙古 | 1 862 | 2 269 | | 2 269 | -407 | | | -407 |
| 辽　宁 | 68 277 | 158 261 | 143 787 | 14 474 | -89 984 | -13 743 | -73 173 | -3 068 |
| 吉　林 | 1 748 | 1 808 | | 1 808 | -60 | | | -60 |
| 黑龙江 | 16 487 | 9 486 | | 9 486 | 7 001 | | | 7 001 |
| 上　海 | 26 806 | 47 911 | -231 | 48 142 | -21 105 | 126 | -21 261 | 30 |
| 江　苏 | 110 504 | 108 584 | 42 909 | 65 675 | 1 920 | -474 | 3 499 | -1 105 |
| 浙　江 | 226 638 | 145 511 | 102 510 | 43 001 | 81 127 | 3 831 | 77 509 | -213 |
| 安　徽 | 89 998 | 104 200 | | 104 200 | -14 202 | | | -14 202 |
| 福　建 | 83 210 | 74 225 | 40 736 | 33 489 | 8 985 | 68 | 8 728 | 189 |
| 江　西 | 137 268 | 139 502 | | 139 502 | -2 234 | | | -2 234 |
| 山　东 | 268 492 | 231 819 | 186 952 | 44 867 | 36 673 | -3 838 | 36 332 | 4 179 |
| 河　南 | -751 | -1 715 | | -1 715 | 964 | | | 964 |
| 湖　北 | 172 126 | 173 943 | | 173 943 | -1 817 | | | -1 817 |
| 湖　南 | 64 883 | 68 456 | | 68 456 | -3 573 | | | -3 573 |
| 广　东 | 95 128 | 109 240 | 34 312 | 74 928 | -14 112 | -2 976 | 1 114 | -12 250 |
| 广　西 | 108 635 | 113 500 | 69 268 | 44 232 | -4 865 | -3 010 | 301 | -2 156 |
| 海　南 | 62 192 | 48 633 | -10 390 | 59 023 | 13 559 | 17 157 | | -3 598 |
| 重　庆 | 20 960 | 20 960 | | 20 960 | | | | |
| 四　川 | 56 571 | 56 571 | | 56 571 | | | | |
| 贵　州 | 6 372 | 6 818 | | 6 818 | -446 | | | -446 |
| 云　南 | 21 081 | 23 788 | | 23 788 | -2 707 | | | -2 707 |
| 西　藏 | -703 | -90 | | -90 | -613 | | | -613 |
| 陕　西 | 2 800 | 2 800 | | 2 800 | | | | |
| 甘　肃 | 175 | 175 | | 175 | | | | |
| 青　海 | 596 | -3 162 | | -3 162 | 3 758 | | | 3 758 |
| 宁　夏 | 4 449 | 3 933 | | 3 933 | 516 | | | 516 |
| 新　疆 | 2 461 | 4 452 | | 4 452 | -1 991 | | | -1 991 |
| 中农发集团 | 58 736 | | | | 58 736 | | 58 736 | |

# 2-2 水产养殖

## 全国水产养殖产量（按水域和养殖方式分）

单位：吨

| 指标 | | 2022年 | 2021年 | 2022年比2021年增减（±） | |
|---|---|---|---|---|---|
| | | | | 绝对量 | 幅度（%） |
| **全国总计** | | **55 654 627** | **53 944 050** | **1 710 577** | **3.17** |
| 1. 海水养殖 | | 22 756 987 | 22 111 374 | 645 613 | 2.92 |
| 按水域分 | 海上 | 13 525 449 | 13 163 075 | 362 374 | 2.75 |
| | 滩涂 | 6 431 117 | 6 224 236 | 206 881 | 3.32 |
| | 其他 | 2 800 421 | 2 724 063 | 76 358 | 2.80 |
| 养殖方式中 | 池塘 | 2 923 468 | 2 810 602 | 112 866 | 4.02 |
| | 普通网箱 | 640 849 | 626 744 | 14 105 | 2.25 |
| | 深水网箱 | 393 299 | 337 193 | 56 106 | 16.64 |
| | 筏式 | 6 823 971 | 6 451 222 | 372 749 | 5.78 |
| | 吊笼 | 1 760 921 | 1 703 774 | 57 147 | 3.35 |
| | 底播 | 5 629 280 | 5 352 400 | 276 880 | 5.17 |
| | 工厂化 | 389 583 | 355 751 | 33 832 | 9.51 |
| 2. 淡水养殖 | | 32 897 640 | 31 832 676 | 1 064 964 | 3.35 |
| 按水域分 | 池塘 | 24 142 957 | 23 507 883 | 635 074 | 2.70 |
| | 湖泊 | 827 814 | 805 002 | 22 812 | 2.83 |
| | 水库 | 2 870 302 | 2 817 093 | 53 209 | 1.89 |
| | 河沟 | 466 815 | 483 385 | -16 570 | -3.43 |
| | 其他 | 717 597 | 662 459 | 55 138 | 8.32 |
| | 稻田养成鱼 | 3 872 155 | 3 556 854 | 315 301 | 8.86 |
| 养殖方式中 | 围栏 | 24 671 | 24 292 | 379 | 1.56 |
| | 网箱 | 288 033 | 275 058 | 12 975 | 4.72 |
| | 工厂化 | 403 494 | 324 157 | 79 337 | 24.47 |

# 全国海水养殖产量（一）

单位：吨

| 指　　标 | 2022 年 | 2021 年 | 2022 年比 2021 年增减（±） | |
|---|---|---|---|---|
| | | | 绝对量 | 幅度（%） |
| **海水养殖** | **22 756 987** | **22 111 374** | **645 613** | **2.92** |
| 1. 鱼类 | 1 925 574 | 1 843 800 | 81 774 | 4.44 |
| 其中：鲈鱼 | 218 053 | 199 106 | 18 947 | 9.52 |
| 鲆鱼 | 100 694 | 113 848 | -13 154 | -11.55 |
| 大黄鱼 | 257 683 | 254 224 | 3 459 | 1.36 |
| 军曹鱼 | 28 971 | 27 412 | 1 559 | 5.69 |
| 鰤鱼 | 20 949 | 21 087 | -138 | -0.65 |
| 鲷鱼 | 136 487 | 130 947 | 5 540 | 4.23 |
| 美国红鱼 | 62 844 | 63 895 | -1 051 | -1.64 |
| 河鲀 | 16 626 | 15 391 | 1 235 | 8.02 |
| 石斑鱼 | 205 816 | 204 119 | 1 697 | 0.83 |
| 鲽鱼 | 12 879 | 9 005 | 3 874 | 43.02 |
| 卵形鲳鲹 | 245 435 | 243 908 | 1 527 | 0.63 |
| 2. 甲壳类 | 1 952 476 | 1 854 948 | 97 528 | 5.26 |
| 虾 | 1 661 765 | 1 572 293 | 89 472 | 5.69 |
| 其中：南美白对虾 | 1 340 280 | 1 273 632 | 66 648 | 5.23 |
| 斑节对虾 | 114 360 | 104 665 | 9 695 | 9.26 |
| 中国对虾 | 30 929 | 32 533 | -1 604 | -4.93 |
| 日本对虾 | 46 199 | 44 548 | 1 651 | 3.71 |
| 蟹 | 290 711 | 282 655 | 8 056 | 2.85 |
| 其中：梭子蟹 | 109 017 | 105 283 | 3 734 | 3.55 |
| 青蟹 | 154 661 | 152 065 | 2 596 | 1.71 |

# 全国海水养殖产量（二）

单位：吨

| 指 标 | 2022 年 | 2021 年 | 2022 年比 2021 年增减（±） | |
|---|---|---|---|---|
| | | | 绝对量 | 幅度（%） |
| 3. 贝类 | 15 695 844 | 15 260 697 | 435 147 | 2. 85 |
| 其中：牡蛎 | 6 199 540 | 5 819 188 | 380 352 | 6. 54 |
| 鲍 | 228 190 | 217 831 | 10 359 | 4. 76 |
| 螺 | 323 079 | 299 620 | 23 459 | 7. 83 |
| 蚶 | 345 371 | 340 407 | 4 964 | 1. 46 |
| 贻贝 | 771 230 | 829 481 | -58 251 | -7. 02 |
| 江珧 | 9 367 | 12 145 | -2 778 | -22. 87 |
| 扇贝 | 1 792 240 | 1 829 924 | -37 684 | -2. 06 |
| 蛤 | 4 378 040 | 4 289 768 | 88 272 | 2. 06 |
| 蛏 | 847 626 | 859 651 | -12 025 | -1. 40 |
| 4. 藻类 | 2 713 914 | 2 714 601 | -687 | -0. 03 |
| 其中：海带 | 1 430 575 | 1 742 378 | -311 803 | -17. 90 |
| 裙带菜 | 206 129 | 212 248 | -6 119 | -2. 88 |
| 紫菜 | 217 658 | 199 162 | 18 496 | 9. 29 |
| 江蓠 | 610 824 | 398 920 | 211 904 | 53. 12 |
| 麒麟菜 | 266 | 916 | -650 | -70. 96 |
| 石花菜 | | | | |
| 羊栖菜 | 33 372 | 31 090 | 2 282 | 7. 34 |
| 苔菜 | | 84 | -84 | |
| 5. 其他类 | 469 179 | 437 328 | 31 851 | 7. 28 |
| 其中：海参 | 248 508 | 222 707 | 25 801 | 11. 59 |
| 海胆（千克） | 5 154 819 | 13 590 733 | -8 435 914 | -62. 07 |
| 海水珍珠（千克） | 2 309 | 2 008 | 301 | 14. 99 |
| 海蜇 | 84 160 | 77 779 | 6 381 | 8. 20 |

# 全国淡水养殖产量

单位：吨

| 指　　标 | 2022 年 | 2021 年 | 2022 年比 2021 年增减（±） | |
|---|---|---|---|---|
| | | | 绝对量 | 幅度（%） |
| **淡水养殖产量** | **32 897 640** | **31 832 676** | **1 064 964** | **3. 35** |
| 1. 鱼类 | 27 104 811 | 26 402 761 | 702 050 | 2. 66 |
| 2. 甲壳类 | 4 895 892 | 4 584 111 | 311 781 | 6. 80 |
| 虾 | 4 080 574 | 3 775 837 | 304 737 | 8. 07 |
| 其中：罗氏沼虾 | 177 836 | 171 263 | 6 573 | 3. 84 |
| 青虾 | 226 312 | 224 413 | 1 899 | 0. 85 |
| 克氏原螯虾 | 2 890 684 | 2 633 595 | 257 089 | 9. 76 |
| 南美白对虾 | 758 350 | 703 767 | 54 583 | 7. 76 |
| 蟹（河蟹） | 815 318 | 808 274 | 7 044 | 0. 87 |
| 3. 贝类 | 189 745 | 195 994 | -6 249 | -3. 19 |
| 其中：河蚌 | 52 221 | 54 628 | -2 407 | -4. 41 |
| 螺 | 94 681 | 98 420 | -3 739 | -3. 80 |
| 蚬 | 21 550 | 22 246 | -696 | -3. 13 |
| 4. 藻类（螺旋藻） | 9 991 | 8 327 | 1 664 | 19. 98 |
| 5. 其他类 | 697 201 | 641 483 | 55 718 | 8. 69 |
| 其中：龟 | 53 902 | 50 951 | 2 951 | 5. 79 |
| 鳖 | 373 709 | 364 878 | 8 831 | 2. 42 |
| 蛙 | 215 084 | 174 997 | 40 087 | 22. 91 |
| 珍珠（千克） | 697 388 | 475 086 | 222 302 | 46. 79 |
| 6. 观赏鱼（万尾） | 355 976 | 378 593 | -22 617 | -5. 97 |

# 全国淡水养殖主要鱼类产量

单位：吨

| 指　标 | 2022 年 | 2021 年 | 2022 年比 2021 年增减（±） | |
|---|---|---|---|---|
| | | | 绝对量 | 幅度（%） |
| 青鱼 | 748 026 | 716 561 | 31 465 | 4.39 |
| 草鱼 | 5 904 805 | 5 755 095 | 149 710 | 2.60 |
| 鲢鱼 | 3 879 775 | 3 836 589 | 43 186 | 1.13 |
| 鳙鱼 | 3 268 510 | 3 177 030 | 91 480 | 2.88 |
| 鲤鱼 | 2 843 157 | 2 831 763 | 11 394 | 0.40 |
| 鲫鱼 | 2 849 494 | 2 783 687 | 65 807 | 2.36 |
| 鳊鲂 | 767 343 | 764 303 | 3 040 | 0.40 |
| 泥鳅 | 374 981 | 367 086 | 7 895 | 2.15 |
| 鲇鱼 | 325 356 | 322 650 | 2 706 | 0.84 |
| 鮰鱼 | 416 200 | 363 344 | 52 856 | 14.55 |
| 黄颡鱼 | 599 801 | 587 822 | 11 979 | 2.04 |
| 鲑鱼 | 2 911 | 2 534 | 377 | 14.88 |
| 鳟鱼 | 37 345 | 35 814 | 1 531 | 4.27 |
| 河鲀 | 14 434 | 14 559 | -125 | -0.86 |
| 短盖巨脂鲤 | 43 181 | 51 352 | -8 171 | -15.91 |
| 长吻鮠 | 23 907 | 22 236 | 1 671 | 7.51 |
| 黄鳝 | 334 215 | 311 436 | 22 779 | 7.31 |
| 鳜鱼 | 401 490 | 373 954 | 27 536 | 7.36 |
| 池沼公鱼 | 3 944 | 7 537 | -3 593 | -47.67 |
| 银鱼 | 12 177 | 11 321 | 856 | 7.56 |
| 鲈鱼 | 802 486 | 702 093 | 100 393 | 14.30 |
| 乌鳢 | 553 196 | 548 481 | 4 715 | 0.86 |
| 罗非鱼 | 1 738 947 | 1 662 637 | 76 310 | 4.59 |
| 鲟鱼 | 130 951 | 121 875 | 9 076 | 7.45 |
| 鳗鲡 | 281 730 | 255 311 | 26 419 | 10.35 |

## 各地区海水养殖产量（按品种分）（一）

单位：吨

| 地　　区 | 海水养殖产量 | 1. 鱼类 | 其中 | | | | | |
|---|---|---|---|---|---|---|---|---|
| | | | 鲈鱼 | 鲆鱼 | 大黄鱼 | 军曹鱼 | 鰤鱼 | 鲷鱼 |
| **全国总计** | **22 756 987** | **1 925 574** | **218 053** | **100 694** | **257 683** | **28 971** | **20 949** | **136 487** |
| 天　　津 | 9 771 | 669 | | | | | | |
| 河　　北 | 580 005 | 21 202 | | 7 268 | | | | |
| 辽　　宁 | 3 392 947 | 68 029 | 8 025 | 54 096 | | | | 5 |
| 上　　海 | | | | | | | | |
| 江　　苏 | 924 037 | 63 615 | 534 | 4 903 | 510 | | | |
| 浙　　江 | 1 495 736 | 74 699 | 13 457 | 108 | 35 784 | | | 3 826 |
| 福　　建 | 5 477 892 | 486 771 | 37 100 | 5 306 | 215 231 | 82 | 3 299 | 45 798 |
| 山　　东 | 5 560 794 | 83 786 | 10 832 | 28 581 | 1 227 | | | 311 |
| 广　　东 | 3 396 736 | 851 381 | 138 202 | 432 | 4 931 | 20 838 | 17 625 | 82 002 |
| 广　　西 | 1 656 464 | 136 353 | 7 977 | | | 36 | | 3 294 |
| 海　　南 | 262 605 | 139 069 | 1 926 | | | 8 015 | 25 | 1 251 |

## 各地区海水养殖产量（按品种分）（二）

单位：吨

| 地　　区 | 1. 鱼类（续） | | | | | 2. 甲壳类 | (1) 虾 | 其中 | |
|---|---|---|---|---|---|---|---|---|---|
| | 其中（续） | | | | | | | | |
| | 美国红鱼 | 河鲀 | 石斑鱼 | 鲽鱼 | 卵形鲳鲹 | | | 南美白对虾 | 斑节对虾 |
| **全国总计** | **62 844** | **16 626** | **205 816** | **12 879** | **245 435** | **1 952 476** | **1 661 765** | **1 340 280** | **114 360** |
| 天　　津 | | | 62 | | | 9 102 | 9 102 | 9 082 | |
| 河　　北 | | 3 143 | 1 113 | 7 550 | | 50 708 | 48 419 | 34 691 | 153 |
| 辽　　宁 | | 1 887 | | | | 27 423 | 27 042 | 15 321 | |
| 上　　海 | | | | | | | | | |
| 江　　苏 | | | | 1 058 | | 104 532 | 80 329 | 24 696 | 13 690 |
| 浙　　江 | 8 754 | | 394 | | 17 | 117 885 | 66 741 | 41 485 | 864 |
| 福　　建 | 15 641 | 10 185 | 36 895 | 2 | 442 | 219 854 | 141 537 | 120 037 | 7 234 |
| 山　　东 | 903 | 1 018 | 920 | 3 314 | | 229 131 | 208 829 | 173 376 | 1 174 |
| 广　　东 | 33 455 | 393 | 97 937 | 23 | 119 343 | 771 801 | 681 005 | 558 433 | 83 201 |
| 广　　西 | 1 810 | | 3 058 | 932 | 85 931 | 320 241 | 308 867 | 305 002 | 1 059 |
| 海　　南 | 2 281 | | 65 437 | | 39 702 | 101 799 | 89 894 | 58 157 | 6 985 |

## 各地区海水养殖产量（按品种分）（三）

单位：吨

| 地 区 | 2. 甲壳类（续） | | | | | 3. 贝类 |
|---|---|---|---|---|---|---|
| | （1）虾（续） | | （2）蟹 | | | |
| | 其中（续） | | | 其 中 | | |
| | 中国对虾 | 日本对虾 | | 梭子蟹 | 青蟹 | |
| **全国总计** | **30 929** | **46 199** | **290 711** | **109 017** | **154 661** | **15 695 844** |
| 天 津 | | | | | | |
| 河 北 | 7 734 | 5 823 | 2 289 | 2 289 | | 441 024 |
| 辽 宁 | 9 082 | 2 502 | 381 | 261 | | 2 648 828 |
| 上 海 | | | | | | |
| 江 苏 | 3 411 | 608 | 24 203 | 20 811 | 2 132 | 692 553 |
| 浙 江 | 419 | 1 354 | 51 144 | 20 370 | 28 777 | 1 155 044 |
| 福 建 | 2 801 | 7 299 | 78 317 | 31 762 | 38 884 | 3 412 321 |
| 山 东 | 7 178 | 20 746 | 20 302 | 19 083 | 278 | 4 429 358 |
| 广 东 | 304 | 7 818 | 90 796 | 13 825 | 62 457 | 1 704 619 |
| 广 西 | | 49 | 11 374 | | 11 374 | 1 191 150 |
| 海 南 | | | 11 905 | 616 | 10 759 | 20 947 |

## 各地区海水养殖产量（按品种分）（四）

单位：吨

| 地 区 | 3. 贝类（续） | | | | | | | | |
|---|---|---|---|---|---|---|---|---|---|
| | 其 中 | | | | | | | | |
| | 牡蛎 | 鲍 | 螺 | 蚶 | 贻贝 | 江珧 | 扇贝 | 蛤 | 蛏 |
| **全国总计** | **6 199 540** | **228 190** | **323 079** | **345 371** | **771 230** | **9 367** | **1 792 240** | **4 378 040** | **847 626** |
| 天 津 | | | | | | | | | |
| 河 北 | 15 345 | | 21 293 | 9 011 | | | 340 917 | 54 112 | 250 |
| 辽 宁 | 511 899 | 1 067 | | 53 272 | 31 263 | | 334 173 | 1 528 193 | 37 502 |
| 上 海 | | | | | | | | | |
| 江 苏 | 86 896 | | 63 978 | 25 520 | 33 090 | | | 376 159 | 52 743 |
| 浙 江 | 287 982 | | 17 116 | 151 706 | 247 308 | | 333 | 90 022 | 323 419 |
| 福 建 | 2 127 281 | 181 503 | 8 996 | 56 820 | 102 419 | | 12 631 | 505 776 | 288 515 |
| 山 东 | 1 319 084 | 36 973 | 9 446 | 6 667 | 286 848 | 221 | 983 900 | 1 313 430 | 142 076 |
| 广 东 | 1 151 437 | 8 647 | 50 943 | 40 244 | 65 296 | 9 146 | 118 631 | 193 440 | 2 980 |
| 广 西 | 698 011 | | 135 973 | 331 | 5 006 | | 1 545 | 315 902 | 141 |
| 海 南 | 1 605 | | 15 334 | 1 800 | | | 110 | 1 006 | |

## 各地区海水养殖产量（按品种分）（五）

单位：吨

| 地区 | 4. 藻类 | 其中 | | | | | |
|---|---|---|---|---|---|---|---|
| | | 海带 | 裙带菜 | 紫菜 | 江蓠 | 麒麟菜 | 石花菜 |
| 全国总计 | **2 713 914** | **1 430 575** | **206 129** | **217 658** | **610 824** | **266** | |
| 天津 | | | | | | | |
| 河北 | | | | | | | |
| 辽宁 | 470 971 | 312 843 | 153 259 | | | | |
| 上海 | | | | | | | |
| 江苏 | 46 224 | | | 46 224 | | | |
| 浙江 | 142 682 | 23 024 | | 80 786 | | | |
| 福建 | 1 301 483 | 861 335 | | 63 845 | 319 078 | | |
| 山东 | 692 025 | 230 498 | 52 064 | 13 009 | 253 316 | | |
| 广东 | 60 032 | 2 875 | 806 | 13 794 | 38 283 | | |
| 广西 | | | | | | | |
| 海南 | 497 | | | | 147 | 266 | |

## 各地区海水养殖产量（按品种分）（六）

单位：吨

| 地区 | 4. 藻类（续） | | 5. 其他 | 其中 | | | |
|---|---|---|---|---|---|---|---|
| | 其中（续） | | | | | | |
| | 羊栖菜 | 苔菜 | | 海参 | 海胆（千克） | 海水珍珠（千克） | 海蜇 |
| 全国总计 | **33 372** | | **469 179** | **248 508** | **5 154 819** | **2 309** | **84 160** |
| 天津 | | | | | | | |
| 河北 | | | 67 071 | 16 159 | | | 1 094 |
| 辽宁 | | | 177 696 | 86 140 | 1 924 509 | | 66 015 |
| 上海 | | | | | | | |
| 江苏 | | | 17 113 | 77 | | | 12 947 |
| 浙江 | 27 447 | | 5 426 | 105 | | | 1 426 |
| 福建 | 5 925 | | 57 463 | 45 636 | | | 2 445 |
| 山东 | | | 126 494 | 100 165 | 3 129 590 | | 233 |
| 广东 | | | 8 903 | 39 | 100 720 | 1 528 | |
| 广西 | | | 8 720 | | | 781 | |
| 海南 | | | 293 | 187 | | | |

## 各地区海水养殖产量（按水域和养殖方式分）（一）

单位：吨

| 地　区 | 海水养殖产量 | 按养殖水域分 | | | 养殖方式中 |
|---|---|---|---|---|---|
| | | 1. 海上 | 2. 滩涂 | 3. 其他 | 1. 池塘 |
| **全国总计** | **22 756 987** | **13 525 449** | **6 431 117** | **2 800 421** | **2 923 468** |
| 天　津 | 9 771 | | | 9 771 | 6 033 |
| 河　北 | 580 005 | 393 206 | 58 630 | 128 169 | 104 946 |
| 辽　宁 | 3 392 947 | 2 313 907 | 856 380 | 222 660 | 236 631 |
| 上　海 | | | | | |
| 江　苏 | 924 037 | 267 830 | 514 468 | 141 739 | 250 492 |
| 浙　江 | 1 495 736 | 732 397 | 433 844 | 329 495 | 302 508 |
| 福　建 | 5 477 892 | 3 844 596 | 1 181 350 | 451 946 | 294 803 |
| 山　东 | 5 560 794 | 3 933 284 | 1 341 327 | 286 183 | 256 536 |
| 广　东 | 3 396 736 | 1 403 252 | 1 225 005 | 768 479 | 972 853 |
| 广　西 | 1 656 464 | 555 070 | 746 939 | 354 455 | 363 436 |
| 海　南 | 262 605 | 81 907 | 73 174 | 107 524 | 135 230 |

## 各地区海水养殖产量（按水域和养殖方式分）（二）

单位：吨

| 地　区 | 养殖方式中（续） | | | | | |
|---|---|---|---|---|---|---|
| | 2. 普通网箱 | 3. 深水网箱 | 4. 筏式 | 5. 吊笼 | 6. 底播 | 7. 工厂化 |
| **全国总计** | **640 849** | **393 299** | **6 823 971** | **1 760 921** | **5 629 280** | **389 583** |
| 天　津 | | | | | | 743 |
| 河　北 | 900 | | 372 897 | | 43 378 | 23 803 |
| 辽　宁 | 18 733 | 2 274 | 1 155 394 | 148 226 | 1 684 647 | 50 244 |
| 上　海 | | | | | | |
| 江　苏 | | 88 | 121 150 | 14 256 | 437 087 | 21 114 |
| 浙　江 | 32 278 | 28 797 | 602 124 | 11 615 | 283 125 | 8 744 |
| 福　建 | 310 046 | 110 865 | 1 748 396 | 165 658 | 442 377 | 44 865 |
| 山　东 | 114 324 | 30 400 | 1 889 929 | 1 276 866 | 1 801 431 | 188 731 |
| 广　东 | 105 412 | 98 482 | 491 864 | 135 008 | 564 097 | 18 357 |
| 广　西 | 53 475 | 65 817 | 442 217 | 9 292 | 368 692 | 738 |
| 海　南 | 5 681 | 56 576 | | | 4 446 | 32 244 |

# 各地区淡水养殖产量（按品种分）（一）

单位：吨

| 地　　区 | 淡水养殖产量 | 1. 鱼类 | 其　中 | | | | |
|---|---|---|---|---|---|---|---|
| | | | 青鱼 | 草鱼 | 鲢鱼 | 鳙鱼 | 鲤鱼 |
| **全国总计** | **32 897 640** | **27 104 811** | **748 026** | **5 904 805** | **3 879 775** | **3 268 510** | **2 843 157** |
| 北　京 | 10 439 | 10 439 | 359 | 3 427 | 526 | 278 | 3 688 |
| 天　津 | 237 382 | 191 608 | 380 | 34 355 | 23 521 | 10 105 | 76 052 |
| 河　北 | 273 516 | 246 587 | 111 | 35 953 | 35 176 | 16 368 | 107 567 |
| 山　西 | 52 619 | 51 768 | 497 | 16 893 | 10 449 | 3 956 | 10 937 |
| 内蒙古 | 98 711 | 93 854 | | 13 395 | 15 406 | 13 517 | 37 701 |
| 辽　宁 | 831 262 | 743 163 | 225 | 111 250 | 86 041 | 51 375 | 323 369 |
| 吉　林 | 232 675 | 220 616 | 2 212 | 21 262 | 52 454 | 41 388 | 54 828 |
| 黑龙江 | 685 000 | 660 704 | 458 | 68 688 | 132 565 | 56 813 | 228 045 |
| 上　海 | 115 810 | 91 519 | 4 168 | 25 147 | 7 885 | 8 182 | 560 |
| 江　苏 | 3 519 483 | 2 516 748 | 108 668 | 434 538 | 452 665 | 270 822 | 168 687 |
| 浙　江 | 1 306 985 | 1 002 245 | 74 304 | 95 051 | 138 224 | 106 334 | 34 703 |
| 安　徽 | 2 346 395 | 1 483 527 | 75 632 | 270 983 | 260 258 | 261 755 | 86 555 |
| 福　建 | 917 508 | 757 446 | 13 199 | 177 397 | 82 122 | 63 737 | 57 493 |
| 江　西 | 2 800 506 | 2 404 592 | 64 370 | 659 523 | 293 929 | 430 261 | 148 998 |
| 山　东 | 1 090 374 | 921 810 | 5 414 | 215 791 | 161 791 | 109 728 | 215 678 |
| 河　南 | 831 545 | 766 250 | 14 485 | 145 312 | 181 911 | 138 134 | 150 617 |
| 湖　北 | 4 980 200 | 3 564 418 | 197 985 | 909 699 | 575 175 | 480 720 | 96 610 |
| 湖　南 | 2 723 905 | 2 175 140 | 87 491 | 665 163 | 337 306 | 313 564 | 160 903 |
| 广　东 | 4 280 600 | 3 875 007 | 63 356 | 916 991 | 201 891 | 323 537 | 82 829 |
| 广　西 | 1 421 551 | 1 355 100 | 18 098 | 342 246 | 230 512 | 178 197 | 160 321 |
| 海　南 | 410 779 | 397 805 | 920 | 3 720 | 4 701 | 7 806 | 2 024 |
| 重　庆 | 566 303 | 541 354 | 2 555 | 140 013 | 110 531 | 59 549 | 45 210 |
| 四　川 | 1 721 461 | 1 635 064 | 2 568 | 307 141 | 336 352 | 196 677 | 204 155 |
| 贵　州 | 264 074 | 253 933 | 2 104 | 45 056 | 25 942 | 32 565 | 91 286 |
| 云　南 | 652 178 | 641 839 | 7 186 | 93 882 | 49 526 | 52 930 | 145 057 |
| 西　藏 | 50 | 49 | | 5 | 2 | 5 | |
| 陕　西 | 173 500 | 159 548 | 333 | 39 886 | 31 680 | 20 339 | 48 996 |
| 甘　肃 | 14 380 | 13 995 | 948 | 4 340 | 1 172 | 375 | 3 422 |
| 青　海 | 15 123 | 15 113 | | 24 | 74 | | 48 |
| 宁　夏 | 163 871 | 161 271 | | 46 598 | 15 414 | 10 841 | 67 040 |
| 新　疆 | 159 455 | 152 299 | | 61 076 | 24 574 | 8 652 | 29 778 |

# 各地区淡水养殖产量（按品种分）（二）

单位：吨

| 地 区 | 1. 鱼类（续） | | | | | | |
|---|---|---|---|---|---|---|---|
| | 其中（续） | | | | | | |
| | 鲫鱼 | 鳊鲂 | 泥鳅 | 鲇鱼 | 鮰鱼 | 黄颡鱼 | 鲑鱼 |
| **全国总计** | **2 849 494** | **767 343** | **374 981** | **325 356** | **416 200** | **599 801** | **2 911** |
| 北 京 | 380 | 458 | 5 | | 405 | 118 | |
| 天 津 | 33 938 | 817 | 2 095 | 149 | 1 878 | 2 322 | 866 |
| 河 北 | 21 631 | 39 | 3 008 | 172 | 3 527 | 1 407 | 16 |
| 山 西 | 1 227 | 7 | 2 | 35 | 1 214 | 194 | |
| 内蒙古 | 10 632 | 436 | 666 | 1 118 | | 78 | 1 |
| 辽 宁 | 66 113 | 4 420 | 5 559 | 37 661 | 5 | 1 305 | 670 |
| 吉 林 | 31 052 | 1 925 | 3 720 | 3 840 | 3 | 2 456 | 235 |
| 黑龙江 | 127 380 | 294 | 6 595 | 4 513 | 5 | 1 602 | |
| 上 海 | 10 907 | 4 952 | 73 | 7 | 16 294 | 1 499 | |
| 江 苏 | 624 122 | 164 979 | 33 896 | 3 383 | 1 091 | 26 413 | |
| 浙 江 | 105 113 | 31 569 | 31 362 | 1 081 | 2 477 | 106 606 | 66 |
| 安 徽 | 192 340 | 89 993 | 37 525 | 15 817 | 7 434 | 36 845 | |
| 福 建 | 39 962 | 4 450 | 2 649 | 9 792 | 3 841 | 5 908 | |
| 江 西 | 259 472 | 62 724 | 89 247 | 35 324 | 8 955 | 66 207 | 43 |
| 山 东 | 92 406 | 1 778 | 6 289 | 18 862 | 11 241 | 3 749 | |
| 河 南 | 52 807 | 8 587 | 6 052 | 6 532 | 43 988 | 1 644 | |
| 湖 北 | 361 888 | 247 997 | 40 891 | 15 723 | 72 091 | 152 802 | |
| 湖 南 | 224 131 | 86 376 | 17 958 | 24 225 | 18 391 | 37 420 | 15 |
| 广 东 | 157 840 | 16 738 | 41 759 | 25 541 | 79 702 | 85 074 | |
| 广 西 | 34 186 | 1 564 | 2 928 | 30 782 | 21 405 | 7 996 | 1 |
| 海 南 | 708 | 174 | 72 | 666 | | | |
| 重 庆 | 99 430 | 6 095 | 8 033 | 7 083 | 7 508 | 13 158 | 97 |
| 四 川 | 219 255 | 29 178 | 31 276 | 72 026 | 92 977 | 40 303 | 371 |
| 贵 州 | 9 911 | 312 | 1 144 | 2 796 | 3 110 | 1 501 | 12 |
| 云 南 | 44 168 | 496 | 1 128 | 7 060 | 6 101 | 2 724 | 80 |
| 西 藏 | | | | | | | 5 |
| 陕 西 | 5 001 | 372 | 866 | 430 | 3 299 | 341 | 3 |
| 甘 肃 | 813 | 77 | 1 | 22 | 41 | 2 | 322 |
| 青 海 | | | | | | | 58 |
| 宁 夏 | 13 433 | | 159 | 630 | 5 854 | 4 | |
| 新 疆 | 9 248 | 536 | 23 | 86 | 3 363 | 123 | 50 |

# 各地区淡水养殖产量（按品种分）（三）

单位：吨

| 地区 | 1. 鱼类（续） | | | | | | |
| --- | --- | --- | --- | --- | --- | --- | --- |
| | 其中（续） | | | | | | |
| | 鳟鱼 | 河鲀 | 短盖巨脂鲤 | 长吻鮠 | 黄鳝 | 鳜鱼 | 池沼公鱼 |
| **全国总计** | **37 345** | **14 434** | **43 181** | **23 907** | **334 215** | **401 490** | **3 944** |
| 北京 | 88 | | | | | | |
| 天津 | | | | | | 51 | |
| 河北 | 1 691 | | 6 | | 11 | 19 | 138 |
| 山西 | 1 089 | | | | | | 5 |
| 内蒙古 | 25 | | | | | 20 | 452 |
| 辽宁 | 3 131 | | | | | 373 | 1 109 |
| 吉林 | 340 | | | | | 330 | 1 945 |
| 黑龙江 | 444 | | | | | 1 320 | 285 |
| 上海 | | | | | | 57 | |
| 江苏 | | 3 683 | 176 | 19 | 4 514 | 31 259 | |
| 浙江 | 70 | | 94 | 1 553 | 418 | 10 396 | 3 |
| 安徽 | 3 | | 1 408 | 16 | 32 880 | 48 550 | |
| 福建 | 8 | 223 | 1 851 | 258 | 377 | 1 094 | |
| 江西 | 78 | | 4 108 | 738 | 89 943 | 45 477 | |
| 山东 | 106 | | 1 570 | | 2 856 | 2 437 | |
| 河南 | 219 | | 238 | | 2 416 | 273 | |
| 湖北 | | | | 1 325 | 154 279 | 76 610 | |
| 湖南 | 708 | | 1 | 154 | 32 241 | 31 168 | |
| 广东 | 14 | 10 528 | 17 640 | 3 783 | 1 948 | 148 739 | |
| 广西 | 182 | | 15 016 | 32 | 1 234 | 339 | |
| 海南 | | | 432 | | 18 | 24 | |
| 重庆 | 1 274 | | 103 | 3 030 | 1 188 | 461 | |
| 四川 | 1 640 | | | 11 230 | 9 427 | 2 306 | |
| 贵州 | 283 | | | 611 | 200 | 39 | |
| 云南 | 3 609 | | 508 | 1 132 | 211 | 32 | 2 |
| 西藏 | 13 | | | | | | |
| 陕西 | 1 135 | | 30 | 26 | 54 | 116 | |
| 甘肃 | 1 731 | | | | | | 5 |
| 青海 | 14 909 | | | | | | |
| 宁夏 | 1 | | | | | | |
| 新疆 | 4 554 | | | | | | |

# 各地区淡水养殖产量（按品种分）（四）

单位：吨

| 地 区 | 1. 鱼类（续） | | | | | | 2. 甲壳类 |
|---|---|---|---|---|---|---|---|
| | 其中（续） | | | | | | |
| | 银鱼 | 鲈鱼 | 乌鳢 | 罗非鱼 | 鲟鱼 | 鳗鲡 | |
| **全国总计** | **12 177** | **802 486** | **553 196** | **1 738 947** | **130 951** | **281 730** | **4 895 892** |
| 北 京 | | 252 | | 182 | 264 | | |
| 天 津 | | 508 | | 1 448 | | 40 | 45 612 |
| 河 北 | 30 | 1 582 | 60 | 6 166 | 8 223 | | 25 085 |
| 山 西 | 13 | 1 795 | 234 | 1 984 | 1 198 | | 581 |
| 内蒙古 | 83 | 15 | 187 | 25 | | | 1 309 |
| 辽 宁 | 878 | 374 | 86 | 801 | 1 996 | | 85 602 |
| 吉 林 | 933 | 41 | 1 625 | 2 | 25 | | 4 909 |
| 黑龙江 | 1 851 | | 542 | | | | 19 074 |
| 上 海 | | 4 872 | | 30 | | 24 | 23 936 |
| 江 苏 | 27 | 48 779 | 21 595 | 2 359 | 1 022 | 7 389 | 940 005 |
| 浙 江 | 70 | 145 394 | 43 041 | 1 872 | 7 083 | 1 141 | 170 337 |
| 安 徽 | 2 140 | 14 960 | 30 600 | 2 418 | 530 | 163 | 755 661 |
| 福 建 | | 14 178 | 3 412 | 120 228 | 3 348 | 122 077 | 118 936 |
| 江 西 | 1 429 | 25 872 | 44 111 | 4 545 | 4 898 | 23 881 | 256 657 |
| 山 东 | 861 | 10 793 | 32 445 | 9 102 | 11 261 | | 159 515 |
| 河 南 | 21 | 10 069 | 1 183 | 476 | 1 256 | | 62 085 |
| 湖 北 | 619 | 37 719 | 24 696 | 2 687 | 9 904 | 4 852 | 1 316 037 |
| 湖 南 | 190 | 39 607 | 32 998 | 918 | 7 002 | 106 | 447 991 |
| 广 东 | 98 | 381 904 | 295 814 | 756 729 | 581 | 116 098 | 336 169 |
| 广 西 | 192 | 6 353 | 1 770 | 255 647 | 1 178 | 4 017 | 13 943 |
| 海 南 | | | 12 | 370 243 | | 1 289 | 6 246 |
| 重 庆 | | 8 420 | 8 232 | 5 654 | 5 265 | | 17 742 |
| 四 川 | 153 | 31 766 | 9 630 | 3 358 | 6 403 | 650 | 68 400 |
| 贵 州 | 51 | 8 510 | 173 | 165 | 26 207 | | 3 399 |
| 云 南 | 2 474 | 4 380 | 573 | 189 115 | 26 930 | 3 | 4 411 |
| 西 藏 | | 1 | | 2 | 15 | | 1 |
| 陕 西 | 63 | 861 | 83 | 1 181 | 4 453 | | 3 937 |
| 甘 肃 | | 1 | 1 | | 678 | | 371 |
| 青 海 | | | | | | | 10 |
| 宁 夏 | 1 | 967 | 38 | 3 | 196 | | 1 135 |
| 新 疆 | | 2 513 | 55 | 1 607 | 1 035 | | 6 796 |

# 各地区淡水养殖产量（按品种分）（五）

单位：吨

| 地　区 | 2. 甲壳类（续） | | | | | | 3. 贝类 | 其中 |
|---|---|---|---|---|---|---|---|---|
| | (1) 虾 | 其中 | | | | (2) 蟹（河蟹） | | 河蚌 |
| | | 罗氏沼虾 | 青虾 | 克氏原螯虾 | 南美白对虾 | | | |
| **全国总计** | **4 080 574** | **177 836** | **226 312** | **2 890 684** | **758 350** | **815 318** | **189 745** | **52 221** |
| 北　京 | | | | | | | | |
| 天　津 | 40 263 | | | | 40 263 | 5 349 | | |
| 河　北 | 21 597 | | 43 | 5 | 21 515 | 3 488 | | |
| 山　西 | 470 | | 1 | 307 | 156 | 111 | 130 | 130 |
| 内蒙古 | 753 | | 147 | | 604 | 556 | | |
| 辽　宁 | 18 120 | | | | 17 355 | 67 482 | 1 | 1 |
| 吉　林 | 234 | | 181 | | | 4 675 | 3 | 3 |
| 黑龙江 | 1 517 | | | 701 | | 17 557 | | |
| 上　海 | 18 028 | 1 094 | 55 | 256 | 16 623 | 5 908 | | |
| 江　苏 | 565 898 | 61 720 | 103 951 | 267 161 | 129 464 | 374 107 | 35 436 | 5 593 |
| 浙　江 | 159 611 | 27 144 | 25 589 | 34 630 | 70 948 | 10 726 | 9 610 | 2 343 |
| 安　徽 | 651 224 | 2 067 | 51 673 | 595 239 | 2 245 | 104 437 | 44 438 | 25 077 |
| 福　建 | 118 365 | 1 961 | 1 197 | 2 676 | 111 248 | 571 | 30 950 | 3 226 |
| 江　西 | 240 616 | 761 | 24 797 | 213 054 | 2 004 | 16 041 | 35 931 | 8 562 |
| 山　东 | 138 085 | 143 | 782 | 60 086 | 76 460 | 21 430 | 159 | |
| 河　南 | 60 025 | 645 | 4 477 | 53 338 | 1 489 | 2 060 | 362 | 230 |
| 湖　北 | 1 154 163 | 1 427 | 7 809 | 1 138 392 | 6 535 | 161 874 | 3 740 | 1 450 |
| 湖　南 | 440 269 | 1 860 | 2 068 | 423 591 | 8 276 | 7 722 | 11 539 | 4 112 |
| 广　东 | 332 296 | 74 874 | 1 518 | 1 974 | 242 762 | 3 873 | 3 627 | 176 |
| 广　西 | 13 563 | 1 087 | 654 | 11 122 | 175 | 380 | 9 820 | 373 |
| 海　南 | 6 216 | 1 277 | 60 | 327 | 3 404 | 30 | 163 | |
| 重　庆 | 17 108 | 256 | 310 | 15 176 | 1 140 | 634 | 118 | |
| 四　川 | 67 161 | 499 | 533 | 64 681 | 1 364 | 1 239 | 1 975 | 851 |
| 贵　州 | 3 178 | 15 | 41 | 2 480 | 151 | 221 | 900 | 71 |
| 云　南 | 4 005 | 939 | 421 | 2 490 | 155 | 406 | 843 | 23 |
| 西　藏 | 1 | 1 | | | | | | |
| 陕　西 | 2 981 | 66 | 3 | 1 998 | 246 | 956 | | |
| 甘　肃 | 34 | | | 13 | 11 | 337 | | |
| 青　海 | 10 | | | | 10 | | | |
| 宁　夏 | 227 | | 2 | 8 | 217 | 908 | | |
| 新　疆 | 4 556 | | | 979 | 3 530 | 2 240 | | |

# 各地区淡水养殖产量（按品种分）（六）

单位：吨

| 地 区 | 3. 贝类（续） 其中（续） 螺 | 3. 贝类（续） 其中（续） 蚬 | 4. 藻类（螺旋藻） | 5. 其他类 | 其中 龟 | 其中 鳖 | 其中 蛙 | 其中 珍珠（千克） | 6. 观赏鱼（万尾） |
|---|---|---|---|---|---|---|---|---|---|
| 全国总计 | **94 681** | **21 550** | **9 991** | **697 201** | **53 902** | **373 709** | **215 084** | **697 388** | **355 976** |
| 北 京 | | | | | | | | | 12 452 |
| 天 津 | | | | 162 | | 162 | | | 23 938 |
| 河 北 | | | | 1 844 | | 1 809 | | | 4 920 |
| 山 西 | | | | 140 | 43 | 89 | | | 499 |
| 内 蒙 古 | | | 3 512 | 36 | | 34 | | | 15 |
| 辽 宁 | | | | 2 496 | | | 2 405 | | |
| 吉 林 | | | | 7 147 | | | 7 147 | | 29 429 |
| 黑 龙 江 | | | | 5 222 | | | 5 215 | | |
| 上 海 | | | | 355 | 82 | 273 | | | 6 149 |
| 江 苏 | 21 134 | 8 597 | 1 279 | 26 015 | 1 432 | 17 152 | 4 705 | 50 001 | 81 919 |
| 浙 江 | 7 078 | 155 | 486 | 124 307 | 11 190 | 82 700 | 14 036 | 213 670 | 7 058 |
| 安 徽 | 18 569 | 782 | | 62 769 | 5 292 | 48 329 | 8 278 | 155 952 | 14 439 |
| 福 建 | 3 793 | 7 857 | 68 | 10 108 | 238 | 5 018 | 2 251 | | 3 576 |
| 江 西 | 21 686 | 3 430 | 1 929 | 101 397 | 7 752 | 36 589 | 54 568 | 253 000 | 3 623 |
| 山 东 | 107 | | | 8 890 | 10 | 6 992 | 129 | | 68 650 |
| 河 南 | 112 | 20 | | 2 848 | 25 | 1 812 | 922 | | 25 389 |
| 湖 北 | 1 999 | 291 | | 96 005 | 10 844 | 64 277 | 20 884 | | 1 298 |
| 湖 南 | 6 042 | 102 | | 89 235 | 3 426 | 46 441 | 36 407 | 112 | 1 562 |
| 广 东 | 2 031 | 178 | | 65 797 | 10 852 | 37 245 | 7 416 | 43 | 46 383 |
| 广 西 | 9 239 | 138 | | 42 688 | 2 460 | 20 254 | 16 457 | 610 | 18 |
| 海 南 | | | 563 | 6 002 | 91 | 58 | 5 495 | | 483 |
| 重 庆 | 118 | | | 7 089 | 52 | 1 590 | 5 445 | | 10 727 |
| 四 川 | 1 124 | | | 16 022 | 89 | 2 122 | 13 074 | 24 000 | 5 232 |
| 贵 州 | 829 | | | 5 842 | 17 | 58 | 5 544 | | 93 |
| 云 南 | 820 | | 366 | 4 719 | 7 | 14 | 4 610 | | 1 311 |
| 西 藏 | | | | | | | | | |
| 陕 西 | | | | 10 015 | | 640 | 96 | | 6 001 |
| 甘 肃 | | | | 14 | | 14 | | | |
| 青 海 | | | | | | | | | |
| 宁 夏 | | | 1 428 | 37 | | 37 | | | 747 |
| 新 疆 | | | 360 | | | | | | 65 |

# 各地区淡水养殖产量（按水域和养殖方式分）（一）

单位：吨

| 地　区 | 淡水养殖产量 | 按水域分 | | | |
|---|---|---|---|---|---|
| | | 1. 池塘 | 2. 湖泊 | 3. 水库 | 4. 河沟 |
| **全国总计** | **32 897 640** | **24 142 957** | **827 814** | **2 870 302** | **466 815** |
| 北　京 | 10 439 | 10 333 | | | |
| 天　津 | 237 382 | 231 830 | | | 191 |
| 河　北 | 273 516 | 240 490 | 2 416 | 23 296 | 1 398 |
| 山　西 | 52 619 | 38 935 | 479 | 12 654 | 16 |
| 内蒙古 | 98 711 | 57 498 | 16 458 | 22 210 | 2 019 |
| 辽　宁 | 831 262 | 626 039 | 81 | 118 030 | 1 705 |
| 吉　林 | 232 675 | 95 206 | 37 898 | 80 365 | 8 037 |
| 黑龙江 | 685 000 | 475 067 | 78 261 | 90 048 | 14 738 |
| 上　海 | 115 810 | 114 600 | 855 | | 171 |
| 江　苏 | 3 519 483 | 2 755 954 | 75 737 | 40 711 | 105 172 |
| 浙　江 | 1 306 985 | 1 022 230 | 5 411 | 72 152 | 20 182 |
| 安　徽 | 2 346 395 | 1 206 545 | 228 947 | 118 744 | 101 065 |
| 福　建 | 917 508 | 566 015 | 3 139 | 179 241 | 41 964 |
| 江　西 | 2 800 506 | 1 807 860 | 267 434 | 386 773 | 39 176 |
| 山　东 | 1 090 374 | 849 471 | 2 606 | 142 800 | |
| 河　南 | 831 545 | 671 855 | 3 726 | 81 741 | 13 075 |
| 湖　北 | 4 980 200 | 3 982 570 | | | |
| 湖　南 | 2 723 905 | 1 880 561 | 54 003 | 216 151 | 10 675 |
| 广　东 | 4 280 600 | 4 005 799 | 7 937 | 222 567 | 7 043 |
| 广　西 | 1 421 551 | 817 748 | | 435 426 | 59 865 |
| 海　南 | 410 779 | 357 203 | 1 259 | 46 645 | 23 |
| 重　庆 | 566 303 | 480 301 | | 54 185 | |
| 四　川 | 1 721 461 | 953 967 | 1 210 | 211 905 | 34 513 |
| 贵　州 | 264 074 | 139 316 | 101 | 38 604 | 443 |
| 云　南 | 652 178 | 398 224 | 848 | 188 806 | 756 |
| 西　藏 | 50 | 50 | | | |
| 陕　西 | 173 500 | 95 489 | 4 496 | 44 012 | 3 065 |
| 甘　肃 | 14 380 | 9 947 | 100 | 3 010 | 11 |
| 青　海 | 15 123 | 158 | 67 | 14 898 | |
| 宁　夏 | 163 871 | 126 470 | 33 366 | 1 181 | 178 |
| 新　疆 | 159 455 | 125 226 | 979 | 24 147 | 1 334 |

## 各地区淡水养殖产量（按水域和养殖方式分）（二）

单位：吨

| 地区 | 按水域分（续） | | 养殖方式中 | | |
| --- | --- | --- | --- | --- | --- |
| | 5. 其他 | 6. 稻田 | 1. 围栏 | 2. 网箱 | 3. 工厂化 |
| **全国总计** | **717 597** | **3 872 155** | **24 671** | **288 033** | **403 494** |
| 北京 | 106 | | | | 133 |
| 天津 | 421 | 4 940 | | | |
| 河北 | 3 287 | 2 629 | | 110 | 2 913 |
| 山西 | 519 | 16 | | 38 | 643 |
| 内蒙古 | | 526 | | | 3 |
| 辽宁 | 27 657 | 57 750 | 768 | 66 381 | 418 |
| 吉林 | 353 | 10 816 | 1 220 | 3 333 | 271 |
| 黑龙江 | 13 059 | 13 827 | | 1 712 | |
| 上海 | | 184 | | | 30 |
| 江苏 | 149 342 | 392 567 | 3 004 | 18 071 | 19 296 |
| 浙江 | 25 377 | 161 633 | 1 413 | 6 856 | 13 704 |
| 安徽 | 34 580 | 656 514 | 5 955 | 16 004 | 27 183 |
| 福建 | 107 830 | 19 319 | 1 236 | 18 802 | 99 927 |
| 江西 | 31 874 | 267 389 | 91 | 12 034 | 27 718 |
| 山东 | 85 135 | 10 362 | 538 | 2 372 | 88 102 |
| 河南 | 3 774 | 57 374 | | 887 | 1 313 |
| 湖北 | | 997 630 | | | 60 281 |
| 湖南 | 28 712 | 533 803 | | 7 326 | 27 918 |
| 广东 | 34 744 | 2 510 | | 1 106 | 5 783 |
| 广西 | 62 584 | 45 928 | 10 416 | 79 037 | 5 891 |
| 海南 | 5 502 | 147 | | 689 | |
| 重庆 | 12 639 | 19 178 | | | 863 |
| 四川 | 27 066 | 492 800 | | | 3 427 |
| 贵州 | 11 369 | 74 241 | | | 1 754 |
| 云南 | 18 967 | 44 577 | 30 | 34 645 | 14 189 |
| 西藏 | | | | | |
| 陕西 | 22 763 | 3 675 | | | 628 |
| 甘肃 | 1 311 | 1 | | 242 | 90 |
| 青海 | | | | 14 988 | |
| 宁夏 | 1 428 | 1 248 | | | 13 |
| 新疆 | 7 198 | 571 | | 3 400 | 1 003 |

# 2-3 国内捕捞

## 全国海洋捕捞产量

单位：吨

| 指　　标 | 2022 年 | 2021 年 | 2022 年比 2021 年增减（±） | |
|---|---|---|---|---|
| | | | 绝对量 | 幅度（%） |
| **海洋捕捞产量** | **9 508 508** | **9 514 584** | **−6 076** | **−0. 06** |
| 1. 鱼类 | 6 418 652 | 6 451 504 | −32 852 | −0. 51 |
| 2. 甲壳类 | 1 885 340 | 1 861 386 | 23 954 | 1. 29 |
| 虾 | 1 237 649 | 1 214 264 | 23 385 | 1. 93 |
| 其中：毛虾 | 362 709 | 359 750 | 2 959 | 0. 82 |
| 对虾 | 207 519 | 204 112 | 3 407 | 1. 67 |
| 鹰爪虾 | 243 304 | 239 243 | 4 061 | 1. 70 |
| 虾蛄 | 222 009 | 219 709 | 2 300 | 1. 05 |
| 蟹 | 647 691 | 647 122 | 569 | 0. 09 |
| 其中：梭子蟹 | 458 297 | 454 513 | 3 784 | 0. 83 |
| 青蟹 | 69 025 | 68 542 | 483 | 0. 70 |
| 蟳 | 24 448 | 26 331 | −1 883 | −7. 15 |
| 3. 贝类 | 362 916 | 359 372 | 3 544 | 0. 99 |
| 4. 藻类 | 19 392 | 20 285 | −893 | −4. 40 |
| 5. 头足类 | 591 514 | 585 514 | 6 000 | 1. 02 |
| 其中：乌贼 | 129 685 | 126 205 | 3 480 | 2. 76 |
| 鱿鱼 | 312 123 | 308 477 | 3 646 | 1. 18 |
| 章鱼 | 109 971 | 106 297 | 3 674 | 3. 46 |
| 6. 其他类 | 230 694 | 236 523 | −5 829 | −2. 46 |
| 其中：海蜇 | 145 125 | 140 192 | 4 933 | 3. 52 |

# 全国海洋捕捞主要鱼类产量

单位：吨

| 指 标 | 2022 年 | 2021 年 | 2022 年比 2021 年增减（±） | |
|---|---|---|---|---|
| | | | 绝对量 | 幅度（%） |
| 海鳗 | 326 726 | 302 136 | 24 590 | 8. 14 |
| 鳓鱼 | 57 833 | 60 345 | -2 512 | -4. 16 |
| 鳀鱼 | 601 461 | 615 152 | -13 691 | -2. 23 |
| 沙丁鱼 | 83 190 | 92 737 | -9 547 | -10. 29 |
| 鲱鱼 | 8 650 | 8 871 | -221 | -2. 49 |
| 石斑鱼 | 105 792 | 95 601 | 10 191 | 10. 66 |
| 鲷 | 126 969 | 127 794 | -825 | -0. 65 |
| 蓝圆鲹 | 395 862 | 415 981 | -20 119 | -4. 84 |
| 白姑鱼 | 90 895 | 96 613 | -5 718 | -5. 92 |
| 黄姑鱼 | 66 002 | 60 522 | 5 480 | 9. 05 |
| 鮸鱼 | 58 204 | 56 971 | 1 233 | 2. 16 |
| 大黄鱼 | 37 098 | 38 167 | -1 069 | -2. 80 |
| 小黄鱼 | 268 730 | 289 223 | -20 493 | -7. 09 |
| 梅童鱼 | 189 604 | 190 218 | -614 | -0. 32 |
| 方头鱼 | 36 479 | 40 463 | -3 984 | -9. 85 |
| 玉筋鱼 | 83 602 | 90 023 | -6 421 | -7. 13 |
| 带鱼 | 903 498 | 914 469 | -10 971 | -1. 20 |
| 金线鱼 | 313 852 | 321 840 | -7 988 | -2. 48 |
| 梭鱼 | 104 424 | 108 362 | -3 938 | -3. 63 |
| 鲐鱼 | 371 772 | 382 698 | -10 926 | -2. 85 |
| 鲅鱼 | 356 177 | 365 495 | -9 318 | -2. 55 |
| 金枪鱼 | 40 461 | 36 528 | 3 933 | 10. 77 |
| 鲳鱼 | 341 563 | 329 301 | 12 262 | 3. 72 |
| 马面鲀 | 122 258 | 124 367 | -2 109 | -1. 70 |
| 竹筴鱼 | 26 577 | 27 827 | -1 250 | -4. 49 |
| 鲻鱼 | 69 534 | 77 324 | -7 790 | -10. 07 |

## 全国海洋捕捞产量（按海域、渔具分）

单位：吨

| 指　　标 | | 2022 年 | 2021 年 | 2022 年比 2021 年增减（±） | |
|---|---|---|---|---|---|
| | | | | 绝对量 | 幅度（%） |
| **合　计** | | **9 508 508** | **9 514 584** | **-6 076** | **-0.06** |
| 按捕捞海域分 | 渤海 | 607 888 | 597 259 | 10 629 | 1.78 |
| | 黄海 | 2 187 889 | 2 288 357 | -100 468 | -4.39 |
| | 东海 | 4 094 197 | 3 851 335 | 242 862 | 6.31 |
| | 南海 | 2 618 534 | 2 777 633 | -159 099 | -5.73 |
| 按捕捞渔具分 | 拖网 | 4 513 297 | 4 558 133 | -44 836 | -0.98 |
| | 围网 | 748 732 | 771 786 | -23 054 | -2.99 |
| | 刺网 | 2 261 745 | 2 210 988 | 50 757 | 2.30 |
| | 张网 | 939 126 | 952 919 | -13 793 | -1.45 |
| | 钓具 | 331 135 | 319 476 | 11 659 | 3.65 |
| | 其他渔具 | 714 473 | 701 282 | 13 191 | 1.88 |

## 全国淡水捕捞产量

单位：吨

| 指　　标 | 2022 年 | 2021 年 | 2022 年比 2021 年增减（±） | |
|---|---|---|---|---|
| | | | 绝对量 | 幅度（%） |
| **淡水捕捞产量** | **1 166 202** | **1 197 835** | **-31 633** | **-2.64** |
| 1. 鱼类 | 898 335 | 920 325 | -21 990 | -2.39 |
| 2. 甲壳类 | 123 564 | 123 156 | 408 | 0.33 |
| 　虾 | 95 944 | 98 161 | -2 217 | -2.26 |
| 　蟹 | 27 620 | 24 995 | 2 625 | 10.50 |
| 3. 贝类 | 131 684 | 141 140 | -9 456 | -6.70 |
| 4. 藻类 | 6 | 153 | -147 | -96.08 |
| 5. 其他类 | 12 613 | 13 061 | -448 | -3.43 |
| 　其中：丰年虫 | 2 990 | 3 648 | -658 | -18.04 |

## 各地区海洋捕捞产量（按品种分）（一）

单位：吨

| 地　　区 | 海洋捕捞产量 | 1. 鱼类 | 其　中 | | | | |
|---|---|---|---|---|---|---|---|
| | | | 海鳗 | 鳓鱼 | 鳀鱼 | 沙丁鱼 | 鲱鱼 |
| **全国总计** | **9 508 508** | **6 418 652** | **326 726** | **57 833** | **601 461** | **83 190** | **8 650** |
| 天　　津 | 23 794 | 20 162 | | | 12 391 | | |
| 河　　北 | 190 614 | 94 249 | | | 34 232 | | |
| 辽　　宁 | 461 607 | 253 726 | 4 005 | 78 | 32 623 | 395 | 10 |
| 上　　海 | 10 038 | 3 357 | 192 | 2 | | | |
| 江　　苏 | 412 345 | 230 340 | 6 740 | 1 744 | 1 541 | 259 | 91 |
| 浙　　江 | 2 572 416 | 1 676 230 | 75 545 | 10 798 | 43 669 | 6 276 | 1 309 |
| 福　　建 | 1 531 200 | 1 074 142 | 56 893 | 9 833 | 59 421 | 6 675 | 3 714 |
| 山　　东 | 1 687 960 | 1 185 785 | 19 225 | | 391 216 | 4 795 | |
| 广　　东 | 1 124 205 | 814 953 | 82 049 | 20 440 | 21 741 | 42 218 | 2 665 |
| 广　　西 | 476 405 | 262 216 | 11 012 | 13 888 | | 10 159 | 762 |
| 海　　南 | 1 017 924 | 803 492 | 71 065 | 1 050 | 4 627 | 12 413 | 99 |

## 各地区海洋捕捞产量（按品种分）（二）

单位：吨

| 地　　区 | 1. 鱼类（续） | | | | | | | |
|---|---|---|---|---|---|---|---|---|
| | 其中（续） | | | | | | | |
| | 石斑鱼 | 鲷鱼 | 蓝圆鲹 | 白姑鱼 | 黄姑鱼 | 鮸鱼 | 大黄鱼 | 小黄鱼 |
| **全国总计** | **105 792** | **126 969** | **395 862** | **90 895** | **66 002** | **58 204** | **37 098** | **268 730** |
| 天　　津 | | | | | | | | 220 |
| 河　　北 | 33 | | | | 190 | | 42 | 5 931 |
| 辽　　宁 | | 119 | | 303 | 838 | 116 | 4 287 | 47 266 |
| 上　　海 | | | | | 3 | 9 | 10 | 26 |
| 江　　苏 | 45 | 240 | 24 | 2 759 | 4 655 | 1 697 | 465 | 25 437 |
| 浙　　江 | 1 105 | 6 954 | 38 509 | 50 227 | 35 817 | 41 203 | 838 | 109 738 |
| 福　　建 | 14 009 | 41 538 | 189 599 | 8 034 | 7 550 | 10 530 | 366 | 9 176 |
| 山　　东 | | 35 | | 10 277 | 6 009 | | 1 633 | 44 304 |
| 广　　东 | 43 412 | 39 023 | 79 527 | 14 913 | 4 100 | 3 685 | 25 044 | 18 900 |
| 广　　西 | 4 588 | 20 656 | 52 197 | 1 202 | 56 | 705 | | |
| 海　　南 | 42 600 | 18 404 | 36 006 | 3 180 | 6 784 | 259 | 4 413 | 7 732 |

# 各地区海洋捕捞产量（按品种分）（三）

单位：吨

| 地　　区 | 1. 鱼类（续） | | | | | | | |
|---|---|---|---|---|---|---|---|---|
| | 其中（续） | | | | | | | |
| | 梅童鱼 | 方头鱼 | 玉筋鱼 | 带鱼 | 金线鱼 | 梭鱼 | 鲐鱼 | 鲅鱼 |
| 全国总计 | **189 604** | **36 479** | **83 602** | **903 498** | **313 852** | **104 424** | **371 772** | **356 177** |
| 天　　津 | | | | 592 | | 405 | 2 586 | 1 338 |
| 河　　北 | 161 | | 72 | 1 423 | | 11 248 | 5 592 | 8 150 |
| 辽　　宁 | 2 199 | 184 | 2 254 | 8 729 | | 10 239 | 13 414 | 33 332 |
| 上　　海 | 9 | | | 35 | | | | 5 |
| 江　　苏 | 51 557 | 350 | 346 | 45 433 | 30 | 5 950 | 3 558 | 6 088 |
| 浙　　江 | 117 874 | 17 861 | 23 524 | 371 524 | 1 648 | 3 078 | 160 501 | 70 703 |
| 福　　建 | 16 139 | 3 909 | 7 433 | 130 972 | 8 671 | 14 260 | 115 997 | 38 591 |
| 山　　东 | | | 35 671 | 91 196 | | 27 904 | 30 454 | 175 316 |
| 广　　东 | 1 635 | 5 020 | 416 | 116 726 | 65 463 | 20 782 | 23 685 | 19 274 |
| 广　　西 | | 30 | | 22 221 | 26 381 | 7 224 | 8 887 | 1 801 |
| 海　　南 | 30 | 9 125 | 13 886 | 114 647 | 211 659 | 3 334 | 7 098 | 1 579 |

# 各地区海洋捕捞产量（按品种分）（四）

单位：吨

| 地　　区 | 1. 鱼类（续） | | | | | 2. 甲壳类 | | |
|---|---|---|---|---|---|---|---|---|
| | 其中（续） | | | | | | (1) 虾 | 其中 |
| | 金枪鱼 | 鲳鱼 | 马面鲀 | 竹筴鱼 | 鲻鱼 | | | 毛虾 |
| 全国总计 | **40 461** | **341 563** | **122 258** | **26 577** | **69 534** | **1 885 340** | **1 237 649** | **362 709** |
| 天　　津 | | 80 | | | | 1 450 | 996 | |
| 河　　北 | | 2 036 | 223 | | 2 408 | 54 320 | 35 325 | 4 453 |
| 辽　　宁 | 100 | 673 | 242 | | 4 572 | 94 827 | 66 331 | 17 586 |
| 上　　海 | | 58 | | | | 6 356 | 1 483 | |
| 江　　苏 | | 29 370 | 666 | 15 | 9 333 | 121 763 | 42 713 | 24 453 |
| 浙　　江 | 2 742 | 101 557 | 20 378 | 1 312 | 7 004 | 715 624 | 520 664 | 151 788 |
| 福　　建 | 1 878 | 56 914 | 31 176 | 7 702 | 17 418 | 275 978 | 159 363 | 48 238 |
| 山　　东 | 171 | 31 061 | 2 449 | | | 217 566 | 170 396 | 51 392 |
| 广　　东 | 7 686 | 66 516 | 29 622 | 3 603 | 11 107 | 211 407 | 137 804 | 32 031 |
| 广　　西 | | 8 303 | 19 081 | 150 | 7 348 | 114 033 | 61 814 | 24 862 |
| 海　　南 | 27 884 | 44 995 | 18 421 | 13 795 | 10 344 | 72 016 | 40 760 | 7 906 |

# 各地区海洋捕捞产量（按品种分）（五）

单位：吨

| 地 区 | 2. 甲壳类（续） | | | | | | |
|---|---|---|---|---|---|---|---|
| | (1) 虾（续） | | | (2) 蟹 | 其 中 | | |
| | 其中（续） | | | | | | |
| | 对虾 | 鹰爪虾 | 虾蛄 | | 梭子蟹 | 青蟹 | 蟳 |
| **全国总计** | **207 519** | **243 304** | **222 009** | **647 691** | **458 297** | **69 025** | **24 448** |
| 天 津 | 39 | | 360 | 454 | 150 | | |
| 河 北 | 1 848 | 1 411 | 25 023 | 18 995 | 11 570 | | 3 407 |
| 辽 宁 | 4 645 | 3 418 | 27 611 | 28 496 | 14 698 | 4 491 | 4 124 |
| 上 海 | 3 | 1 289 | | 4 873 | 3 941 | | |
| 江 苏 | 1 744 | 6 494 | 6 771 | 79 050 | 72 248 | 1 943 | 1 017 |
| 浙 江 | 63 713 | 149 607 | 56 296 | 194 960 | 159 508 | 2 932 | 4 516 |
| 福 建 | 25 524 | 36 146 | 31 188 | 116 615 | 79 584 | 14 335 | 4 313 |
| 山 东 | 13 838 | 23 929 | 46 357 | 47 170 | 32 909 | 52 | 1 741 |
| 广 东 | 65 468 | 12 053 | 21 636 | 73 603 | 40 946 | 26 410 | 2 881 |
| 广 西 | 14 580 | 7 287 | 4 506 | 52 219 | 26 724 | 8 214 | 2 046 |
| 海 南 | 16 117 | 1 670 | 2 261 | 31 256 | 16 019 | 10 648 | 403 |

# 各地区海洋捕捞产量（按品种分）（六）

单位：吨

| 地 区 | 3. 贝类 | 4. 藻类 | 5. 头足类 | 其 中 | | | 6. 其他类 | 其中 |
|---|---|---|---|---|---|---|---|---|
| | | | | 乌贼 | 鱿鱼 | 章鱼 | | 海蜇 |
| **全国总计** | **362 916** | **19 392** | **591 514** | **129 685** | **312 123** | **109 971** | **230 694** | **145 125** |
| 天 津 | 1 492 | | 690 | | 580 | 110 | | |
| 河 北 | 14 694 | | 11 487 | 1 338 | 1 644 | 7 298 | 15 864 | 11 135 |
| 辽 宁 | 49 356 | 412 | 25 846 | 3 331 | 13 256 | 3 474 | 37 440 | 10 421 |
| 上 海 | 5 | | 110 | 21 | 16 | 73 | 210 | 205 |
| 江 苏 | 28 084 | 888 | 12 048 | 2 060 | 6 484 | 2 992 | 19 222 | 12 147 |
| 浙 江 | 18 352 | 576 | 136 730 | 39 194 | 69 175 | 24 193 | 24 904 | 8 569 |
| 福 建 | 29 724 | 1 845 | 136 557 | 31 400 | 81 608 | 17 312 | 12 954 | 10 678 |
| 山 东 | 124 381 | 1 146 | 91 619 | 10 142 | 35 434 | 30 044 | 67 463 | 53 756 |
| 广 东 | 29 315 | 4 657 | 48 315 | 13 272 | 22 248 | 10 948 | 15 558 | 8 271 |
| 广 西 | 43 879 | | 30 519 | 10 580 | 15 046 | 4 288 | 25 758 | 25 232 |
| 海 南 | 23 634 | 9 868 | 97 593 | 18 347 | 66 632 | 9 239 | 11 321 | 4 711 |

## 各地区海洋捕捞产量（按海域分）

单位：吨

| 地　　区 | 海洋捕捞产量 | 按捕捞海域分 | | | |
|---|---|---|---|---|---|
| | | 1. 渤海 | 2. 黄海 | 3. 东海 | 4. 南海 |
| **全国总计** | **9 508 508** | **607 888** | **2 187 889** | **4 094 197** | **2 618 534** |
| 天　　津 | 23 794 | 4 231 | 19 563 | | |
| 河　　北 | 190 614 | 149 420 | 41 194 | | |
| 辽　　宁 | 461 607 | 192 353 | 268 286 | 968 | |
| 上　　海 | 10 038 | | | 10 038 | |
| 江　　苏 | 412 345 | | 371 724 | 40 621 | |
| 浙　　江 | 2 572 416 | | 61 046 | 2 511 370 | |
| 福　　建 | 1 531 200 | | | 1 531 200 | |
| 山　　东 | 1 687 960 | 261 884 | 1 426 076 | | |
| 广　　东 | 1 124 205 | | | | 1 124 205 |
| 广　　西 | 476 405 | | | | 476 405 |
| 海　　南 | 1 017 924 | | | | 1 017 924 |

## 各地区海洋捕捞产量（按渔具分）

单位：吨

| 地　　区 | 海洋捕捞产量 | 按捕捞渔具分 | | | | | |
|---|---|---|---|---|---|---|---|
| | | 1. 拖网 | 2. 围网 | 3. 刺网 | 4. 张网 | 5. 钓具 | 6. 其他 |
| **全国总计** | **9 508 508** | **4 513 297** | **748 732** | **2 261 745** | **939 126** | **331 135** | **714 473** |
| 天　　津 | 23 794 | 12 623 | 3 900 | 5 587 | 88 | | 1 596 |
| 河　　北 | 190 614 | 38 992 | 5 070 | 79 892 | 37 094 | 85 | 29 481 |
| 辽　　宁 | 461 607 | 155 773 | 4 882 | 238 619 | 32 999 | 12 169 | 17 165 |
| 上　　海 | 10 038 | 9 637 | | | 401 | | |
| 江　　苏 | 412 345 | 60 641 | 4 197 | 125 022 | 161 461 | 214 | 60 810 |
| 浙　　江 | 2 572 416 | 1 471 518 | 129 109 | 395 730 | 366 581 | 30 598 | 178 880 |
| 福　　建 | 1 531 200 | 620 818 | 258 169 | 211 988 | 231 286 | 51 316 | 157 623 |
| 山　　东 | 1 687 960 | 1 128 065 | 33 533 | 379 462 | 79 583 | 19 466 | 47 851 |
| 广　　东 | 1 124 205 | 546 387 | 106 889 | 354 101 | 2 565 | 78 880 | 35 383 |
| 广　　西 | 476 405 | 322 884 | 38 106 | 53 310 | 140 | 5 879 | 56 086 |
| 海　　南 | 1 017 924 | 145 959 | 164 877 | 418 034 | 26 928 | 132 528 | 129 598 |

# 各地区淡水捕捞产量（按品种分）

单位：吨

| 地 区 | 淡水捕捞产量 | 1. 鱼类 | 2. 甲壳类 | | | 3. 贝类 | 4. 藻类 | 5. 其他类 | 其中：丰年虫 |
|---|---|---|---|---|---|---|---|---|---|
| | | | | 虾 | 蟹 | | | | |
| **全国总计** | **1 166 202** | **898 335** | **123 564** | **95 944** | **27 620** | **131 684** | **6** | **12 613** | **2 990** |
| 北 京 | 2 801 | 2 801 | | | | | | | |
| 天 津 | 2 783 | 2 170 | 488 | 329 | 159 | 125 | | | |
| 河 北 | 37 642 | 35 402 | 2 237 | 1 881 | 356 | 1 | | 2 | |
| 山 西 | 462 | 381 | 6 | 5 | 1 | | | 75 | 75 |
| 内蒙古 | 9 985 | 9 953 | 22 | 21 | 1 | | | 10 | 10 |
| 辽 宁 | 33 911 | 27 570 | 4 859 | 850 | 4 009 | | | 1 482 | |
| 吉 林 | 18 571 | 17 681 | 648 | 643 | 5 | 242 | | | |
| 黑龙江 | 50 001 | 49 259 | 15 | 15 | | 727 | | | |
| 上 海 | 789 | 758 | 14 | 11 | 3 | | | 17 | |
| 江 苏 | 176 863 | 101 689 | 24 500 | 18 191 | 6 309 | 48 587 | | 2 087 | |
| 浙 江 | 156 069 | 115 402 | 12 619 | 8 359 | 4 260 | 26 643 | | 1 405 | |
| 安 徽 | 108 636 | 75 093 | 22 554 | 19 997 | 2 557 | 9 920 | | 1 069 | |
| 福 建 | 72 036 | 48 859 | 5 113 | 4 378 | 735 | 17 378 | | 686 | |
| 江 西 | 31 877 | 25 916 | 3 209 | 2 885 | 324 | 2 012 | | 740 | |
| 山 东 | 99 912 | 78 249 | 15 120 | 11 259 | 3 861 | 3 374 | | 3 169 | 2 830 |
| 河 南 | 110 928 | 94 216 | 11 119 | 10 816 | 303 | 5 593 | | | |
| 湖 北 | 24 005 | 20 094 | 3 472 | 3 210 | 262 | 295 | | 144 | |
| 湖 南 | 2 039 | 1 277 | 253 | 235 | 18 | 498 | | 11 | |
| 广 东 | 76 817 | 58 788 | 9 949 | 6 714 | 3 235 | 7 396 | | 684 | |
| 广 西 | 83 313 | 70 763 | 4 694 | 3 919 | 775 | 6 930 | | 926 | |
| 海 南 | 11 802 | 9 849 | 216 | 167 | 49 | 1 735 | | 2 | |
| 重 庆 | | | | | | | | | |
| 四 川 | | | | | | | | | |
| 贵 州 | 4 359 | 3 954 | 391 | 380 | 11 | 14 | | | |
| 云 南 | 26 646 | 24 658 | 1 739 | 1 663 | 76 | 214 | 6 | 29 | |
| 西 藏 | 75 | | | | | | | 75 | 75 |
| 陕 西 | | | | | | | | | |
| 甘 肃 | | | | | | | | | |
| 青 海 | 3 758 | 3 623 | 135 | | 135 | | | | |
| 宁 夏 | 6 577 | 6 559 | 18 | | 18 | | | | |
| 新 疆 | 13 545 | 13 371 | 174 | 16 | 158 | | | | |

# 2-4 远洋渔业

## 各地区远洋渔业

单位：吨、万元

| 地区 | 2022 年 | | | | 2022 年比 2021 年增减（±） | | | |
|---|---|---|---|---|---|---|---|---|
| | 远洋渔业产量 | 运回国内量 | 境外出售量 | 远洋渔业总产值 | 远洋渔业产量 | 运回国内量 | 境外出售量 | 远洋渔业总产值 |
| **全国总计** | **2 329 785** | **1 842 665** | **487 120** | **2 442 311** | **83 309** | **136 975** | **−53 666** | **186 615** |
| 北　京 | 4 252 | 4 156 | 96 | 9 104 | −3 220 | −2 508 | −712 | −2 084 |
| 天　津 | 7 468 | 5 985 | 1 483 | 7 866 | 1 724 | 1 198 | 526 | 2 225 |
| 河　北 | 42 590 | 4 514 | 38 076 | 13 841 | −6 980 | 1 006 | −7 986 | 685 |
| 辽　宁 | 172 614 | 63 422 | 109 192 | 148 918 | −73 173 | −19 735 | −53 438 | −35 358 |
| 上　海 | 128 020 | 122 232 | 5 788 | 168 477 | −21 261 | −24 257 | 2 996 | −3 381 |
| 江　苏 | 15 838 | 14 376 | 1 462 | 19 811 | 3 499 | 3 317 | 182 | 2 123 |
| 浙　江 | 685 946 | 660 295 | 25 651 | 734 500 | 77 509 | 106 539 | −29 030 | 151 329 |
| 福　建 | 615 303 | 477 813 | 137 490 | 421 911 | 8 728 | 10 010 | −1 282 | −35 568 |
| 山　东 | 373 700 | 325 750 | 47 950 | 561 113 | 36 332 | 40 329 | −3 997 | 67 456 |
| 广　东 | 61 933 | 19 678 | 42 255 | 117 275 | 1 114 | −3 723 | 4 837 | 17 623 |
| 广　西 | 18 972 | 1 225 | 17 747 | 11 675 | 301 | 1 196 | −895 | 1 320 |
| 海　南 | | | | | | | | |
| 中农发集团 | 203 149 | 143 219 | 59 930 | 227 820 | 58 736 | 23 603 | 35 133 | 20 245 |

## 各地区远洋渔业主要品种产量

单位：吨

| 地区 | 远洋渔业产量 | 其中 | |
|---|---|---|---|
| | | 金枪鱼 | 鱿鱼 |
| **全国总计** | **2 329 785** | **345 533** | **766 597** |
| 北　京 | 4 252 | 438 | 2 965 |
| 天　津 | 7 468 | 494 | 671 |
| 河　北 | 42 590 | | 5 166 |
| 辽　宁 | 172 614 | 5 377 | 9 339 |
| 上　海 | 128 020 | 96 799 | 17 297 |
| 江　苏 | 15 838 | 1 872 | 13 413 |
| 浙　江 | 685 946 | 101 151 | 491 132 |
| 福　建 | 615 303 | 6 682 | 53 154 |
| 山　东 | 373 700 | 55 479 | 101 909 |
| 广　东 | 61 933 | 18 377 | 5 681 |
| 广　西 | 18 972 | | |
| 海　南 | | | |
| 中农发集团 | 203 149 | 58 864 | 65 870 |

# 第三部分

# 生产要素

# 3-1　水产养殖面积

## 全国水产养殖面积（按水域和养殖方式分）

单位：公顷

| 指　标 | | 2022年 | 2021年 | 2022年比2021年增减（±） | |
|---|---|---|---|---|---|
| | | | | 绝对量 | 幅度（%） |
| **总　计** | | **7 107 504** | **7 009 377** | **98 127** | **1.40** |
| 1. 海水养殖 | | 2 074 420 | 2 025 512 | 48 908 | 2.41 |
| 按水域分 | 海上 | 1 188 386 | 1 147 421 | 40 965 | 3.57 |
| | 滩涂 | 575 080 | 562 074 | 13 006 | 2.31 |
| | 其他 | 310 954 | 316 017 | -5 063 | -1.60 |
| 养殖方式中 | 池塘 | 429 529 | 425 522 | 4 007 | 0.94 |
| | 普通网箱（$米^2$） | 65 788 135 | 37 830 424 | 27 957 711 | 73.90 |
| | 深水网箱（$米^3$） | 43 981 333 | 39 653 229 | 4 328 104 | 10.91 |
| | 筏式 | 381 945 | 378 282 | 3 663 | 0.97 |
| | 吊笼 | 151 159 | 140 889 | 10 270 | 7.29 |
| | 底播 | 881 780 | 873 106 | 8 674 | 0.99 |
| | 工厂化（$米^3$） | 43 194 026 | 41 059 886 | 2 134 140 | 5.20 |
| 2. 淡水养殖 | | 5 033 084 | 4 983 865 | 49 219 | 0.99 |
| 按水域分 | 池塘 | 2 624 878 | 2 604 629 | 20 249 | 0.78 |
| | 湖泊 | 688 458 | 663 395 | 25 063 | 3.78 |
| | 水库 | 1 447 725 | 1 439 298 | 8 427 | 0.59 |
| | 河沟 | 141 886 | 147 512 | -5 626 | -3.81 |
| | 其他 | 130 137 | 129 031 | 1 106 | 0.86 |
| | 稻田养成鱼 | 2 863 706 | 2 644 077 | 219 629 | 8.31 |
| 养殖方式中 | 围栏（$米^2$） | 75 485 647 | 63 152 591 | 12 333 056 | 19.53 |
| | 网箱（$米^2$） | 13 467 662 | 13 580 853 | -113 191 | -0.83 |
| | 工厂化（$米^3$） | 60 141 871 | 55 289 678 | 4 852 193 | 8.78 |

# 全国海水养殖面积（按品种分）

单位：公顷

| 指　　标 | 2022 年 | 2021 年 | 2022 年比 2021 年增减（±） | |
|---|---|---|---|---|
| | | | 绝对量 | 幅度（%） |
| **海水养殖** | **2 074 420** | **2 025 512** | **48 908** | **2.41** |
| 1. 鱼类 | 74 617 | 76 357 | -1 740 | -2.28 |
| 2. 甲壳类 | 300 166 | 300 074 | 92 | 0.03 |
| 虾 | 247 485 | 247 403 | 82 | 0.03 |
| 其中：南美白对虾 | 163 396 | 178 043 | -14 647 | -8.23 |
| 斑节对虾 | 13 918 | 13 206 | 712 | 5.39 |
| 中国对虾 | 15 070 | 14 274 | 796 | 5.58 |
| 日本对虾 | 21 463 | 21 684 | -221 | -1.02 |
| 蟹 | 52 681 | 52 671 | 10 | 0.02 |
| 其中：梭子蟹 | 22 827 | 21 359 | 1 468 | 6.87 |
| 青蟹 | 24 170 | 24 131 | 39 | 0.16 |
| 3. 贝类 | 1 270 463 | 1 224 029 | 46 434 | 3.79 |
| 牡蛎 | 234 954 | 211 615 | 23 339 | 11.03 |
| 鲍 | 17 114 | 15 176 | 1 938 | 12.77 |
| 螺 | 38 950 | 34 796 | 4 154 | 11.94 |
| 蚶 | 32 629 | 33 986 | -1 357 | -3.99 |
| 贻贝 | 39 691 | 42 415 | -2 724 | -6.42 |
| 江珧 | 389 | 371 | 18 | 4.85 |
| 扇贝 | 388 980 | 370 604 | 18 376 | 4.96 |
| 蛤 | 394 057 | 386 301 | 7 756 | 2.01 |
| 蛏 | 42 838 | 44 130 | -1 292 | -2.93 |
| 4. 藻类 | 139 479 | 140 061 | -582 | -0.42 |
| 海带 | 45 627 | 47 369 | -1 742 | -3.68 |
| 裙带菜 | 7 619 | 6 933 | 686 | 9.89 |
| 紫菜 | 66 312 | 68 044 | -1 732 | -2.55 |
| 江蓠 | 13 924 | 11 634 | 2 290 | 19.68 |
| 麒麟菜 | 58 | 76 | -18 | -23.68 |
| 石花菜 | | | | |
| 羊栖菜 | 1 595 | 1 438 | 157 | 10.92 |
| 苔菜 | | 15 | | |
| 5. 其他类 | 289 695 | 284 991 | 4 704 | 1.65 |
| 其中：海参 | 250 356 | 247 419 | 2 937 | 1.19 |
| 海胆 | 10 710 | 9 515 | 1 195 | 12.56 |
| 海水珍珠 | 1 769 | 1 745 | 24 | 1.38 |
| 海蜇 | 12 925 | 11 559 | 1 366 | 11.82 |

# 各地区水产养殖面积（一）

单位：公顷

| 地　　区 | 2022 年 | | | | 2021 年 | | | | 2022 年比 2021 年增减（±） | | | |
|---|---|---|---|---|---|---|---|---|---|---|---|---|
| | 总面积 | 海水养殖面积 | 淡水养殖面积 | 其中：池塘 | 总面积 | 海水养殖面积 | 淡水养殖面积 | 其中：池塘 | 总面积 | 海水养殖面积 | 淡水养殖面积 | 其中：池塘 |
| **全国总计** | **7 107 504** | **2 074 420** | **5 033 084** | **2 624 878** | **7 009 377** | **2 025 512** | **4 983 865** | **2 604 629** | **98 127** | **48 908** | **49 219** | **20 249** |
| 北　　京 | 1 387 | | 1 387 | 1 383 | 1 888 | | 1 888 | 1 871 | -501 | | -501 | -488 |
| 天　　津 | 23 449 | 1 005 | 22 444 | 22 385 | 22 723 | 971 | 21 752 | 21 708 | 726 | 34 | 692 | 677 |
| 河　　北 | 141 830 | 105 587 | 36 243 | 21 771 | 140 294 | 104 185 | 36 109 | 21 723 | 1 536 | 1 402 | 134 | 48 |
| 山　　西 | 16 772 | | 16 772 | 2 879 | 14 867 | | 14 867 | 2 798 | 1 905 | | 1 905 | 81 |
| 内 蒙 古 | 113 034 | | 113 034 | 15 811 | 113 877 | | 113 877 | 16 351 | -843 | | -843 | -540 |
| 辽　　宁 | 869 487 | 677 201 | 192 286 | 36 475 | 838 981 | 647 606 | 191 375 | 36 313 | 30 506 | 29 595 | 911 | 162 |
| 吉　　林 | 351 284 | | 351 284 | 33 148 | 349 284 | | 349 284 | 32 772 | 2 000 | | 2 000 | 376 |
| 黑 龙 江 | 427 000 | | 427 000 | 107 793 | 423 464 | | 423 464 | 107 018 | 3 536 | | 3 536 | 775 |
| 上　　海 | 13 503 | | 13 503 | 13 182 | 9 156 | 220 | 8 936 | 8 619 | 4 347 | -220 | 4 567 | 4 563 |
| 江　　苏 | 584 591 | 172 188 | 412 403 | 310 605 | 585 329 | 171 106 | 414 223 | 309 423 | -738 | 1 082 | -1 820 | 1 182 |
| 浙　　江 | 250 559 | 83 439 | 167 120 | 91 690 | 249 374 | 81 466 | 167 908 | 92 412 | 1 185 | 1 973 | -788 | -722 |
| 安　　徽 | 411 242 | | 411 242 | 192 150 | 414 955 | | 414 955 | 195 927 | -3 713 | | -3 713 | -3 777 |
| 福　　建 | 253 212 | 167 953 | 85 259 | 35 857 | 250 745 | 164 641 | 86 104 | 35 443 | 2 467 | 3 312 | -845 | 414 |
| 江　　西 | 406 225 | | 406 225 | 163 861 | 404 777 | | 404 777 | 162 799 | 1 448 | | 1 448 | 1 062 |
| 山　　东 | 772 328 | 617 464 | 154 864 | 94 739 | 765 213 | 608 376 | 156 837 | 95 520 | 7 115 | 9 088 | -1 973 | -781 |

## 各地区水产养殖面积（二）

单位：公顷

| 地区 | 2022年 | | | | 2021年 | | | | 2022年比2021年增减（±） | | | |
|---|---|---|---|---|---|---|---|---|---|---|---|---|
| | 总面积 | 海水养殖面积 | 淡水养殖面积 | 其中：池塘 | 总面积 | 海水养殖面积 | 淡水养殖面积 | 其中：池塘 | 总面积 | 海水养殖面积 | 淡水养殖面积 | 其中：池塘 |
| 河南 | 124 961 | | 124 961 | 97 844 | 125 687 | | 125 687 | 98 938 | −726 | | −726 | −1 094 |
| 湖北 | 526 602 | | 526 602 | 526 602 | 516 342 | | 516 342 | 516 342 | 10 260 | | 10 260 | 10 260 |
| 湖南 | 449 145 | | 449 145 | 277 708 | 433 128 | | 433 128 | 270 407 | 16 017 | | 16 017 | 7 301 |
| 广东 | 473 655 | 166 596 | 307 059 | 259 198 | 476 708 | 166 805 | 309 903 | 260 592 | −3 053 | −209 | −2 844 | −1 394 |
| 广西 | 200 997 | 67 393 | 133 604 | 61 009 | 194 694 | 64 255 | 130 439 | 60 035 | 6 303 | 3 138 | 3 165 | 974 |
| 海南 | 44 957 | 15 594 | 29 363 | 21 728 | 45 034 | 15 881 | 29 153 | 19 912 | −77 | −287 | 210 | 1 816 |
| 重庆 | 85 251 | | 85 251 | 49 855 | 84 356 | | 84 356 | 49 697 | 895 | | 895 | 158 |
| 四川 | 190 095 | | 190 095 | 101 456 | 190 462 | | 190 462 | 101 916 | −367 | | −367 | −460 |
| 贵州 | 67 554 | | 67 554 | 14 477 | 65 679 | | 65 679 | 13 480 | 1 875 | | 1 875 | 997 |
| 云南 | 98 528 | | 98 528 | 31 423 | 100 176 | | 100 176 | 31 544 | −1 648 | | −1 648 | −121 |
| 西藏 | 18 | | 18 | 18 | 18 | | 18 | 18 | | | | |
| 陕西 | 52 670 | | 52 670 | 12 890 | 52 670 | | 52 670 | 13 497 | | | | −607 |
| 甘肃 | 7 932 | | 7 932 | 1 564 | 7 896 | | 7 896 | 1 579 | 36 | | 36 | −15 |
| 青海 | 35 867 | | 35 867 | 340 | 17 400 | | 17 400 | 340 | 18 467 | | 18 467 | |
| 宁夏 | 22 724 | | 22 724 | 10 596 | 23 120 | | 23 120 | 10 856 | −396 | | −396 | −260 |
| 新疆 | 90 645 | | 90 645 | 14 441 | 91 080 | | 91 080 | 14 779 | −435 | | −435 | −338 |

# 各地区海水养殖面积（按品种分）（一）

单位：公顷

| 地　　区 | 海水养殖面积 | 1. 鱼类 | 2. 甲壳类 | （1）虾 | 其中 | | | |
|---|---|---|---|---|---|---|---|---|
| | | | | | 南美白对虾 | 斑节对虾 | 中国对虾 | 日本对虾 |
| **全国总计** | **2 074 420** | **74 617** | **300 166** | **247 485** | **163 396** | **13 918** | **15 070** | **21 463** |
| 天　　津 | 1 005 | 5 | 1 000 | 1 000 | 1 000 | | | |
| 河　　北 | 105 587 | 584 | 25 644 | 23 908 | 14 461 | 130 | 5 243 | 3 406 |
| 辽　　宁 | 677 201 | 6 173 | 17 462 | 16 873 | 4 289 | | 5 569 | 6 906 |
| 上　　海 | | | | | | | | |
| 江　　苏 | 172 188 | 2 254 | 23 061 | 13 419 | 1 964 | 3 111 | 1 454 | 206 |
| 浙　　江 | 83 439 | 4 247 | 24 579 | 9 667 | 6 340 | 271 | 102 | 254 |
| 福　　建 | 167 953 | 13 538 | 21 403 | 13 644 | 9 282 | 1 513 | 454 | 2 051 |
| 山　　东 | 617 464 | 4 713 | 90 876 | 83 291 | 57 913 | 417 | 2 232 | 7 952 |
| 广　　东 | 166 596 | 35 531 | 64 947 | 56 490 | 41 767 | 7 767 | 16 | 685 |
| 广　　西 | 67 393 | 2 107 | 23 279 | 22 258 | 22 034 | 221 | | 3 |
| 海　　南 | 15 594 | 5 465 | 7 915 | 6 935 | 4 346 | 488 | | |

# 各地区海水养殖面积（按品种分）（二）

单位：公顷

| 地　　区 | 2. 甲壳类（续） | | | 3. 贝类 | 其中 | | | |
|---|---|---|---|---|---|---|---|---|
| | （2）蟹 | 其中 | | | 牡蛎 | 鲍 | 螺 | 蚶 |
| | | 梭子蟹 | 青蟹 | | | | | |
| **全国总计** | **52 681** | **22 827** | **24 170** | **1 270 463** | **234 954** | **17 114** | **38 950** | **32 629** |
| 天　　津 | | | | | | | | |
| 河　　北 | 1 736 | 626 | | 70 674 | 1 180 | | 1 963 | 3 268 |
| 辽　　宁 | 589 | 589 | | 466 433 | 32 952 | 2 689 | | 12 926 |
| 上　　海 | | | | | | | | |
| 江　　苏 | 9 642 | 8 074 | 1 568 | 109 106 | 4 678 | | 21 763 | 5 436 |
| 浙　　江 | 14 912 | 2 506 | 8 726 | 35 415 | 5 267 | | 3 527 | 5 729 |
| 福　　建 | 7 759 | 3 411 | 3 887 | 82 874 | 40 193 | 7 000 | 433 | 2 140 |
| 山　　东 | 7 585 | 6 996 | 535 | 402 629 | 105 375 | 6 689 | 1 443 | 728 |
| 广　　东 | 8 457 | 402 | 7 698 | 61 651 | 30 132 | 736 | 4 759 | 1 995 |
| 广　　西 | 1 021 | | 1 021 | 39 661 | 14 740 | | 4 336 | 136 |
| 海　　南 | 980 | 223 | 735 | 2 020 | 437 | | 726 | 271 |

## 各地区海水养殖面积（按品种分）（三）

单位：公顷

| 地　区 | 3. 贝类（续） | | | | | 4. 藻类 | | | | |
|---|---|---|---|---|---|---|---|---|---|---|
| | 其中（续） | | | | | | 其　中 | | | |
| | 贻贝 | 江珧 | 扇贝 | 蛤 | 蛏 | | 海带 | 裙带菜 | 紫菜 | 江蓠 |
| **全国总计** | **39 691** | **389** | **388 980** | **394 057** | **42 838** | **139 479** | **45 627** | **7 619** | **66 312** | **13 924** |
| 天　津 | | | | | | | | | | |
| 河　北 | | | 46 611 | 11 307 | 172 | | | | | |
| 辽　宁 | 2 624 | | 216 611 | 175 629 | 3 761 | 13 530 | 7 764 | 5 765 | | |
| 上　海 | | | | | | | | | | |
| 江　苏 | 3 533 | | | 66 318 | 2 973 | 36 427 | | | 36 427 | |
| 浙　江 | 1 810 | | 42 | 5 917 | 12 407 | 17 869 | 1 203 | | 15 264 | |
| 福　建 | 1 489 | | 306 | 16 239 | 13 055 | 46 683 | 21 954 | | 11 664 | 11 402 |
| 山　东 | 26 298 | 53 | 119 738 | 90 028 | 9 769 | 22 959 | 14 638 | 1 844 | 2 330 | 1 532 |
| 广　东 | 3 919 | 336 | 5 629 | 10 122 | 396 | 1 925 | 68 | 10 | 627 | 963 |
| 广　西 | 18 | | 43 | 18 086 | 305 | | | | | |
| 海　南 | | | | 411 | | 86 | | | | 27 |

## 各地区海水养殖面积（按品种分）（四）

单位：公顷

| 地　区 | 4. 藻类（续） | | | | 5. 其他 | | | | |
|---|---|---|---|---|---|---|---|---|---|
| | 其中（续） | | | | | 其　中 | | | |
| | 麒麟菜 | 石花菜 | 羊栖菜 | 苔菜 | | 海参 | 海胆 | 海水珍珠 | 海蜇 |
| **全国总计** | **58** | | **1 595** | | **289 695** | **250 356** | **10 710** | **1 769** | **12 925** |
| 天　津 | | | | | | | | | |
| 河　北 | | | | | 8 685 | 7 818 | | | 69 |
| 辽　宁 | | | | | 173 603 | 158 308 | 3 648 | | 8 894 |
| 上　海 | | | | | | | | | |
| 江　苏 | | | | | 1 340 | 101 | | | 1 195 |
| 浙　江 | | | 1 293 | | 1 329 | 10 | | | 1 058 |
| 福　建 | | | 302 | | 3 455 | 1 608 | | | 1 502 |
| 山　东 | | | | | 96 287 | 82 217 | 5 536 | | 207 |
| 广　东 | | | | | 2 542 | 229 | 1 526 | 618 | |
| 广　西 | | | | | 2 346 | | | 1 151 | |
| 海　南 | 58 | | | | 108 | 65 | | | |

## 各地区海水养殖面积（按水域和养殖方式分）（一）

单位：公顷

| 地　　区 | 海水养殖面积 | 按养殖水域分 | | | 养殖方式中 | |
|---|---|---|---|---|---|---|
| | | 1. 海上 | 2. 滩涂 | 3. 其他 | 1. 池塘 | 2. 普通网箱（米²） |
| **全国总计** | **2 074 420** | **1 188 386** | **575 080** | **310 954** | **429 529** | **65 788 135** |
| 天　　津 | 1 005 | | | 1 005 | 999 | |
| 河　　北 | 105 587 | 60 947 | 16 120 | 28 520 | 28 793 | 90 000 |
| 辽　　宁 | 677 201 | 454 134 | 128 413 | 94 654 | 89 839 | 43 627 877 |
| 上　　海 | | | | | | |
| 江　　苏 | 172 188 | 47 518 | 106 187 | 18 483 | 28 577 | |
| 浙　　江 | 83 439 | 26 381 | 33 929 | 23 129 | 24 311 | 608 704 |
| 福　　建 | 167 953 | 96 646 | 42 253 | 29 054 | 21 603 | 14 683 166 |
| 山　　东 | 617 464 | 424 043 | 156 285 | 37 136 | 124 860 | 2 896 775 |
| 广　　东 | 166 596 | 53 055 | 64 123 | 49 418 | 77 222 | 2 939 725 |
| 广　　西 | 67 393 | 22 218 | 21 078 | 24 097 | 23 624 | 540 455 |
| 海　　南 | 15 594 | 3 444 | 6 692 | 5 458 | 9 701 | 401 433 |

## 各地区海水养殖面积（按水域和养殖方式分）（二）

单位：公顷

| 地　　区 | 养殖方式中（续） | | | | |
|---|---|---|---|---|---|
| | 3. 深水网箱（米³） | 4. 筏式 | 5. 吊笼 | 6. 底播 | 7. 工厂化（米³） |
| **全国总计** | **43 981 333** | **381 945** | **151 159** | **881 780** | **43 194 026** |
| 天　　津 | | | | | 157 868 |
| 河　　北 | | 48 411 | | 12 043 | 4 853 600 |
| 辽　　宁 | 333 440 | 52 128 | 9 836 | 477 900 | 3 963 453 |
| 上　　海 | | | | | |
| 江　　苏 | 30 000 | 40 550 | 1 678 | 89 080 | 585 100 |
| 浙　　江 | 7 669 542 | 23 167 | 486 | 18 221 | 1 473 325 |
| 福　　建 | 12 601 677 | 49 697 | 6 453 | 16 851 | 13 336 817 |
| 山　　东 | 3 925 579 | 141 755 | 126 884 | 214 094 | 11 375 049 |
| 广　　东 | 5 963 658 | 18 339 | 4 155 | 32 414 | 2 243 656 |
| 广　　西 | 6 265 521 | 7 898 | 1 667 | 20 565 | 475 268 |
| 海　　南 | 7 191 916 | | | 612 | 4 729 890 |

# 各地区淡水养殖面积（按水域和养殖方式分）（一）

单位：公顷

| 地　　区 | 淡水养殖面积 | 按水域分 | | | |
|---|---|---|---|---|---|
| | | 1. 池塘 | 2. 湖泊 | 3. 水库 | 4. 河沟 |
| **全国总计** | **5 033 084** | **2 624 878** | **688 458** | **1 447 725** | **141 886** |
| 北　京 | 1 387 | 1 383 | | | |
| 天　津 | 22 444 | 22 385 | | | 35 |
| 河　北 | 36 243 | 21 771 | 1 061 | 12 454 | 672 |
| 山　西 | 16 772 | 2 879 | 1 149 | 12 680 | 62 |
| 内蒙古 | 113 034 | 15 811 | 46 647 | 47 096 | 3 480 |
| 辽　宁 | 192 286 | 36 475 | 88 | 99 454 | 4 756 |
| 吉　林 | 351 284 | 33 148 | 117 091 | 185 715 | 15 322 |
| 黑龙江 | 427 000 | 107 793 | 162 288 | 144 659 | 7 132 |
| 上　海 | 13 503 | 13 182 | 302 | | 19 |
| 江　苏 | 412 403 | 310 605 | 42 819 | 10 329 | 27 362 |
| 浙　江 | 167 120 | 91 690 | 2 455 | 64 358 | 6 263 |
| 安　徽 | 411 242 | 192 150 | 95 243 | 74 867 | 42 466 |
| 福　建 | 85 259 | 35 857 | 354 | 42 719 | 3 053 |
| 江　西 | 406 225 | 163 861 | 85 112 | 145 925 | 8 927 |
| 山　东 | 154 864 | 94 739 | 1 547 | 57 513 | |
| 河　南 | 124 961 | 97 844 | 1 938 | 20 948 | 4 209 |
| 湖　北 | 526 602 | 526 602 | | | |
| 湖　南 | 449 145 | 277 708 | 63 779 | 96 503 | 1 110 |
| 广　东 | 307 059 | 259 198 | 1 525 | 41 906 | 757 |
| 广　西 | 133 604 | 61 009 | | 67 077 | 3 256 |
| 海　南 | 29 363 | 21 728 | 103 | 7 325 | 2 |
| 重　庆 | 85 251 | 49 855 | | 35 300 | |
| 四　川 | 190 095 | 101 456 | 3 599 | 75 330 | 9 314 |
| 贵　州 | 67 554 | 14 477 | 32 | 51 448 | 465 |
| 云　南 | 98 528 | 31 423 | 1 313 | 64 840 | 214 |
| 西　藏 | 18 | 18 | | | |
| 陕　西 | 52 670 | 12 890 | 8 146 | 28 869 | 1 911 |
| 甘　肃 | 7 932 | 1 564 | 25 | 6 155 | 2 |
| 青　海 | 35 867 | 340 | 22 700 | 12 827 | |
| 宁　夏 | 22 724 | 10 596 | 10 416 | 1 056 | 492 |
| 新　疆 | 90 645 | 14 441 | 18 726 | 40 372 | 605 |

# 各地区淡水养殖面积（按水域和养殖方式分）（二）

单位：公顷

| 地　　区 | 按水域分（续） | | 养殖方式中 | | |
|---|---|---|---|---|---|
| | 5. 其他 | 6. 稻田 | 1. 围栏（米$^2$） | 2. 网箱（米$^2$） | 3. 工厂化（米$^3$） |
| **全国总计** | **130 137** | **2 863 706** | **75 485 647** | **13 467 662** | **60 141 871** |
| 北　　京 | 4 | | | | 103 866 |
| 天　　津 | 24 | 36 387 | | | 85 000 |
| 河　　北 | 285 | 4 726 | | 6 360 | 1 193 595 |
| 山　　西 | 2 | 33 | | 2 200 | 38 123 |
| 内 蒙 古 | | 10 769 | | | 2 300 |
| 辽　　宁 | 51 513 | 92 659 | 550 000 | 1 006 916 | 62 240 |
| 吉　　林 | 8 | 52 315 | 1 265 870 | 70 800 | 46 700 |
| 黑 龙 江 | 5 128 | 68 627 | | 27 001 | |
| 上　　海 | | 109 | | | 30 352 |
| 江　　苏 | 21 288 | 222 003 | 1 107 743 | 1 466 903 | 2 200 588 |
| 浙　　江 | 2 354 | 58 392 | 142 139 | 351 496 | 10 511 734 |
| 安　　徽 | 6 516 | 466 419 | 24 875 785 | 3 679 819 | 1 398 023 |
| 福　　建 | 3 276 | 16 923 | 38 670 | 1 044 358 | 19 465 874 |
| 江　　西 | 2 400 | 150 898 | 5 170 810 | 959 950 | 2 129 276 |
| 山　　东 | 1 065 | 5 577 | 650 220 | 141 160 | 8 645 768 |
| 河　　南 | 22 | 75 654 | | 52 002 | 187 400 |
| 湖　　北 | | 534 707 | | | 4 385 000 |
| 湖　　南 | 10 045 | 356 016 | | 1 020 421 | 1 311 297 |
| 广　　东 | 3 673 | 4 503 | | 92 193 | 1 387 917 |
| 广　　西 | 2 262 | 56 399 | 41 149 940 | 1 969 055 | 398 254 |
| 海　　南 | 205 | 16 | | 27 600 | |
| 重　　庆 | 96 | 26 598 | | | 62 363 |
| 四　　川 | 396 | 329 614 | | | 230 514 |
| 贵　　州 | 1 132 | 184 729 | | | 104 737 |
| 云　　南 | 738 | 91 652 | 533 360 | 814 251 | 1 340 527 |
| 西　　藏 | | | | | |
| 陕　　西 | 854 | 14 862 | 1 110 | 85 620 | 4 577 356 |
| 甘　　肃 | 186 | | | 94 953 | 7 167 |
| 青　　海 | | | | 383 084 | |
| 宁　　夏 | 164 | 2 119 | | | 10 900 |
| 新　　疆 | 16 501 | 1 000 | | 171 520 | 225 000 |

# 3-2 水产苗种

## 全国水产苗种数量

| 指　　标 | 计量单位 | 2022 年 | 2021 年 | 2022 年比 2021 年增减（±） | |
|---|---|---|---|---|---|
| | | | | 绝对量 | 幅度（%） |
| **淡水鱼苗产量** | **亿尾** | **13 765** | **13 351** | **414** | **3.10** |
| 其中：罗非鱼 | 亿尾 | 175 | 182 | -6 | -3.47 |
| 淡水鱼种产量 | 吨 | 3 632 736 | 3 558 197 | 74 539 | 2.09 |
| 投放鱼种产量 | 吨 | 4 406 170 | 4 227 714 | 178 456 | 4.22 |
| 河蟹育苗量 | 千克 | 1 032 936 | 881 833 | 151 103 | 17.14 |
| 扣蟹 | 千克 | 72 836 173 | 71 770 416 | 1 065 757 | 1.48 |
| 稚鳖数量 | 万只 | 65 369 | 63 355 | 2 014 | 3.18 |
| 稚龟数量 | 万只 | 11 568 | 11 195 | 372 | 3.33 |
| 鳗苗捕捞量 | 千克 | 13 730 | 14 799 | -1 069 | -7.22 |
| **海水鱼苗产量** | **万尾** | **1 318 273** | **993 244** | **325 029** | **32.72** |
| 其中：大黄鱼 | 万尾 | 258 469 | 249 381 | 9 088 | 3.64 |
| 鲆鱼 | 万尾 | 50 181 | 49 818 | 363 | 0.73 |
| 虾类育苗量 | 亿尾 | 18 008 | 16 913 | 1 096 | 6.48 |
| 其中:南美白对虾 | 亿尾 | 13 886 | 12 757 | 1 129 | 8.85 |
| 贝类育苗量 | 万粒 | 547 021 295 | 334 087 393 | 212 933 902 | 63.74 |
| 其中:鲍鱼育苗量 | 万粒 | 1 396 259 | 901 720 | 494 539 | 54.84 |
| 海带育苗量 | 亿株 | 444 | 436 | 8 | 1.82 |
| 紫菜育苗量 | 亿贝壳 | 9 | 12 | -3 | -23.42 |
| 海参 | 亿头 | 628 | 601 | 27 | 4.46 |

# 各地区水产苗种数量（一）

| 地　　区 | 淡水鱼苗（亿尾） | 其中：罗非鱼（亿尾） | 淡水鱼种（吨） | 投放鱼种（吨） | 河蟹育苗（千克） | 扣蟹（千克） |
|---|---|---|---|---|---|---|
| **全国总计** | **13 764. 68** | **175. 48** | **3 632 736** | **4 406 170** | **1 032 936** | **72 836 173** |
| 北　　京 | 15. 45 | | 1 387 | 4 400 | | |
| 天　　津 | 90. 34 | 0. 01 | 12 463 | 28 049 | 4 000 | 355 445 |
| 河　　北 | 39. 74 | 0. 20 | 20 983 | 33 294 | | 8 700 |
| 山　　西 | 1. 69 | 0. 02 | 2 981 | 6 398 | | |
| 内 蒙 古 | 2. 20 | | 7 909 | 12 006 | | |
| 辽　　宁 | 124. 00 | | 94 513 | 94 141 | 91 000 | 31 016 167 |
| 吉　　林 | 12. 80 | | 11 584 | 20 961 | | 178 600 |
| 黑 龙 江 | 14. 81 | | 41 590 | 91 007 | | 4 400 000 |
| 上　　海 | 4. 80 | | 1 593 | 11 029 | | 4 782 000 |
| 江　　苏 | 488. 27 | 0. 34 | 261 333 | 386 589 | 914 200 | 16 949 207 |
| 浙　　江 | 238. 22 | 0. 03 | 52 991 | 89 306 | 150 | 134 969 |
| 安　　徽 | 471. 54 | 1. 07 | 304 664 | 398 041 | | 12 093 910 |
| 福　　建 | 33. 88 | 5. 14 | 17 269 | 47 641 | | |
| 江　　西 | 389. 57 | 2. 55 | 316 553 | 443 028 | 7 245 | 99 840 |
| 山　　东 | 73. 95 | 0. 21 | 90 878 | 126 242 | 13 723 | 60 837 |
| 河　　南 | 59. 23 | 0. 22 | 84 729 | 95 579 | | 2 700 |
| 湖　　北 | 1 363. 01 | | 1 100 738 | 1 122 911 | | 2 556 150 |
| 湖　　南 | 676. 03 | | 455 447 | 482 135 | | 24 280 |
| 广　　东 | 7 928. 12 | 73. 76 | 219 389 | 196 516 | 2 618 | |
| 广　　西 | 1 028. 58 | 18. 12 | 134 794 | 145 485 | | |
| 海　　南 | 53. 82 | 49. 75 | 1 434 | 3 341 | | |
| 重　　庆 | 86. 38 | 0. 09 | 75 855 | 107 404 | | |
| 四　　川 | 302. 23 | 0. 97 | 198 453 | 292 116 | | |
| 贵　　州 | 75. 78 | | 15 092 | 28 376 | | 860 |
| 云　　南 | 164. 40 | 22. 82 | 54 063 | 85 989 | | 8 970 |
| 西　　藏 | 0. 06 | | 15 | 35 | | |
| 陕　　西 | 7. 22 | 0. 18 | 10 768 | 9 938 | | 66 669 |
| 甘　　肃 | 0. 59 | | 2 329 | 2 554 | | 10 024 |
| 青　　海 | | | | | | 3 500 |
| 宁　　夏 | 12. 80 | | 24 067 | 25 058 | | 83 345 |
| 新　　疆 | 5. 17 | | 16 872 | 16 601 | | |

# 各地区水产苗种数量（二）

| 地　　区 | 稚鳖（万只） | 稚龟（万只） | 鳗苗捕捞（千克） | 海水鱼苗（万尾） | 其中 | |
|---|---|---|---|---|---|---|
| | | | | | 大黄鱼(万尾) | 鲆鱼(万尾) |
| **全国总计** | **65 369.15** | **11 567.68** | **13 730** | **1 318 272.78** | **258 469.08** | **50 181.00** |
| 北　　京 | 5.60 | 2.64 | | | | |
| 天　　津 | 98.00 | | | 2 945.00 | | 2 590.00 |
| 河　　北 | 677.40 | | | 5 988.00 | | 470.00 |
| 山　　西 | 26.61 | | | | | |
| 内 蒙 古 | 0.90 | | | | | |
| 辽　　宁 | | | | 3 636.00 | | 3 588.00 |
| 吉　　林 | | | | | | |
| 黑 龙 江 | | | | | | |
| 上　　海 | 3.00 | 9.00 | 56 | | | |
| 江　　苏 | 4 005.00 | 445.00 | 7 069 | 13 035.00 | 1 200.00 | 50.00 |
| 浙　　江 | 8 905.31 | 1 050.20 | 1 184 | 47 462.00 | 36 086.00 | 62.00 |
| 安　　徽 | 9 132.59 | 682.51 | | | | |
| 福　　建 | 92.50 | 10.00 | 5 399 | 305 262.50 | 221 040.00 | 158.00 |
| 江　　西 | 13 842.76 | 3 452.73 | | | | |
| 山　　东 | 945.00 | | | 85 276.00 | | 43 260.00 |
| 河　　南 | 1 667.00 | 28.00 | | | | |
| 湖　　北 | 6 823.00 | 2 207.00 | | | | |
| 湖　　南 | 5 081.50 | 1 242.86 | | | | |
| 广　　东 | 6 714.00 | 1 825.00 | 22 | 739 227.00 | 107.00 | 3.00 |
| 广　　西 | 6 768.21 | 583.64 | | 36.08 | 36.08 | |
| 海　　南 | | 20.00 | | 115 405.20 | | |
| 重　　庆 | 60.50 | 1.90 | | | | |
| 四　　川 | 454.77 | 3.20 | | | | |
| 贵　　州 | 4.67 | 4.00 | | | | |
| 云　　南 | | | | | | |
| 西　　藏 | | | | | | |
| 陕　　西 | 57.83 | | | | | |
| 甘　　肃 | 3.00 | | | | | |
| 青　　海 | | | | | | |
| 宁　　夏 | | | | | | |
| 新　　疆 | | | | | | |

# 各地区水产苗种数量（三）

| 地 区 | 虾类育苗（亿尾） | 其中：南美白对虾（亿尾） | 贝类育苗（万粒） | 其中：鲍鱼（万粒） | 海带（亿株） | 紫菜（亿贝壳） | 海参（亿头） |
|---|---|---|---|---|---|---|---|
| **全国总计** | **18 008.41** | **13 886.37** | **547 021 295** | **1 396 259** | **444.35** | **8.86** | **628.03** |
| 北 京 | | | | | | | |
| 天 津 | 203.50 | 186.70 | | | | | |
| 河 北 | 775.07 | 750.43 | 500 000 | | | | 28.33 |
| 山 西 | | | | | | | |
| 内蒙古 | | | | | | | |
| 辽 宁 | 133.00 | 98.00 | 5 131 634 | 8 885 | 6.00 | | 201.00 |
| 吉 林 | | | | | | | |
| 黑龙江 | | | | | | | |
| 上 海 | 2.25 | | | | | | |
| 江 苏 | 229.65 | 196.36 | 20 035 | | | 2.08 | |
| 浙 江 | 259.48 | 35.18 | 86 126 899 | | 1.00 | 1.17 | |
| 安 徽 | 319.35 | | 71 407 | | | | |
| 福 建 | 1 316.81 | 1 035.63 | 394 341 884 | 1 197 254 | 362.35 | 4.27 | |
| 江 西 | 31.96 | 0.01 | 1 028 | | | | |
| 山 东 | 4 910.00 | 3 884.00 | 59 928 122 | 14 699 | 75.00 | | 398.50 |
| 河 南 | 21.78 | | | | | | |
| 湖 北 | 1 464.38 | | 15 | | | | |
| 湖 南 | | | | | | | |
| 广 东 | 6 078.00 | 5 479.00 | 453 513 | 175 317 | | 1.34 | 0.20 |
| 广 西 | 219.09 | 210.26 | 100 658 | 104 | | | |
| 海 南 | 2 022.08 | 2 009.74 | 346 100 | | | | |
| 重 庆 | 4.65 | | | | | | |
| 四 川 | 15.89 | | | | | | |
| 贵 州 | | | | | | | |
| 云 南 | 0.49 | 0.17 | | | | | |
| 西 藏 | | | | | | | |
| 陕 西 | 0.28 | 0.19 | | | | | |
| 甘 肃 | 0.70 | 0.70 | | | | | |
| 青 海 | | | | | | | |
| 宁 夏 | | | | | | | |
| 新 疆 | | | | | | | |

## 3-3 年末渔船拥有量

### 全国渔船年末拥有量（一）

| 指　标 | 2022 年 | | | 2021 年 | | | 2022 年比 2021 年增减（±） | | |
|---|---|---|---|---|---|---|---|---|---|
| | 艘 | 总吨 | 千瓦 | 艘 | 总吨 | 千瓦 | 艘 | 总吨 | 千瓦 |
| **渔船合计** | **511 046** | **10 313 283** | **18 370 182** | **520 845** | **10 015 814** | **18 451 989** | **−9 799** | **297 469** | **−81 807** |
| 机动渔船合计 | 342 418 | 10 073 621 | 18 370 182 | 356 994 | 9 774 783 | 18 451 989 | −14 576 | 298 838 | −81 807 |
| 1. 生产渔船 | 328 952 | 8 861 311 | 15 904 746 | 342 339 | 8 624 749 | 16 066 223 | −13 387 | 236 562 | −161 477 |
| （1）捕捞渔船 | 228 289 | 8 462 288 | 14 247 008 | 238 215 | 8 235 754 | 14 648 242 | −9 926 | 226 534 | −401 234 |
| 441 千瓦（含）以上 | 3 438 | 1 935 449 | 3 091 959 | 3 269 | 1 770 568 | 2 960 696 | 169 | 164 881 | 131 263 |
| 44.1（含）~441 千瓦 | 44 803 | 5 742 690 | 8 679 685 | 47 745 | 5 648 571 | 9 116 061 | −2 942 | 94 119 | −436 376 |
| 44.1 千瓦以下 | 180 048 | 784 149 | 2 475 364 | 187 201 | 816 615 | 2 571 485 | −7 153 | −32 466 | −96 121 |
| （2）养殖渔船 | 100 663 | 399 023 | 1 657 738 | 104 124 | 388 995 | 1 417 981 | −3 461 | 10 028 | 239 757 |
| 2. 辅助渔船 | 13 466 | 1 212 310 | 2 465 436 | 14 655 | 1 150 034 | 2 385 766 | −1 189 | 62 276 | 79 670 |
| （1）捕捞辅助船 | 9 642 | 1 118 863 | 1 697 567 | 10 901 | 1 061 222 | 1 668 701 | −1 259 | 57 641 | 28 866 |
| （2）渔业执法船 | 2 944 | 83 414 | 735 326 | 2 957 | 81 527 | 693 660 | −13 | 1 887 | 41 666 |
| 机动渔船按船长分　24 米（含）以上 | 35 398 | 7 964 337 | 11 542 467 | 35 587 | 7 552 613 | 11 400 137 | −189 | 411 724 | 142 330 |
| 机动渔船按船长分　12（含）~24 米 | 35 041 | 1 186 626 | 2 932 789 | 38 536 | 1 295 952 | 3 180 860 | −3 495 | −109 326 | −248 071 |
| 机动渔船按船长分　12 米以下 | 271 979 | 922 658 | 3 894 926 | 282 871 | 926 218 | 3 870 992 | −10 892 | −3 560 | 23 934 |
| 非机动渔船合计 | 168 628 | 239 662 | | 163 851 | 241 031 | | 4 777 | −1 369 | |

# 全国渔船年末拥有量（二）

| 指标 | | 总数 | | | 海洋渔船 | | | 内陆渔船 | | |
|---|---|---|---|---|---|---|---|---|---|---|
| | | 艘 | 总吨 | 千瓦 | 艘 | 总吨 | 千瓦 | 艘 | 总吨 | 千瓦 |
| **渔船合计** | | **511 046** | **10 313 283** | **18 370 182** | **206 676** | **9 651 409** | **16 498 900** | **304 370** | **661 874** | **1 871 282** |
| 机动渔船合计 | | 342 418 | 10 073 621 | 18 370 182 | 204 304 | 9 644 393 | 16 498 900 | 138 114 | 429 228 | 1 871 282 |
| 1. 生产渔船 | | 328 952 | 8 861 311 | 15 904 746 | 194 530 | 8 467 631 | 14 342 155 | 134 422 | 393 680 | 1 562 591 |
| （1）捕捞渔船 | | 228 289 | 8 462 288 | 14 247 008 | 129 063 | 8 146 665 | 13 007 341 | 99 226 | 315 623 | 1 239 667 |
| 441 千瓦（含）以上 | | 3 438 | 1 935 449 | 3 091 959 | 3 393 | 1 919 265 | 3 052 053 | 45 | 16 184 | 39 906 |
| 44.1（含）~441 千瓦 | | 44 803 | 5 742 690 | 8 679 685 | 44 381 | 5 721 471 | 8 620 645 | 422 | 21 219 | 59 040 |
| 44.1 千瓦以下 | | 180 048 | 784 149 | 2 475 364 | 81 289 | 505 929 | 1 334 643 | 98 759 | 278 220 | 1 140 721 |
| （2）养殖渔船 | | 100 663 | 399 023 | 1 657 738 | 65 467 | 320 966 | 1 334 814 | 35 196 | 78 057 | 322 924 |
| 2. 辅助渔船 | | 13 466 | 1 212 310 | 2 465 436 | 9 774 | 1 176 762 | 2 156 745 | 3 692 | 35 548 | 308 691 |
| （1）捕捞辅助船 | | 9 642 | 1 118 863 | 1 697 567 | 8 770 | 1 113 660 | 1 663 318 | 872 | 5 203 | 34 249 |
| （2）渔业执法船 | | 2 944 | 83 414 | 735 326 | 549 | 55 638 | 452 076 | 2 395 | 27 776 | 283 250 |
| 机动渔船按船长分 | 24 米（含）以上 | 35 398 | 7 964 337 | 11 542 467 | 35 002 | 7 946 029 | 11 456 202 | 396 | 18 308 | 86 265 |
| | 12（含）~24 米 | 35 041 | 1 186 626 | 2 932 789 | 29 177 | 1 084 894 | 2 695 412 | 5 864 | 101 732 | 237 377 |
| | 12 米以下 | 271 979 | 922 658 | 3 894 926 | 140 125 | 613 470 | 2 347 286 | 131 854 | 309 188 | 1 547 640 |
| 非机动渔船合计 | | 168 628 | 239 662 | | 2 372 | 7 016 | | 166 256 | 232 646 | |

# 各地区机动渔船年末拥有量

| 地　　区 | 2022 年 | | | 2021 年 | | | 2022 年比 2021 年增减（±） | | |
|---|---|---|---|---|---|---|---|---|---|
| | 艘 | 总吨 | 千瓦 | 艘 | 总吨 | 千瓦 | 艘 | 总吨 | 千瓦 |
| **全国总计** | **342 418** | **10 073 621** | **18 370 182** | **356 994** | **9 774 783** | **18 451 989** | **−14 576** | **298 838** | **−81 807** |
| 北　　京 | 32 | 10 260 | 14 371 | 34 | 10 216 | 14 480 | −2 | 44 | −109 |
| 天　　津 | 695 | 35 748 | 61 637 | 1 440 | 37 374 | 67 952 | −745 | −1 626 | −6 315 |
| 河　　北 | 6 396 | 270 428 | 454 867 | 7 191 | 277 883 | 484 339 | −795 | −7 455 | −29 472 |
| 山　　西 | 165 | 282 | 1 817 | 168 | 341 | 2 201 | −3 | −59 | −384 |
| 内 蒙 古 | 1 195 | 2 181 | 18 022 | 1 222 | 2 165 | 18 480 | −27 | 16 | −458 |
| 辽　　宁 | 29 700 | 693 789 | 1 810 844 | 27 292 | 681 495 | 1 754 057 | 2 408 | 12 294 | 56 787 |
| 吉　　林 | 4 149 | 7 147 | 73 029 | 4 163 | 7 158 | 72 773 | −14 | −11 | 256 |
| 黑 龙 江 | 9 626 | 16 001 | 109 076 | 9 923 | 16 698 | 110 753 | −297 | −697 | −1 677 |
| 上　　海 | 512 | 107 348 | 181 411 | 538 | 107 010 | 182 041 | −26 | 338 | −630 |
| 江　　苏 | 29 373 | 401 028 | 901 567 | 30 742 | 418 594 | 970 378 | −1 369 | −17 566 | −68 811 |
| 浙　　江 | 25 025 | 2 920 240 | 4 193 984 | 27 110 | 3 019 252 | 4 427 841 | −2 085 | −99 012 | −233 857 |
| 安　　徽 | 5 309 | 52 348 | 102 495 | 6 293 | 74 497 | 103 101 | −984 | −22 149 | −606 |
| 福　　建 | 46 920 | 1 920 898 | 3 070 850 | 55 198 | 1 566 766 | 2 926 492 | −8 278 | 354 132 | 144 358 |
| 江　　西 | 7 847 | 28 382 | 77 939 | 8 267 | 29 465 | 80 295 | −420 | −1 083 | −2 356 |
| 山　　东 | 54 158 | 1 196 770 | 2 313 892 | 54 571 | 1 170 860 | 2 272 395 | −413 | 25 910 | 41 497 |
| 河　　南 | 3 610 | 18 084 | 62 458 | 3 767 | 18 411 | 64 640 | −157 | −327 | −2 182 |
| 湖　　北 | 8 418 | 13 501 | 83 033 | 8 772 | 13 806 | 83 724 | −354 | −305 | −691 |
| 湖　　南 | 9 384 | 16 412 | 54 129 | 9 471 | 16 486 | 51 871 | −87 | −74 | 2 258 |
| 广　　东 | 49 075 | 1 126 795 | 2 236 240 | 48 682 | 1 060 936 | 2 108 608 | 393 | 65 859 | 127 632 |
| 广　　西 | 22 283 | 487 739 | 827 062 | 22 416 | 493 475 | 827 301 | −133 | −5 736 | −239 |
| 海　　南 | 22 706 | 606 193 | 1 386 675 | 23 743 | 601 449 | 1 481 252 | −1 037 | 4 744 | −94 577 |
| 重　　庆 | 206 | 1 463 | 10 835 | 151 | 1 164 | 9 775 | 55 | 299 | 1 060 |
| 四　　川 | 421 | 1 976 | 16 749 | 558 | 1 884 | 14 559 | −137 | 92 | 2 190 |
| 贵　　州 | 1 422 | 3 033 | 32 279 | 1 447 | 3 014 | 31 211 | −25 | 19 | 1 068 |
| 云　　南 | 893 | 2 896 | 25 443 | 881 | 2 881 | 22 172 | 12 | 15 | 3 271 |
| 西　　藏 | | | | | | | | | |
| 陕　　西 | 568 | 1 324 | 8 097 | 575 | 1 404 | 8 276 | −7 | −80 | −179 |
| 甘　　肃 | 31 | 81 | 1 334 | 34 | 88 | 1 462 | −3 | −7 | −128 |
| 青　　海 | 1 127 | 1 198 | 13 789 | 1 127 | 1 198 | 13 789 | | | |
| 宁　　夏 | 22 | 96 | 1 503 | 26 | 122 | 1 843 | −4 | −26 | −340 |
| 新　　疆 | 898 | 3 090 | 15 013 | 920 | 3 190 | 15 416 | −22 | −100 | −403 |
| 中农发集团 | 252 | 126 890 | 209 742 | 272 | 135 501 | 228 512 | −20 | −8 611 | −18 770 |

# 各地区机动渔船年末拥有量（按船长分）

| 地区 | 24米（含）以上 | | | 12（含）~24米 | | | 12米以下 | | |
|---|---|---|---|---|---|---|---|---|---|
| | 艘 | 总吨 | 千瓦 | 艘 | 总吨 | 千瓦 | 艘 | 总吨 | 千瓦 |
| **全国总计** | **35 398** | **7 964 337** | **11 542 467** | **35 041** | **1 186 626** | **2 932 789** | **271 979** | **922 658** | **3 894 926** |
| 北京 | 14 | 10 170 | 13 122 | 4 | 40 | 422 | 14 | 50 | 827 |
| 天津 | 119 | 26 345 | 37 688 | 190 | 7 904 | 17 247 | 386 | 1 499 | 6 702 |
| 河北 | 1 215 | 189 911 | 227 915 | 1 869 | 54 843 | 137 080 | 3 312 | 25 674 | 89 872 |
| 山西 | | | | 13 | 47 | 237 | 152 | 235 | 1 580 |
| 内蒙古 | | | | 19 | 531 | 1 464 | 1 176 | 1 650 | 16 558 |
| 辽宁 | 2 996 | 424 142 | 872 775 | 5 134 | 191 797 | 539 775 | 21 570 | 77 850 | 398 294 |
| 吉林 | 8 | 806 | 1 784 | 336 | 1 663 | 9 621 | 3 805 | 4 678 | 61 624 |
| 黑龙江 | 20 | 2 278 | 5 835 | 125 | 1 123 | 6 695 | 9 481 | 12 600 | 96 546 |
| 上海 | 264 | 104 381 | 153 009 | 47 | 2 535 | 16 507 | 201 | 432 | 11 895 |
| 江苏 | 2 626 | 292 981 | 485 703 | 2 683 | 56 997 | 122 912 | 24 064 | 51 050 | 292 952 |
| 浙江 | 11 511 | 2 816 506 | 3 904 590 | 1 704 | 63 635 | 139 757 | 11 810 | 40 099 | 149 637 |
| 安徽 | 11 | 829 | 3 316 | 373 | 19 804 | 22 505 | 4 925 | 31 715 | 76 674 |
| 福建 | 5 493 | 1 697 689 | 2 275 883 | 3 837 | 116 196 | 356 295 | 37 590 | 107 013 | 438 672 |
| 江西 | 8 | 579 | 2 064 | 310 | 3 044 | 8 798 | 7 529 | 24 759 | 67 077 |
| 山东 | 4 909 | 883 254 | 1 361 982 | 4 896 | 134 533 | 341 185 | 44 353 | 178 983 | 610 725 |
| 河南 | 12 | 904 | 2 300 | 985 | 11 562 | 18 336 | 2 613 | 5 618 | 41 822 |
| 湖北 | 4 | 294 | 1 825 | 382 | 1 943 | 12 384 | 8 032 | 11 264 | 68 824 |
| 湖南 | 5 | 149 | 1 086 | 703 | 1 591 | 12 569 | 8 676 | 14 672 | 40 474 |
| 广东 | 3 038 | 727 410 | 1 071 479 | 5 826 | 276 999 | 554 571 | 40 211 | 122 386 | 610 190 |
| 广西 | 1 606 | 403 306 | 475 055 | 678 | 40 447 | 88 346 | 19 999 | 43 986 | 263 661 |
| 海南 | 1 270 | 254 618 | 428 600 | 4 548 | 195 490 | 503 600 | 16 888 | 156 085 | 454 475 |
| 重庆 | 3 | 180 | 1 595 | 81 | 903 | 5 287 | 122 | 380 | 3 953 |
| 四川 | 5 | 330 | 1 148 | 32 | 565 | 1 562 | 384 | 1 081 | 14 039 |
| 贵州 | 3 | 282 | 417 | 87 | 725 | 5 921 | 1 332 | 2 026 | 25 941 |
| 云南 | 8 | 450 | 4 099 | 17 | 328 | 3 044 | 868 | 2 118 | 18 300 |
| 西藏 | | | | | | | | | |
| 陕西 | | | | 27 | 294 | 1 028 | 541 | 1 030 | 7 069 |
| 甘肃 | | | | 3 | 15 | 309 | 28 | 66 | 1 025 |
| 青海 | | | | | | | 1 127 | 1 198 | 13 789 |
| 宁夏 | | | | | | | 22 | 96 | 1 503 |
| 新疆 | 2 | 108 | 400 | 128 | 617 | 4 387 | 768 | 2 365 | 10 226 |
| 中农发集团 | 248 | 126 435 | 208 797 | 4 | 455 | 945 | | | |

# 各地区机动渔船年末拥有量（生产渔船）

| 地　区 | 生产渔船 | | | 捕捞渔船 | | | 养殖渔船 | | |
|---|---|---|---|---|---|---|---|---|---|
| | 艘 | 总吨 | 千瓦 | 艘 | 总吨 | 千瓦 | 艘 | 总吨 | 千瓦 |
| **全国总计** | **328 952** | **8 861 311** | **15 904 746** | **228 289** | **8 462 288** | **14 247 008** | **100 663** | **399 023** | **1 657 738** |
| 北　京 | 14 | 10 170 | 13 122 | 14 | 10 170 | 13 122 | | | |
| 天　津 | 634 | 31 247 | 47 502 | 615 | 31 241 | 47 409 | 19 | 6 | 93 |
| 河　北 | 5 910 | 252 054 | 395 049 | 3 967 | 227 628 | 294 834 | 1 943 | 24 426 | 100 215 |
| 山　西 | 161 | 263 | 1 361 | 120 | 130 | 862 | 41 | 133 | 499 |
| 内蒙古 | 1 135 | 1 426 | 12 072 | 968 | 1 192 | 9 917 | 167 | 234 | 2 155 |
| 辽　宁 | 28 768 | 623 188 | 1 597 980 | 15 949 | 555 336 | 1 283 281 | 12 819 | 67 852 | 314 699 |
| 吉　林 | 4 023 | 5 582 | 64 319 | 2 617 | 3 362 | 40 163 | 1 406 | 2 220 | 24 156 |
| 黑龙江 | 9 470 | 12 773 | 91 097 | 7 264 | 9 725 | 68 336 | 2 206 | 3 048 | 22 761 |
| 上　海 | 401 | 82 622 | 118 831 | 401 | 82 622 | 118 831 | | | |
| 江　苏 | 28 338 | 372 612 | 793 718 | 21 260 | 330 373 | 660 100 | 7 078 | 42 239 | 133 618 |
| 浙　江 | 22 735 | 2 399 836 | 3 363 250 | 17 644 | 2 384 197 | 3 300 976 | 5 091 | 15 639 | 62 274 |
| 安　徽 | 4 976 | 49 451 | 69 182 | 4 205 | 46 762 | 58 176 | 771 | 2 689 | 11 006 |
| 福　建 | 45 343 | 1 621 586 | 2 663 494 | 18 358 | 1 527 989 | 2 276 055 | 26 985 | 93 597 | 387 439 |
| 江　西 | 7 719 | 27 023 | 63 846 | 2 973 | 7 938 | 17 290 | 4 746 | 19 085 | 46 556 |
| 山　东 | 53 693 | 1 074 851 | 2 121 761 | 37 954 | 1 000 675 | 1 811 655 | 15 739 | 74 176 | 310 106 |
| 河　南 | 3 489 | 16 938 | 53 683 | 2 769 | 15 144 | 44 013 | 720 | 1 794 | 9 670 |
| 湖　北 | 8 153 | 11 357 | 54 564 | 2 422 | 3 003 | 12 154 | 5 731 | 8 354 | 42 410 |
| 湖　南 | 8 975 | 14 070 | 31 394 | | | | 8 975 | 14 070 | 31 394 |
| 广　东 | 45 922 | 1 047 018 | 1 960 402 | 42 019 | 1 023 462 | 1 838 650 | 3 903 | 23 556 | 121 752 |
| 广　西 | 21 290 | 475 887 | 757 492 | 20 579 | 474 520 | 743 988 | 711 | 1 367 | 13 504 |
| 海　南 | 22 507 | 594 091 | 1 353 850 | 22 429 | 593 597 | 1 351 615 | 78 | 494 | 2 235 |
| 重　庆 | 92 | 562 | 940 | | | | 92 | 562 | 940 |
| 四　川 | 295 | 1 145 | 4 444 | | | | 295 | 1 145 | 4 444 |
| 贵　州 | 1 319 | 1 726 | 20 048 | 1 160 | 1 480 | 17 200 | 159 | 246 | 2 848 |
| 云　南 | 790 | 1 970 | 9 981 | 722 | 1 813 | 9 044 | 68 | 157 | 937 |
| 西　藏 | | | | | | | | | |
| 陕　西 | 552 | 1 272 | 6 826 | | | | 552 | 1 272 | 6 826 |
| 甘　肃 | 20 | 20 | 200 | | | | 20 | 20 | 200 |
| 青　海 | 1 112 | 982 | 11 660 | 1 008 | 765 | 8 878 | 104 | 217 | 2 782 |
| 宁　夏 | 4 | 4 | 83 | | | | 4 | 4 | 83 |
| 新　疆 | 860 | 2 695 | 12 853 | 620 | 2 274 | 10 717 | 240 | 421 | 2 136 |
| 中农发集团 | 252 | 126 890 | 209 742 | 252 | 126 890 | 209 742 | | | |

# 各地区海洋机动渔船年末拥有量

| 地区 | 2022年 | | | 2021年 | | | 2022年比2021年增减（±） | | |
|---|---|---|---|---|---|---|---|---|---|
| | 艘 | 总吨 | 千瓦 | 艘 | 总吨 | 千瓦 | 艘 | 总吨 | 千瓦 |
| **全国总计** | **204 304** | **9 644 393** | **16 498 900** | **209 848** | **9 281 621** | **16 502 614** | **−5 544** | **362 772** | **−3 714** |
| 北　京 | 14 | 10 170 | 13 122 | 14 | 10 146 | 13 122 | | 24 | |
| 天　津 | 397 | 35 642 | 56 911 | 418 | 36 794 | 64 371 | −21 | −1 152 | −7 460 |
| 河　北 | 5 635 | 268 873 | 439 749 | 5 962 | 275 611 | 457 174 | −327 | −6 738 | −17 425 |
| 辽　宁 | 27 776 | 687 416 | 1 783 625 | 25 561 | 676 446 | 1 736 461 | 2 215 | 10 970 | 47 164 |
| 上　海 | 288 | 104 035 | 151 381 | 287 | 103 881 | 152 637 | 1 | 154 | −1 256 |
| 江　苏 | 4 147 | 328 718 | 563 134 | 4 846 | 343 145 | 614 800 | −699 | −14 427 | −51 666 |
| 浙　江 | 20 590 | 2 907 616 | 4 134 142 | 22 287 | 3 005 672 | 4 364 094 | −1 697 | −98 056 | −229 952 |
| 福　建 | 43 841 | 1 917 955 | 3 052 199 | 52 082 | 1 563 221 | 2 906 103 | −8 241 | 354 734 | 146 096 |
| 山　东 | 31 465 | 1 100 269 | 2 007 517 | 31 546 | 1 075 548 | 1 960 171 | −81 | 24 721 | 47 346 |
| 广　东 | 39 579 | 1 080 780 | 2 079 412 | 35 132 | 978 488 | 1 902 721 | 4 447 | 102 292 | 176 691 |
| 广　西 | 7 694 | 470 072 | 622 043 | 7 732 | 475 829 | 621 429 | −38 | −5 757 | 614 |
| 海　南 | 22 626 | 605 957 | 1 385 923 | 23 709 | 601 339 | 1 481 019 | −1 083 | 4 618 | −95 096 |
| 中农发集团 | 252 | 126 890 | 209 742 | 272 | 135 501 | 228 512 | −20 | −8 611 | −18 770 |

# 各地区海洋机动渔船年末拥有量（按船长分）

| 地区 | 24米（含）以上 | | | 12（含）~24米 | | | 12米以下 | | |
|---|---|---|---|---|---|---|---|---|---|
| | 艘 | 总吨 | 千瓦 | 艘 | 总吨 | 千瓦 | 艘 | 总吨 | 千瓦 |
| **全国总计** | **35 002** | **7 946 029** | **11 456 202** | **29 177** | **1 084 894** | **2 695 412** | **140 125** | **613 470** | **2 347 286** |
| 北　京 | 14 | 10 170 | 13 122 | | | | | | |
| 天　津 | 119 | 26 345 | 37 688 | 190 | 7 904 | 17 247 | 88 | 1 393 | 1 976 |
| 河　北 | 1 214 | 189 830 | 227 445 | 1 865 | 54 802 | 136 571 | 2 556 | 24 241 | 75 733 |
| 辽　宁 | 2 990 | 423 335 | 872 247 | 5 025 | 190 349 | 530 617 | 19 761 | 73 732 | 380 761 |
| 上　海 | 255 | 102 802 | 146 909 | 28 | 1 211 | 4 125 | 5 | 22 | 347 |
| 江　苏 | 2 546 | 287 192 | 474 489 | 1 126 | 35 903 | 73 835 | 475 | 5 623 | 14 810 |
| 浙　江 | 11 496 | 2 816 074 | 3 903 840 | 1 632 | 61 941 | 134 230 | 7 462 | 29 601 | 96 072 |
| 福　建 | 5 493 | 1 697 689 | 2 275 883 | 3 798 | 116 028 | 355 809 | 34 550 | 104 238 | 420 507 |
| 山　东 | 4 908 | 883 204 | 1 361 666 | 4 816 | 134 433 | 338 847 | 21 741 | 82 632 | 307 004 |
| 广　东 | 2 845 | 725 076 | 1 031 010 | 5 609 | 246 751 | 518 143 | 31 125 | 108 953 | 530 259 |
| 广　西 | 1 604 | 403 259 | 474 506 | 536 | 39 627 | 81 443 | 5 554 | 27 186 | 66 094 |
| 海　南 | 1 270 | 254 618 | 428 600 | 4 548 | 195 490 | 503 600 | 16 808 | 155 849 | 453 723 |
| 中农发集团 | 248 | 126 435 | 208 797 | 4 | 455 | 945 | | | |

# 各地区海洋机动渔船年末拥有量（生产渔船）

| 地　区 | 生产渔船 | | | 捕捞渔船 | | | 养殖渔船 | | |
|---|---|---|---|---|---|---|---|---|---|
| | 艘 | 总吨 | 千瓦 | 艘 | 总吨 | 千瓦 | 艘 | 总吨 | 千瓦 |
| **全国总计** | **194 530** | **8 467 631** | **14 342 155** | **129 063** | **8 146 665** | **13 007 341** | **65 467** | **320 966** | **1 334 814** |
| 北　京 | 14 | 10 170 | 13 122 | 14 | 10 170 | 13 122 | | | |
| 天　津 | 340 | 31 159 | 42 989 | 340 | 31 159 | 42 989 | | | |
| 河　北 | 5 166 | 250 666 | 382 167 | 3 266 | 226 314 | 282 569 | 1 900 | 24 352 | 99 598 |
| 辽　宁 | 26 887 | 617 544 | 1 575 161 | 14 310 | 550 732 | 1 264 102 | 12 577 | 66 812 | 311 059 |
| 上　海 | 245 | 82 437 | 117 579 | 245 | 82 437 | 117 579 | | | |
| 江　苏 | 3 937 | 304 787 | 482 178 | 3 608 | 278 742 | 424 017 | 329 | 26 045 | 58 161 |
| 浙　江 | 18 509 | 2 388 631 | 3 313 503 | 14 025 | 2 375 254 | 3 259 145 | 4 484 | 13 377 | 54 358 |
| 福　建 | 42 284 | 1 618 734 | 2 646 269 | 15 464 | 1 525 394 | 2 260 262 | 26 820 | 93 340 | 386 007 |
| 山　东 | 31 061 | 979 513 | 1 821 283 | 15 653 | 905 731 | 1 516 724 | 15 408 | 73 782 | 304 559 |
| 广　东 | 36 576 | 1 003 953 | 1 819 967 | 32 758 | 981 488 | 1 703 266 | 3 818 | 22 465 | 116 701 |
| 广　西 | 6 832 | 459 292 | 565 097 | 6 779 | 458 993 | 562 961 | 53 | 299 | 2 136 |
| 海　南 | 22 427 | 593 855 | 1 353 098 | 22 349 | 593 361 | 1 350 863 | 78 | 494 | 2 235 |
| 中农发集团 | 252 | 126 890 | 209 742 | 252 | 126 890 | 209 742 | | | |

# 各地区内陆机动渔船年末拥有量

| 地　区 | 2022 年 | | | 2021 年 | | | 2022 年比 2021 年增减（±） | | |
|---|---|---|---|---|---|---|---|---|---|
| | 艘 | 总吨 | 千瓦 | 艘 | 总吨 | 千瓦 | 艘 | 总吨 | 千瓦 |
| **全国总计** | **138 114** | **429 228** | **1 871 282** | **147 146** | **493 162** | **1 949 375** | **-9 032** | **-63 934** | **-78 093** |
| 北　京 | 18 | 90 | 1 249 | 20 | 70 | 1 358 | -2 | 20 | -109 |
| 天　津 | 298 | 106 | 4 726 | 1 022 | 580 | 3 581 | -724 | -474 | 1 145 |
| 河　北 | 761 | 1 555 | 15 118 | 1 229 | 2 272 | 27 165 | -468 | -717 | -12 047 |
| 山　西 | 165 | 282 | 1 817 | 168 | 341 | 2 201 | -3 | -59 | -384 |
| 内蒙古 | 1 195 | 2 181 | 18 022 | 1 222 | 2 165 | 18 480 | -27 | 16 | -458 |
| 辽　宁 | 1 924 | 6 373 | 27 219 | 1 731 | 5 049 | 17 596 | 193 | 1 324 | 9 623 |
| 吉　林 | 4 149 | 7 147 | 73 029 | 4 163 | 7 158 | 72 773 | -14 | -11 | 256 |
| 黑龙江 | 9 626 | 16 001 | 109 076 | 9 923 | 16 698 | 110 753 | -297 | -697 | -1 677 |
| 上　海 | 224 | 3 313 | 30 030 | 251 | 3 129 | 29 404 | -27 | 184 | 626 |
| 江　苏 | 25 226 | 72 310 | 338 433 | 25 896 | 75 449 | 355 578 | -670 | -3 139 | -17 145 |
| 浙　江 | 4 435 | 12 624 | 59 842 | 4 823 | 13 580 | 63 747 | -388 | -956 | -3 905 |
| 安　徽 | 5 309 | 52 348 | 102 495 | 6 293 | 74 497 | 103 101 | -984 | -22 149 | -606 |
| 福　建 | 3 079 | 2 943 | 18 651 | 3 116 | 3 545 | 20 389 | -37 | -602 | -1 738 |
| 江　西 | 7 847 | 28 382 | 77 939 | 8 267 | 29 465 | 80 295 | -420 | -1 083 | -2 356 |
| 山　东 | 22 693 | 96 501 | 306 375 | 23 025 | 95 312 | 312 224 | -332 | 1 189 | -5 849 |
| 河　南 | 3 610 | 18 084 | 62 458 | 3 767 | 18 411 | 64 640 | -157 | -327 | -2 182 |
| 湖　北 | 8 418 | 13 501 | 83 033 | 8 772 | 13 806 | 83 724 | -354 | -305 | -691 |
| 湖　南 | 9 384 | 16 412 | 54 129 | 9 471 | 16 486 | 51 871 | -87 | -74 | 2 258 |
| 广　东 | 9 496 | 46 015 | 156 828 | 13 550 | 82 448 | 205 887 | -4 054 | -36 433 | -49 059 |
| 广　西 | 14 589 | 17 667 | 205 019 | 14 684 | 17 646 | 205 872 | -95 | 21 | -853 |
| 海　南 | 80 | 236 | 752 | 34 | 110 | 233 | 46 | 126 | 519 |
| 重　庆 | 206 | 1 463 | 10 835 | 151 | 1 164 | 9 775 | 55 | 299 | 1 060 |
| 四　川 | 421 | 1 976 | 16 749 | 558 | 1 884 | 14 559 | -137 | 92 | 2 190 |
| 贵　州 | 1 422 | 3 033 | 32 279 | 1 447 | 3 014 | 31 211 | -25 | 19 | 1 068 |
| 云　南 | 893 | 2 896 | 25 443 | 881 | 2 881 | 22 172 | 12 | 15 | 3 271 |
| 西　藏 | | | | | | | | | |
| 陕　西 | 568 | 1 324 | 8 097 | 575 | 1 404 | 8 276 | -7 | -80 | -179 |
| 甘　肃 | 31 | 81 | 1 334 | 34 | 88 | 1 462 | -3 | -7 | -128 |
| 青　海 | 1 127 | 1 198 | 13 789 | 1 127 | 1 198 | 13 789 | | | |
| 宁　夏 | 22 | 96 | 1 503 | 26 | 122 | 1 843 | -4 | -26 | -340 |
| 新　疆 | 898 | 3 090 | 15 013 | 920 | 3 190 | 15 416 | -22 | -100 | -403 |

## 各地区内陆机动渔船年末拥有量（按船长分）

| 地　区 | 24米（含）以上 | | | 12（含）~24米 | | | 12米以下 | | |
|---|---|---|---|---|---|---|---|---|---|
| | 艘 | 总吨 | 千瓦 | 艘 | 总吨 | 千瓦 | 艘 | 总吨 | 千瓦 |
| **全国总计** | **396** | **18 308** | **86 265** | **5 864** | **101 732** | **237 377** | **131 854** | **309 188** | **1 547 640** |
| 北　京 | | | | 4 | 40 | 422 | 14 | 50 | 827 |
| 天　津 | | | | | | | 298 | 106 | 4 726 |
| 河　北 | 1 | 81 | 470 | 4 | 41 | 509 | 756 | 1 433 | 14 139 |
| 山　西 | | | | 13 | 47 | 237 | 152 | 235 | 1 580 |
| 内蒙古 | | | | 19 | 531 | 1 464 | 1 176 | 1 650 | 16 558 |
| 辽　宁 | 6 | 807 | 528 | 109 | 1 448 | 9 158 | 1 809 | 4 118 | 17 533 |
| 吉　林 | 8 | 806 | 1 784 | 336 | 1 663 | 9 621 | 3 805 | 4 678 | 61 624 |
| 黑龙江 | 20 | 2 278 | 5 835 | 125 | 1 123 | 6 695 | 9 481 | 12 600 | 96 546 |
| 上　海 | 9 | 1 579 | 6 100 | 19 | 1 324 | 12 382 | 196 | 410 | 11 548 |
| 江　苏 | 80 | 5 789 | 11 214 | 1 557 | 21 094 | 49 077 | 23 589 | 45 427 | 278 142 |
| 浙　江 | 15 | 432 | 750 | 72 | 1 694 | 5 527 | 4 348 | 10 498 | 53 565 |
| 安　徽 | 11 | 829 | 3 316 | 373 | 19 804 | 22 505 | 4 925 | 31 715 | 76 674 |
| 福　建 | | | | 39 | 168 | 486 | 3 040 | 2 775 | 18 165 |
| 江　西 | 8 | 579 | 2 064 | 310 | 3 044 | 8 798 | 7 529 | 24 759 | 67 077 |
| 山　东 | 1 | 50 | 316 | 80 | 100 | 2 338 | 22 612 | 96 351 | 303 721 |
| 河　南 | 12 | 904 | 2 300 | 985 | 11 562 | 18 336 | 2 613 | 5 618 | 41 822 |
| 湖　北 | 4 | 294 | 1 825 | 382 | 1 943 | 12 384 | 8 032 | 11 264 | 68 824 |
| 湖　南 | 5 | 149 | 1 086 | 703 | 1 591 | 12 569 | 8 676 | 14 672 | 40 474 |
| 广　东 | 193 | 2 334 | 40 469 | 217 | 30 248 | 36 428 | 9 086 | 13 433 | 79 931 |
| 广　西 | 2 | 47 | 549 | 142 | 820 | 6 903 | 14 445 | 16 800 | 197 567 |
| 海　南 | | | | | | | 80 | 236 | 752 |
| 重　庆 | 3 | 180 | 1 595 | 81 | 903 | 5 287 | 122 | 380 | 3 953 |
| 四　川 | 5 | 330 | 1 148 | 32 | 565 | 1 562 | 384 | 1 081 | 14 039 |
| 贵　州 | 3 | 282 | 417 | 87 | 725 | 5 921 | 1 332 | 2 026 | 25 941 |
| 云　南 | 8 | 450 | 4 099 | 17 | 328 | 3 044 | 868 | 2 118 | 18 300 |
| 西　藏 | | | | | | | | | |
| 陕　西 | | | | 27 | 294 | 1 028 | 541 | 1 030 | 7 069 |
| 甘　肃 | | | | 3 | 15 | 309 | 28 | 66 | 1 025 |
| 青　海 | | | | | | | 1 127 | 1 198 | 13 789 |
| 宁　夏 | | | | | | | 22 | 96 | 1 503 |
| 新　疆 | 2 | 108 | 400 | 128 | 617 | 4 387 | 768 | 2 365 | 10 226 |

# 各地区内陆机动渔船年末拥有量（生产渔船）

| 地区 | 生产渔船 | | | 捕捞渔船 | | | 养殖渔船 | | |
|---|---|---|---|---|---|---|---|---|---|
| | 艘 | 总吨 | 千瓦 | 艘 | 总吨 | 千瓦 | 艘 | 总吨 | 千瓦 |
| **全国总计** | **134 422** | **393 680** | **1 562 591** | **99 226** | **315 623** | **1 239 667** | **35 196** | **78 057** | **322 924** |
| 北　京 | | | | | | | | | |
| 天　津 | 294 | 88 | 4 513 | 275 | 82 | 4 420 | 19 | 6 | 93 |
| 河　北 | 744 | 1 388 | 12 882 | 701 | 1 314 | 12 265 | 43 | 74 | 617 |
| 山　西 | 161 | 263 | 1 361 | 120 | 130 | 862 | 41 | 133 | 499 |
| 内蒙古 | 1 135 | 1 426 | 12 072 | 968 | 1 192 | 9 917 | 167 | 234 | 2 155 |
| 辽　宁 | 1 881 | 5 644 | 22 819 | 1 639 | 4 604 | 19 179 | 242 | 1 040 | 3 640 |
| 吉　林 | 4 023 | 5 582 | 64 319 | 2 617 | 3 362 | 40 163 | 1 406 | 2 220 | 24 156 |
| 黑龙江 | 9 470 | 12 773 | 91 097 | 7 264 | 9 725 | 68 336 | 2 206 | 3 048 | 22 761 |
| 上　海 | 156 | 185 | 1 252 | 156 | 185 | 1 252 | | | |
| 江　苏 | 24 401 | 67 825 | 311 540 | 17 652 | 51 631 | 236 083 | 6 749 | 16 194 | 75 457 |
| 浙　江 | 4 226 | 11 205 | 49 747 | 3 619 | 8 943 | 41 831 | 607 | 2 262 | 7 916 |
| 安　徽 | 4 976 | 49 451 | 69 182 | 4 205 | 46 762 | 58 176 | 771 | 2 689 | 11 006 |
| 福　建 | 3 059 | 2 852 | 17 225 | 2 894 | 2 595 | 15 793 | 165 | 257 | 1 432 |
| 江　西 | 7 719 | 27 023 | 63 846 | 2 973 | 7 938 | 17 290 | 4 746 | 19 085 | 46 556 |
| 山　东 | 22 632 | 95 338 | 300 478 | 22 301 | 94 944 | 294 931 | 331 | 394 | 5 547 |
| 河　南 | 3 489 | 16 938 | 53 683 | 2 769 | 15 144 | 44 013 | 720 | 1 794 | 9 670 |
| 湖　北 | 8 153 | 11 357 | 54 564 | 2 422 | 3 003 | 12 154 | 5 731 | 8 354 | 42 410 |
| 湖　南 | 8 975 | 14 070 | 31 394 | | | | 8 975 | 14 070 | 31 394 |
| 广　东 | 9 346 | 43 065 | 140 435 | 9 261 | 41 974 | 135 384 | 85 | 1 091 | 5 051 |
| 广　西 | 14 458 | 16 595 | 192 395 | 13 800 | 15 527 | 181 027 | 658 | 1 068 | 11 368 |
| 海　南 | 80 | 236 | 752 | 80 | 236 | 752 | | | |
| 重　庆 | 92 | 562 | 940 | | | | 92 | 562 | 940 |
| 四　川 | 295 | 1 145 | 4 444 | | | | 295 | 1 145 | 4 444 |
| 贵　州 | 1 319 | 1 726 | 20 048 | 1 160 | 1 480 | 17 200 | 159 | 246 | 2 848 |
| 云　南 | 790 | 1 970 | 9 981 | 722 | 1 813 | 9 044 | 68 | 157 | 937 |
| 西　藏 | | | | | | | | | |
| 陕　西 | 552 | 1 272 | 6 826 | | | | 552 | 1 272 | 6 826 |
| 甘　肃 | 20 | 20 | 200 | | | | 20 | 20 | 200 |
| 青　海 | 1 112 | 982 | 11 660 | 1 008 | 765 | 8 878 | 104 | 217 | 2 782 |
| 宁　夏 | 4 | 4 | 83 | | | | 4 | 4 | 83 |
| 新　疆 | 860 | 2 695 | 12 853 | 620 | 2 274 | 10 717 | 240 | 421 | 2 136 |

# 各地区捕捞机动渔船年末拥有量（按功率分）

| 地　区 | 44.1千瓦以下 | | | 44.1（含）~441千瓦 | | | 441千瓦（含）以上 | | |
|---|---|---|---|---|---|---|---|---|---|
| | 艘 | 总吨 | 千瓦 | 艘 | 总吨 | 千瓦 | 艘 | 总吨 | 千瓦 |
| 全国总计 | 180 048 | 784 149 | 2 475 364 | 44 803 | 5 742 690 | 8 679 685 | 3 438 | 1 935 449 | 3 091 959 |
| 北　京 | | | | 6 | 788 | 1 480 | 8 | 9 382 | 11 642 |
| 天　津 | 420 | 3 880 | 6 481 | 188 | 23 054 | 34 642 | 7 | 4 307 | 6 286 |
| 河　北 | 2 292 | 19 697 | 35 779 | 1 672 | 207 179 | 257 732 | 3 | 752 | 1 323 |
| 山　西 | 120 | 130 | 862 | | | | | | |
| 内蒙古 | 968 | 1 192 | 9 917 | | | | | | |
| 辽　宁 | 10 548 | 77 671 | 168 509 | 4 914 | 367 786 | 781 897 | 487 | 109 879 | 332 875 |
| 吉　林 | 2 566 | 3 228 | 37 570 | 51 | 134 | 2 593 | | | |
| 黑龙江 | 7 260 | 9 704 | 68 070 | 4 | 21 | 266 | | | |
| 上　海 | 162 | 295 | 1 542 | 167 | 24 763 | 34 825 | 72 | 57 564 | 82 464 |
| 江　苏 | 18 569 | 62 786 | 246 908 | 2 688 | 266 102 | 411 844 | 3 | 1 485 | 1 348 |
| 浙　江 | 7 228 | 38 634 | 100 030 | 9 711 | 1 868 794 | 2 490 569 | 705 | 476 769 | 710 377 |
| 安　徽 | 4 146 | 44 133 | 51 151 | 59 | 2 629 | 7 025 | | | |
| 福　建 | 11 826 | 36 127 | 135 975 | 5 939 | 1 035 164 | 1 459 647 | 593 | 456 698 | 680 433 |
| 江　西 | 2 973 | 7 938 | 17 290 | | | | | | |
| 山　东 | 31 358 | 154 371 | 425 871 | 6 247 | 612 255 | 976 790 | 349 | 234 049 | 408 994 |
| 河　南 | 2 735 | 15 020 | 42 327 | 34 | 124 | 1 686 | | | |
| 湖　北 | 2 420 | 3 000 | 12 004 | 2 | 3 | 150 | | | |
| 湖　南 | | | | | | | | | |
| 广　东 | 35 078 | 131 549 | 475 182 | 6 439 | 642 524 | 971 016 | 502 | 249 389 | 392 452 |
| 广　西 | 18 736 | 42 119 | 236 717 | 1 735 | 385 089 | 456 821 | 108 | 47 312 | 50 450 |
| 海　南 | 17 146 | 126 724 | 361 332 | 4 879 | 295 074 | 766 380 | 404 | 171 799 | 223 903 |
| 重　庆 | | | | | | | | | |
| 四　川 | | | | | | | | | |
| 贵　州 | 1 159 | 1 444 | 17 134 | 1 | 36 | 66 | | | |
| 云　南 | 720 | 1 772 | 8 735 | 2 | 41 | 309 | | | |
| 西　藏 | | | | | | | | | |
| 陕　西 | | | | | | | | | |
| 甘　肃 | | | | | | | | | |
| 青　海 | 1 008 | 765 | 8 878 | | | | | | |
| 宁　夏 | | | | | | | | | |
| 新　疆 | 610 | 1 970 | 7 100 | 10 | 304 | 3 617 | | | |
| 中农发集团 | | | | 55 | 10 826 | 20 330 | 197 | 116 064 | 189 412 |

# 各地区海洋捕捞机动渔船基本情况

| 地　　区 | 合　计 | | 1. 国内海洋捕捞 | | 2. 远洋渔船 | |
|---|---|---|---|---|---|---|
| | 艘 | 千瓦 | 艘 | 千瓦 | 艘 | 千瓦 |
| **全国总计** | **129 063** | **13 007 341** | **126 512** | **10 133 976** | **2 551** | **2 873 365** |
| 北　京 | 14 | 13 122 | | | 14 | 13 122 |
| 天　津 | 340 | 42 989 | 325 | 34 553 | 15 | 8 436 |
| 河　北 | 3 266 | 282 569 | 3 243 | 255 990 | 23 | 26 579 |
| 辽　宁 | 14 310 | 1 264 102 | 14 023 | 960 152 | 287 | 303 950 |
| 上　海 | 245 | 117 579 | 177 | 36 904 | 68 | 80 675 |
| 江　苏 | 3 608 | 424 017 | 3 565 | 401 033 | 43 | 22 984 |
| 浙　江 | 14 025 | 3 259 145 | 13 413 | 2 530 903 | 612 | 728 242 |
| 福　建 | 15 464 | 2 260 262 | 14 991 | 1 696 137 | 473 | 564 125 |
| 山　东 | 15 653 | 1 516 724 | 15 156 | 850 337 | 497 | 666 387 |
| 广　东 | 32 758 | 1 703 266 | 32 510 | 1 480 731 | 248 | 222 535 |
| 广　西 | 6 779 | 562 961 | 6 760 | 536 373 | 19 | 26 588 |
| 海　南 | 22 349 | 1 350 863 | 22 349 | 1 350 863 | | |
| 中农发集团 | 252 | 209 742 | | | 252 | 209 742 |

# 各地区海洋捕捞机动渔船年末拥有量（按功率分）

| 地　　区 | 44.1 千瓦以下 | | | 44.1（含）~441 千瓦 | | | 441 千瓦（含）以上 | | |
|---|---|---|---|---|---|---|---|---|---|
| | 艘 | 总吨 | 千瓦 | 艘 | 总吨 | 千瓦 | 艘 | 总吨 | 千瓦 |
| **全国总计** | **81 289** | **505 929** | **1 334 643** | **44 381** | **5 721 471** | **8 620 645** | **3 393** | **1 919 265** | **3 052 053** |
| 北　京 | | | | 6 | 788 | 1 480 | 8 | 9 382 | 11 642 |
| 天　津 | 145 | 3 798 | 2 061 | 188 | 23 054 | 34 642 | 7 | 4 307 | 6 286 |
| 河　北 | 1 591 | 18 383 | 23 514 | 1 672 | 207 179 | 257 732 | 3 | 752 | 1 323 |
| 辽　宁 | 8 976 | 74 802 | 157 378 | 4 848 | 366 060 | 774 344 | 486 | 109 870 | 332 380 |
| 上　海 | 6 | 110 | 290 | 167 | 24 763 | 34 825 | 72 | 57 564 | 82 464 |
| 江　苏 | 1 036 | 17 413 | 23 266 | 2 569 | 259 844 | 399 403 | 3 | 1 485 | 1 348 |
| 浙　江 | 3 618 | 29 948 | 58 981 | 9 702 | 1 868 537 | 2 489 787 | 705 | 476 769 | 710 377 |
| 福　建 | 8 932 | 33 532 | 120 182 | 5 939 | 1 035 164 | 1 459 647 | 593 | 456 698 | 680 433 |
| 山　东 | 9 060 | 59 456 | 131 158 | 6 244 | 612 226 | 976 572 | 349 | 234 049 | 408 994 |
| 广　东 | 25 923 | 115 407 | 401 543 | 6 377 | 632 867 | 948 682 | 458 | 233 214 | 353 041 |
| 广　西 | 4 936 | 26 592 | 55 690 | 1 735 | 385 089 | 456 821 | 108 | 47 312 | 50 450 |
| 海　南 | 17 066 | 126 488 | 360 580 | 4 879 | 295 074 | 766 380 | 404 | 171 799 | 223 903 |
| 中农发集团 | | | | 55 | 10 826 | 20 330 | 197 | 116 064 | 189 412 |

## 各地区海洋捕捞机动渔船年末拥有量（按作业类型分）（一）

| 地　区 | 拖　网 | | | 围　网 | | | 刺　网 | | |
|---|---|---|---|---|---|---|---|---|---|
| | 艘 | 总吨 | 千瓦 | 艘 | 总吨 | 千瓦 | 艘 | 总吨 | 千瓦 |
| **全国总计** | **22 566** | **3 142 550** | **5 161 267** | **5 720** | **1 216 953** | **1 602 214** | **74 467** | **2 032 422** | **3 638 344** |
| 北　京 | | | | | | | | | |
| 天　津 | 20 | 4 704 | 7 728 | 9 | 4 608 | 3 536 | 293 | 16 194 | 22 993 |
| 河　北 | 157 | 34 056 | 51 869 | 45 | 16 596 | 15 861 | 3 058 | 173 065 | 213 195 |
| 辽　宁 | 3 489 | 207 763 | 572 171 | 13 | 1 404 | 3 971 | 8 561 | 288 134 | 577 400 |
| 上　海 | 192 | 44 470 | 64 700 | 11 | 17 957 | 28 634 | | | |
| 江　苏 | 354 | 34 069 | 56 494 | 12 | 5 434 | 4 815 | 2 184 | 124 996 | 226 852 |
| 浙　江 | 4 918 | 958 969 | 1 437 327 | 346 | 131 704 | 177 405 | 5 301 | 527 534 | 638 283 |
| 福　建 | 2 243 | 456 901 | 728 054 | 1 594 | 634 101 | 777 615 | 6 871 | 187 429 | 378 670 |
| 山　东 | 4 724 | 454 755 | 790 104 | 382 | 109 416 | 148 985 | 7 775 | 184 472 | 326 882 |
| 广　东 | 3 207 | 400 839 | 648 574 | 1 138 | 152 760 | 206 768 | 22 672 | 240 456 | 535 986 |
| 广　西 | 1 688 | 375 786 | 442 335 | 208 | 1 467 | 8 590 | 4 173 | 22 481 | 50 197 |
| 海　南 | 1 450 | 114 757 | 263 859 | 1 957 | 133 666 | 212 870 | 13 579 | 267 661 | 667 886 |
| 中农发集团 | 124 | 55 481 | 98 052 | 5 | 7 840 | 13 164 | | | |

## 各地区海洋捕捞机动渔船年末拥有量（按作业类型分）（二）

| 地　区 | 张　网 | | | 钓　业 | | | 其　他 | | |
|---|---|---|---|---|---|---|---|---|---|
| | 艘 | 总吨 | 千瓦 | 艘 | 总吨 | 千瓦 | 艘 | 总吨 | 千瓦 |
| **全国总计** | **8 324** | **349 804** | **490 927** | **10 487** | **1 090 469** | **1 646 297** | **7 499** | **314 467** | **468 292** |
| 北　京 | 6 | 788 | 1 480 | 8 | 9 382 | 11 642 | | | |
| 天　津 | 12 | 2 010 | 3 914 | 2 | 3 192 | 3 824 | 4 | 451 | 994 |
| 河　北 | | | | 6 | 2 597 | 1 644 | | | |
| 辽　宁 | 1 223 | 15 260 | 19 593 | 600 | 33 609 | 75 014 | 424 | 4 562 | 15 953 |
| 上　海 | 19 | 496 | 1 456 | 23 | 19 514 | 22 789 | | | |
| 江　苏 | 995 | 109 345 | 130 111 | 1 | 25 | 29 | 62 | 4 873 | 5 716 |
| 浙　江 | 1 661 | 178 461 | 226 133 | 1 106 | 453 768 | 627 646 | 693 | 124 818 | 152 351 |
| 福　建 | 1 596 | 26 020 | 60 431 | 1 350 | 181 353 | 233 650 | 1 810 | 39 590 | 81 842 |
| 山　东 | 1 695 | 10 522 | 26 178 | 878 | 134 778 | 209 501 | 199 | 11 788 | 15 074 |
| 广　东 | 184 | 2 331 | 5 069 | 3 096 | 145 703 | 235 428 | 2 461 | 39 399 | 71 441 |
| 广　西 | | | | 267 | 1 111 | 1 181 | 443 | 58 148 | 60 658 |
| 海　南 | 933 | 4 571 | 16 562 | 3 027 | 41 868 | 125 423 | 1 403 | 30 838 | 64 263 |
| 中农发集团 | | | | 123 | 63 569 | 98 526 | | | |

# 各地区内陆捕捞机动渔船年末拥有量（按功率分）

| 地　　区 | 44.1千瓦以下 | | | 44.1（含）~441千瓦 | | | 441千瓦（含）以上 | | |
|---|---|---|---|---|---|---|---|---|---|
| | 艘 | 总吨 | 千瓦 | 艘 | 总吨 | 千瓦 | 艘 | 总吨 | 千瓦 |
| **全国总计** | **98 759** | **278 220** | **1 140 721** | **422** | **21 219** | **59 040** | **45** | **16 184** | **39 906** |
| 北　　京 | | | | | | | | | |
| 天　　津 | 275 | 82 | 4 420 | | | | | | |
| 河　　北 | 701 | 1 314 | 12 265 | | | | | | |
| 山　　西 | 120 | 130 | 862 | | | | | | |
| 内 蒙 古 | 968 | 1 192 | 9 917 | | | | | | |
| 辽　　宁 | 1 572 | 2 869 | 11 131 | 66 | 1 726 | 7 553 | 1 | 9 | 495 |
| 吉　　林 | 2 566 | 3 228 | 37 570 | 51 | 134 | 2 593 | | | |
| 黑 龙 江 | 7 260 | 9 704 | 68 070 | 4 | 21 | 266 | | | |
| 上　　海 | 156 | 185 | 1 252 | | | | | | |
| 江　　苏 | 17 533 | 45 373 | 223 642 | 119 | 6 258 | 12 441 | | | |
| 浙　　江 | 3 610 | 8 686 | 41 049 | 9 | 257 | 782 | | | |
| 安　　徽 | 4 146 | 44 133 | 51 151 | 59 | 2 629 | 7 025 | | | |
| 福　　建 | 2 894 | 2 595 | 15 793 | | | | | | |
| 江　　西 | 2 973 | 7 938 | 17 290 | | | | | | |
| 山　　东 | 22 298 | 94 915 | 294 713 | 3 | 29 | 218 | | | |
| 河　　南 | 2 735 | 15 020 | 42 327 | 34 | 124 | 1 686 | | | |
| 湖　　北 | 2 420 | 3 000 | 12 004 | 2 | 3 | 150 | | | |
| 湖　　南 | | | | | | | | | |
| 广　　东 | 9 155 | 16 142 | 73 639 | 62 | 9 657 | 22 334 | 44 | 16 175 | 39 411 |
| 广　　西 | 13 800 | 15 527 | 181 027 | | | | | | |
| 海　　南 | 80 | 236 | 752 | | | | | | |
| 重　　庆 | | | | | | | | | |
| 四　　川 | | | | | | | | | |
| 贵　　州 | 1 159 | 1 444 | 17 134 | 1 | 36 | 66 | | | |
| 云　　南 | 720 | 1 772 | 8 735 | 2 | 41 | 309 | | | |
| 西　　藏 | | | | | | | | | |
| 陕　　西 | | | | | | | | | |
| 甘　　肃 | | | | | | | | | |
| 青　　海 | 1 008 | 765 | 8 878 | | | | | | |
| 宁　　夏 | | | | | | | | | |
| 新　　疆 | 610 | 1 970 | 7 100 | 10 | 304 | 3 617 | | | |

# 各地区远洋渔船年末拥有量

| 地　区 | 2022 年 | | 2021 年 | | 2022 年比 2021 年增减（±） | |
|---|---|---|---|---|---|---|
| | 艘 | 千瓦 | 艘 | 千瓦 | 艘 | 千瓦 |
| **全国总计** | **2 551** | **2 873 365** | **2 559** | **2 971 252** | **−8** | **−97 887** |
| 北　京 | 14 | 13 122 | 14 | 13 122 | | |
| 天　津 | 15 | 8 436 | 15 | 8 436 | | |
| 河　北 | 23 | 26 579 | 23 | 26 579 | | |
| 辽　宁 | 287 | 303 950 | 286 | 309 030 | 1 | −5 080 |
| 上　海 | 68 | 80 675 | 73 | 80 674 | −5 | 1 |
| 江　苏 | 43 | 22 984 | 42 | 15 866 | 1 | 7 118 |
| 浙　江 | 612 | 728 242 | 613 | 710 404 | −1 | 17 838 |
| 福　建 | 473 | 564 125 | 472 | 625 507 | 1 | −61 382 |
| 山　东 | 497 | 666 387 | 493 | 703 887 | 4 | −37 500 |
| 广　东 | 248 | 222 535 | 237 | 222 647 | 11 | −112 |
| 广　西 | 19 | 26 588 | 19 | 26 588 | | |
| 海　南 | | | | | | |
| 中农发集团 | 252 | 209 742 | 272 | 228 512 | −20 | −18 770 |

# 各地区辅助渔船年末拥有量

| 地 区 | 合 计 | | | 其 中 | | | | | |
|---|---|---|---|---|---|---|---|---|---|
| | | | | 捕捞辅助船 | | | 渔业执法船 | | |
| | 艘 | 总吨 | 千瓦 | 艘 | 总吨 | 千瓦 | 艘 | 总吨 | 千瓦 |
| **全国总计** | **13 466** | **1 212 310** | **2 465 436** | **9 642** | **1 118 863** | **1 697 567** | **2 944** | **83 414** | **735 326** |
| 北 京 | 18 | 90 | 1 249 | | | | 18 | 90 | 1 249 |
| 天 津 | 61 | 4 501 | 14 135 | 53 | 3 497 | 9 714 | 5 | 1 004 | 4 421 |
| 河 北 | 486 | 18 374 | 59 818 | 454 | 16 397 | 51 351 | 25 | 1 615 | 7 835 |
| 山 西 | 4 | 19 | 456 | | | | 4 | 19 | 456 |
| 内 蒙 古 | 60 | 755 | 5 950 | 12 | 278 | 690 | 48 | 477 | 5 260 |
| 辽 宁 | 932 | 70 601 | 212 864 | 849 | 62 019 | 164 849 | 82 | 8 484 | 47 997 |
| 吉 林 | 126 | 1 565 | 8 710 | 22 | 27 | 128 | 92 | 1 467 | 8 357 |
| 黑 龙 江 | 156 | 3 228 | 17 979 | | | | 121 | 3 146 | 16 553 |
| 上 海 | 111 | 24 726 | 62 580 | 26 | 18 996 | 23 132 | 25 | 5 730 | 39 448 |
| 江 苏 | 1 035 | 28 416 | 107 849 | 795 | 22 337 | 51 459 | 240 | 6 079 | 56 390 |
| 浙 江 | 2 290 | 520 404 | 830 734 | 1 912 | 502 539 | 689 832 | 175 | 15 635 | 136 226 |
| 安 徽 | 333 | 2 897 | 33 313 | 62 | 267 | 3 951 | 271 | 2 630 | 29 362 |
| 福 建 | 1 577 | 299 312 | 407 356 | 1 257 | 292 677 | 354 036 | 85 | 5 271 | 47 968 |
| 江 西 | 128 | 1 359 | 14 093 | | | | 118 | 1 333 | 14 064 |
| 山 东 | 465 | 121 919 | 192 131 | 328 | 112 614 | 125 199 | 124 | 8 697 | 65 604 |
| 河 南 | 121 | 1 146 | 8 775 | | | | 121 | 1 146 | 8 775 |
| 湖 北 | 265 | 2 144 | 28 469 | 37 | 25 | 322 | 228 | 2 119 | 28 147 |
| 湖 南 | 409 | 2 342 | 22 735 | | | | 252 | 1 598 | 18 564 |
| 广 东 | 3 153 | 79 777 | 275 838 | 2 812 | 69 566 | 182 840 | 223 | 5 978 | 81 880 |
| 广 西 | 993 | 11 852 | 69 570 | 836 | 6 073 | 16 793 | 149 | 5 656 | 51 882 |
| 海 南 | 199 | 12 102 | 32 825 | 179 | 11 368 | 23 017 | 20 | 734 | 9 808 |
| 重 庆 | 114 | 901 | 9 895 | | | | 114 | 901 | 9 895 |
| 四 川 | 126 | 831 | 12 305 | | | | 119 | 804 | 12 066 |
| 贵 州 | 103 | 1 307 | 12 231 | 1 | 5 | 63 | 99 | 1 248 | 10 095 |
| 云 南 | 103 | 926 | 15 462 | 2 | 24 | 22 | 101 | 902 | 15 440 |
| 西 藏 | | | | | | | | | |
| 陕 西 | 16 | 52 | 1 271 | | | | 10 | 41 | 1 211 |
| 甘 肃 | 11 | 61 | 1 134 | | | | 9 | 61 | 833 |
| 青 海 | 15 | 216 | 2 129 | | | | 15 | 216 | 2 129 |
| 宁 夏 | 18 | 92 | 1 420 | | | | 18 | 92 | 1 420 |
| 新 疆 | 38 | 395 | 2 160 | 5 | 154 | 169 | 33 | 241 | 1 991 |

# 各地区海洋辅助渔船年末拥有量

| 地区 | 合计 | | | 其中 | | | | | |
| --- | --- | --- | --- | --- | --- | --- | --- | --- | --- |
| | | | | 捕捞辅助船 | | | 渔业执法船 | | |
| | 艘 | 总吨 | 千瓦 | 艘 | 总吨 | 千瓦 | 艘 | 总吨 | 千瓦 |
| **全国总计** | **9 774** | **1 176 762** | **2 156 745** | **8 770** | **1 113 660** | **1 663 318** | **549** | **55 638** | **452 076** |
| 北京 | | | | | | | | | |
| 天津 | 57 | 4 483 | 13 922 | 53 | 3 497 | 9 714 | 4 | 237 | 1 102 |
| 河北 | 469 | 18 207 | 57 582 | 454 | 16 397 | 51 351 | 10 | 1 462 | 5 731 |
| 辽宁 | 889 | 69 872 | 208 464 | 822 | 61 737 | 161 816 | 67 | 8 135 | 46 648 |
| 上海 | 43 | 21 598 | 33 802 | 25 | 18 978 | 22 962 | 18 | 2 620 | 10 840 |
| 江苏 | 210 | 23 931 | 80 956 | 184 | 19 304 | 46 327 | 26 | 4 627 | 34 629 |
| 浙江 | 2 081 | 518 985 | 820 639 | 1 909 | 502 524 | 689 777 | 84 | 15 555 | 127 765 |
| 福建 | 1 557 | 299 221 | 405 930 | 1 253 | 292 659 | 345 185 | 69 | 5 199 | 46 576 |
| 山东 | 404 | 120 756 | 186 234 | 328 | 112 614 | 125 199 | 65 | 7 914 | 59 737 |
| 广东 | 3 003 | 76 827 | 259 445 | 2 748 | 68 538 | 171 980 | 139 | 4 419 | 68 284 |
| 广西 | 862 | 10 780 | 56 946 | 815 | 6 044 | 15 990 | 47 | 4 736 | 40 956 |
| 海南 | 199 | 12 102 | 32 825 | 179 | 11 368 | 23 017 | 20 | 734 | 9 808 |

# 各地区内陆辅助渔船年末拥有量

| 地　区 | 合　计 | | | 其　中 | | | | | |
|---|---|---|---|---|---|---|---|---|---|
| | | | | 捕捞辅助船 | | | 渔业执法船 | | |
| | 艘 | 总吨 | 千瓦 | 艘 | 总吨 | 千瓦 | 艘 | 总吨 | 千瓦 |
| **全国总计** | **3 692** | **35 548** | **308 691** | **872** | **5 203** | **34 249** | **2 395** | **27 776** | **283 250** |
| 北　京 | 18 | 90 | 1 249 | | | | 18 | 90 | 1 249 |
| 天　津 | 4 | 18 | 213 | | | | 1 | 767 | 3 319 |
| 河　北 | 17 | 167 | 2 236 | | | | 15 | 153 | 2 104 |
| 山　西 | 4 | 19 | 456 | | | | 4 | 19 | 456 |
| 内蒙古 | 60 | 755 | 5 950 | 12 | 278 | 690 | 48 | 477 | 5 260 |
| 辽　宁 | 43 | 729 | 4 400 | 27 | 282 | 3 033 | 15 | 349 | 1 349 |
| 吉　林 | 126 | 1 565 | 8 710 | 22 | 27 | 128 | 92 | 1 467 | 8 357 |
| 黑龙江 | 156 | 3 228 | 17 979 | | | | 121 | 3 146 | 16 553 |
| 上　海 | 68 | 3 128 | 28 778 | 1 | 18 | 170 | 7 | 3 110 | 28 608 |
| 江　苏 | 825 | 4 485 | 26 893 | 611 | 3 033 | 5 132 | 214 | 1 452 | 21 761 |
| 浙　江 | 209 | 1 419 | 10 095 | 3 | 15 | 55 | 91 | 80 | 8 461 |
| 安　徽 | 333 | 2 897 | 33 313 | 62 | 267 | 3 951 | 271 | 2 630 | 29 362 |
| 福　建 | 20 | 91 | 1 426 | 4 | 18 | 8 851 | 16 | 72 | 1 392 |
| 江　西 | 128 | 1 359 | 14 093 | | | | 118 | 1 333 | 14 064 |
| 山　东 | 61 | 1 163 | 5 897 | | | | 59 | 783 | 5 867 |
| 河　南 | 121 | 1 146 | 8 775 | | | | 121 | 1 146 | 8 775 |
| 湖　北 | 265 | 2 144 | 28 469 | 37 | 25 | 322 | 228 | 2 119 | 28 147 |
| 湖　南 | 409 | 2 342 | 22 735 | | | | 252 | 1 598 | 18 564 |
| 广　东 | 150 | 2 950 | 16 393 | 64 | 1 028 | 10 860 | 84 | 1 559 | 13 596 |
| 广　西 | 131 | 1 072 | 12 624 | 21 | 29 | 803 | 102 | 920 | 10 926 |
| 海　南 | | | | | | | | | |
| 重　庆 | 114 | 901 | 9 895 | | | | 114 | 901 | 9 895 |
| 四　川 | 126 | 831 | 12 305 | | | | 119 | 804 | 12 066 |
| 贵　州 | 103 | 1 307 | 12 231 | 1 | 5 | 63 | 99 | 1 248 | 10 095 |
| 云　南 | 103 | 926 | 15 462 | 2 | 24 | 22 | 101 | 902 | 15 440 |
| 西　藏 | | | | | | | | | |
| 陕　西 | 16 | 52 | 1 271 | | | | 10 | 41 | 1 211 |
| 甘　肃 | 11 | 61 | 1 134 | | | | 9 | 61 | 833 |
| 青　海 | 15 | 216 | 2 129 | | | | 15 | 216 | 2 129 |
| 宁　夏 | 18 | 92 | 1 420 | | | | 18 | 92 | 1 420 |
| 新　疆 | 38 | 395 | 2 160 | 5 | 154 | 169 | 33 | 241 | 1 991 |

# 各地区非机动渔船年末拥有量

| 地　　区 | 合　计 | | 海洋渔业非机动渔船 | | 内陆渔业非机动渔船 | |
|---|---|---|---|---|---|---|
| | 艘 | 总吨 | 艘 | 总吨 | 艘 | 总吨 |
| **全国总计** | **168 628** | **239 662** | **2 372** | **7 016** | **166 256** | **232 646** |
| 北　京 | | | | | | |
| 天　津 | 1 146 | 540 | | | 1 146 | 540 |
| 河　北 | 1 917 | 1 126 | | | 1 917 | 1 126 |
| 山　西 | 19 | 7 | | | 19 | 7 |
| 内蒙古 | 163 | 135 | | | 163 | 135 |
| 辽　宁 | 2 067 | 2 748 | 273 | 295 | 1 794 | 2 453 |
| 吉　林 | 2 324 | 1 471 | | | 2 324 | 1 471 |
| 黑龙江 | 1 103 | 763 | | | 1 103 | 763 |
| 上　海 | 25 | 2 182 | 1 | 1 458 | 24 | 724 |
| 江　苏 | 62 040 | 134 591 | 65 | 160 | 61 975 | 134 431 |
| 浙　江 | 9 579 | 16 033 | 62 | 32 | 9 517 | 16 001 |
| 安　徽 | 9 733 | 23 487 | | | 9 733 | 23 487 |
| 福　建 | 1 337 | 1 194 | 1 277 | 1 146 | 60 | 48 |
| 江　西 | 14 510 | 12 995 | | | 14 510 | 12 995 |
| 山　东 | 30 056 | 15 532 | 10 | 5 | 30 046 | 15 527 |
| 河　南 | 4 522 | 3 597 | | | 4 522 | 3 597 |
| 湖　北 | 16 823 | 6 967 | | | 16 823 | 6 967 |
| 湖　南 | 6 898 | 4 045 | | | 6 898 | 4 045 |
| 广　东 | 1 006 | 8 975 | 650 | 3 814 | 356 | 5 161 |
| 广　西 | 268 | 82 | | | 268 | 82 |
| 海　南 | 34 | 106 | 34 | 106 | | |
| 重　庆 | 141 | 1 094 | | | 141 | 1 094 |
| 四　川 | 197 | 192 | | | 197 | 192 |
| 贵　州 | 1 | 76 | | | 1 | 76 |
| 云　南 | 1 887 | 1 256 | | | 1 887 | 1 256 |
| 西　藏 | | | | | | |
| 陕　西 | 276 | 215 | | | 276 | 215 |
| 甘　肃 | 29 | 29 | | | 29 | 29 |
| 青　海 | | | | | | |
| 宁　夏 | 167 | 118 | | | 167 | 118 |
| 新　疆 | 360 | 106 | | | 360 | 106 |

# 各地区渔业基础设施情况

单位：个

| 地 区 | 国家级水产原良种场 | 渔港合计 | 沿海中心渔港 | 沿海一级渔港 | 沿海二级渔港 | 沿海三级渔港 | 未评级渔港 |
|---|---|---|---|---|---|---|---|
| **全国总计** | **91** | **1 154** | **73** | **95** | **222** | **396** | **368** |
| 北 京 | 3 | | | | | | |
| 天 津 | 1 | 5 | | 1 | | | 4 |
| 河 北 | 5 | 30 | 5 | 5 | 8 | 5 | 7 |
| 山 西 | 1 | | | | | | |
| 内蒙古 | 1 | | | | | | |
| 辽 宁 | 1 | 125 | 3 | 9 | 28 | 15 | 70 |
| 吉 林 | 1 | | | | | | |
| 黑龙江 | 1 | | | | | | |
| 上 海 | 1 | 1 | | 1 | | | |
| 江 苏 | 8 | 20 | 7 | 4 | 4 | | 5 |
| 浙 江 | 6 | 129 | 9 | 13 | 28 | 32 | 47 |
| 安 徽 | 4 | | | | | | |
| 福 建 | 1 | 270 | 10 | 14 | 68 | 170 | 8 |
| 江 西 | 4 | | | | | | |
| 山 东 | 16 | 177 | 9 | 11 | 6 | 80 | 71 |
| 河 南 | | | | | | | |
| 湖 北 | 11 | | | | | | |
| 湖 南 | 4 | | | | | | |
| 广 东 | 5 | 106 | 12 | 15 | 24 | 39 | 16 |
| 广 西 | 2 | 15 | 4 | 5 | 3 | 3 | |
| 海 南 | 2 | 50 | 6 | 5 | 13 | 11 | 15 |
| 重 庆 | 1 | | | | | | |
| 四 川 | 2 | | | | | | |
| 贵 州 | | | | | | | |
| 云 南 | | | | | | | |
| 西 藏 | | | | | | | |
| 陕 西 | 1 | | | | | | |
| 甘 肃 | 1 | | | | | | |
| 青 海 | 1 | | | | | | |
| 宁 夏 | | | | | | | |
| 新 疆 | | | | | | | |
| 大 连 | 4 | 99 | 4 | 6 | 30 | 22 | 37 |
| 青 岛 | 1 | 61 | 2 | 2 | | 4 | 53 |
| 宁 波 | 2 | 57 | 1 | 3 | 7 | 14 | 32 |
| 厦 门 | | 3 | 1 | | | | 2 |
| 深 圳 | | 6 | | 1 | 3 | 1 | 1 |

# 3-4 渔业人口

## 全国渔业人口与从业人员

| 指　标 | 计量单位 | 2022 年 | 2021 年 | 2022 年比 2021 年增减（±） | 其中：海洋渔业 | | |
|---|---|---|---|---|---|---|---|
| | | | | | 2022 年 | 2021 年 | 2022 年比 2021 年增减（±） |
| 1. 渔业乡 | 个 | 700 | 696 | 4 | 383 | 380 | 3 |
| 2. 渔业村 | 个 | 7 065 | 7 078 | -13 | 3 221 | 3 235 | -14 |
| 3. 渔业户 | 户 | 4 152 214 | 4 196 021 | -43 807 | 1 291 294 | 1 284 811 | 6 483 |
| 4. 渔业人口 | 人 | 16 194 500 | 16 342 392 | -147 892 | 5 060 443 | 5 036 462 | 23 981 |
| 其中：传统渔民 | 人 | 5 151 638 | 5 171 560 | -19 922 | 2 699 798 | 2 524 113 | 175 685 |
| 5. 渔业从业人员 | 人 | 11 779 185 | 11 846 287 | -67 102 | 3 356 409 | 3 351 954 | 4 455 |
| (1) 专业从业人员 | 人 | 6 274 139 | 6 341 223 | -67 084 | 2 024 581 | 2 034 784 | -10 203 |
| 其中：女性 | 人 | 1 215 559 | 1 220 156 | -4 597 | 322 921 | 295 184 | 27 737 |
| 其中：捕捞 | 人 | 1 188 736 | 1 212 667 | -23 931 | 842 122 | 855 874 | -13 752 |
| 养殖 | 人 | 4 316 700 | 4 353 995 | -37 295 | 831 368 | 827 121 | 4 247 |
| 其他 | 人 | 768 703 | 774 561 | -5 858 | 351 091 | 351 789 | -698 |
| (2) 兼业从业人员 | 人 | 4 007 221 | 4 003 042 | 4 179 | 774 474 | 766 318 | 8 156 |
| (3) 临时从业人员 | 人 | 1 497 825 | 1 502 022 | -4 197 | 557 354 | 550 852 | 6 502 |

# 各地区渔业人口与从业人员（一）

| 地　　区 | 1. 渔业乡（个） | 2. 渔业村（个） | 3. 渔业户（户） | 4. 渔业人口（人） | | 5. 渔业从业人员（人） |
|---|---|---|---|---|---|---|
| | | | | 小　计 | 其中：传统渔民 | |
| **全国总计** | **700** | **7 065** | **4 152 214** | **16 194 500** | **5 151 638** | **11 779 185** |
| 北　　京 | 9 | 32 | 1 480 | 3 723 | 482 | 4 232 |
| 天　　津 | | 2 | 6 589 | 22 206 | 4 051 | 15 764 |
| 河　　北 | 28 | 159 | 51 471 | 217 777 | 133 068 | 177 817 |
| 山　　西 | | | 876 | 3 994 | | 3 819 |
| 内 蒙 古 | 4 | 31 | 6 325 | 33 434 | 4 005 | 24 725 |
| 辽　　宁 | 133 | 668 | 138 266 | 541 334 | 287 816 | 432 130 |
| 吉　　林 | 1 | 4 | 23 419 | 84 183 | 906 | 75 454 |
| 黑 龙 江 | 6 | 29 | 43 886 | 153 309 | 130 313 | 112 555 |
| 上　　海 | | 13 | 3 006 | 9 810 | 4 557 | 9 461 |
| 江　　苏 | 29 | 462 | 254 761 | 1 058 204 | 292 475 | 893 144 |
| 浙　　江 | 92 | 621 | 282 218 | 931 750 | 380 714 | 616 986 |
| 安　　徽 | 8 | 78 | 146 137 | 581 400 | 158 117 | 527 532 |
| 福　　建 | 53 | 546 | 395 298 | 1 601 621 | 829 795 | 887 230 |
| 江　　西 | 4 | 89 | 217 747 | 994 780 | 213 278 | 775 929 |
| 山　　东 | 94 | 1 170 | 416 185 | 1 502 871 | 563 391 | 1 167 710 |
| 河　　南 | 24 | 370 | 109 564 | 433 847 | 22 756 | 354 098 |
| 湖　　北 | 64 | 853 | 435 787 | 1 376 293 | 497 361 | 1 054 458 |
| 湖　　南 | 5 | 235 | 223 304 | 1 003 426 | 110 622 | 854 529 |
| 广　　东 | 79 | 1 055 | 513 725 | 2 140 862 | 860 875 | 1 175 312 |
| 广　　西 | 14 | 205 | 223 897 | 992 285 | 301 974 | 803 462 |
| 海　　南 | 24 | 253 | 67 438 | 319 778 | 134 070 | 193 114 |
| 重　　庆 | | 5 | 86 370 | 356 019 | 280 | 305 884 |
| 四　　川 | 28 | 146 | 398 227 | 1 358 471 | 139 988 | 946 544 |
| 贵　　州 | | 2 | 26 347 | 141 292 | 6 710 | 73 415 |
| 云　　南 | | 5 | 54 978 | 231 891 | 59 499 | 204 259 |
| 西　　藏 | | | | | | |
| 陕　　西 | 1 | 30 | 18 112 | 62 748 | 10 211 | 56 410 |
| 甘　　肃 | | | 2 067 | 9 566 | 411 | 7 386 |
| 青　　海 | | | 107 | 3 755 | | 3 508 |
| 宁　　夏 | | | 1 477 | 7 331 | | 8 903 |
| 新　　疆 | | 2 | 3 150 | 16 540 | 3 913 | 13 415 |

# 各地区渔业人口与从业人员（二）

单位：人

| 地　区 | 5. 渔业从业人员（续） | | | | | | |
|---|---|---|---|---|---|---|---|
| | (1) 专业从业人员 | | | | | (2) 兼业从业人员 | (3) 临时从业人员 |
| | 合　计 | 其中：女性 | a. 捕捞 | b. 养殖 | c. 其他 | | |
| **全国总计** | **6 274 139** | **1 215 559** | **1 188 736** | **4 316 700** | **768 703** | **4 007 221** | **1 497 825** |
| 北　京 | 3 246 | 858 | 695 | 1 995 | 556 | 750 | 236 |
| 天　津 | 10 315 | 330 | 1 996 | 8 093 | 226 | 4 280 | 1 169 |
| 河　北 | 85 065 | 18 879 | 33 310 | 38 032 | 13 723 | 30 309 | 62 443 |
| 山　西 | 2 077 | 424 | 239 | 1 698 | 140 | 1 206 | 536 |
| 内蒙古 | 13 619 | 2 742 | 3 164 | 7 859 | 2 596 | 8 420 | 2 686 |
| 辽　宁 | 264 769 | 55 063 | 96 908 | 136 725 | 31 136 | 100 961 | 66 400 |
| 吉　林 | 19 751 | 2 489 | 3 843 | 14 086 | 1 822 | 49 160 | 6 543 |
| 黑龙江 | 73 748 | 22 862 | 18 154 | 46 906 | 8 688 | 31 657 | 7 150 |
| 上　海 | 8 456 | 966 | 2 894 | 5 147 | 415 | 626 | 379 |
| 江　苏 | 510 040 | 116 938 | 90 612 | 381 293 | 38 135 | 265 308 | 117 796 |
| 浙　江 | 375 159 | 67 078 | 132 604 | 153 500 | 89 055 | 142 559 | 99 268 |
| 安　徽 | 270 506 | 59 185 | 31 274 | 211 397 | 27 835 | 184 689 | 72 337 |
| 福　建 | 544 488 | 85 484 | 173 285 | 298 422 | 72 781 | 266 058 | 76 684 |
| 江　西 | 353 368 | 64 714 | 9 590 | 288 392 | 55 386 | 319 786 | 102 775 |
| 山　东 | 606 456 | 113 612 | 169 154 | 292 755 | 144 547 | 241 207 | 320 047 |
| 河　南 | 144 702 | 37 086 | 16 934 | 110 483 | 17 285 | 178 387 | 31 009 |
| 湖　北 | 673 547 | 176 920 | 5 473 | 626 520 | 41 554 | 263 865 | 117 046 |
| 湖　南 | 386 361 | 80 160 | | 351 147 | 35 214 | 398 757 | 69 411 |
| 广　东 | 762 337 | 116 876 | 217 920 | 472 869 | 71 548 | 346 252 | 66 723 |
| 广　西 | 398 903 | 50 813 | 62 852 | 297 388 | 38 663 | 316 118 | 88 441 |
| 海　南 | 159 329 | 23 578 | 99 473 | 44 902 | 14 954 | 26 292 | 7 493 |
| 重　庆 | 140 216 | 45 622 | | 127 117 | 13 099 | 117 946 | 47 722 |
| 四　川 | 320 586 | 51 662 | | 282 929 | 37 657 | 557 215 | 68 743 |
| 贵　州 | 21 406 | 2 367 | 1 983 | 16 368 | 3 055 | 37 063 | 14 946 |
| 云　南 | 74 375 | 12 919 | 12 333 | 58 821 | 3 221 | 90 814 | 39 070 |
| 西　藏 | | | | | | | |
| 陕　西 | 31 727 | 3 267 | | 27 838 | 3 889 | 18 545 | 6 138 |
| 甘　肃 | 3 262 | 509 | | 3 041 | 221 | 2 944 | 1 180 |
| 青　海 | 2 526 | 229 | 2 126 | 350 | 50 | 931 | 51 |
| 宁　夏 | 4 884 | 867 | 320 | 4 107 | 457 | 2 616 | 1 403 |
| 新　疆 | 8 915 | 1 060 | 1 600 | 6 520 | 795 | 2 500 | 2 000 |

# 各地区海洋渔业人口与从业人员（一）

| 地　区 | 1. 渔业乡（个） | 2. 渔业村（个） | 3. 渔业户（户） | 4. 渔业人口（人） |  | 5. 渔业从业人员（人） |
|---|---|---|---|---|---|---|
|  |  |  |  | 小　计 | 其中：传统渔民 |  |
| **全国总计** | **383** | **3 221** | **1 291 294** | **5 060 443** | **2 699 798** | **3 356 409** |
| 北　京 |  |  |  |  |  | 303 |
| 天　津 |  | 2 | 1 455 | 5 327 | 1 621 | 1 642 |
| 河　北 | 11 | 67 | 37 043 | 141 240 | 108 397 | 128 135 |
| 山　西 |  |  |  |  |  |  |
| 内蒙古 |  |  |  |  |  |  |
| 辽　宁 | 73 | 319 | 79 559 | 351 441 | 209 747 | 255 312 |
| 吉　林 |  |  |  |  |  |  |
| 黑龙江 |  |  |  |  |  |  |
| 上　海 |  | 6 | 601 | 2 288 | 1 870 | 2 992 |
| 江　苏 | 12 | 91 | 34 382 | 219 284 | 81 511 | 159 366 |
| 浙　江 | 77 | 494 | 189 162 | 573 783 | 290 566 | 328 736 |
| 安　徽 |  |  |  |  |  |  |
| 福　建 | 53 | 531 | 330 529 | 1 330 203 | 752 396 | 712 847 |
| 江　西 |  |  |  |  |  |  |
| 山　东 | 61 | 778 | 287 886 | 894 342 | 405 437 | 902 724 |
| 河　南 |  |  |  |  |  |  |
| 湖　北 |  |  |  |  |  |  |
| 湖　南 |  |  |  |  |  |  |
| 广　东 | 69 | 620 | 207 959 | 974 981 | 633 530 | 456 489 |
| 广　西 | 5 | 110 | 64 601 | 311 086 | 87 143 | 264 035 |
| 海　南 | 22 | 203 | 58 117 | 256 468 | 127 580 | 143 828 |
| 重　庆 |  |  |  |  |  |  |
| 四　川 |  |  |  |  |  |  |
| 贵　州 |  |  |  |  |  |  |
| 云　南 |  |  |  |  |  |  |
| 西　藏 |  |  |  |  |  |  |
| 陕　西 |  |  |  |  |  |  |
| 甘　肃 |  |  |  |  |  |  |
| 青　海 |  |  |  |  |  |  |
| 宁　夏 |  |  |  |  |  |  |
| 新　疆 |  |  |  |  |  |  |

# 各地区海洋渔业人口与从业人员（二）

单位：人

| 地　区 | 5. 渔业从业人员（续） | | | | | | |
|---|---|---|---|---|---|---|---|
| | (1) 专业从业人员 | | | | | (2) 兼业从业人员 | (3) 临时从业人员 |
| | 合　计 | 其中：女性 | a. 捕捞 | b. 养殖 | c. 其他 | | |
| **全国总计** | **2 024 581** | **322 921** | **842 122** | **831 368** | **351 091** | **774 474** | **557 354** |
| 北　京 | 303 | 11 | 269 | | 34 | | |
| 天　津 | 1 302 | 60 | 942 | 310 | 50 | 290 | 50 |
| 河　北 | 58 813 | 2 821 | 23 794 | 22 754 | 12 265 | 12 116 | 57 206 |
| 山　西 | | | | | | | |
| 内蒙古 | | | | | | | |
| 辽　宁 | 160 959 | 40 573 | 84 930 | 57 259 | 18 770 | 44 436 | 49 917 |
| 吉　林 | | | | | | | |
| 黑龙江 | | | | | | | |
| 上　海 | 2 898 | 50 | 2 590 | | 308 | 55 | 39 |
| 江　苏 | 88 516 | 21 050 | 42 095 | 38 448 | 7 973 | 54 194 | 16 656 |
| 浙　江 | 223 670 | 29 985 | 111 702 | 46 844 | 65 124 | 50 164 | 54 902 |
| 安　徽 | | | | | | | |
| 福　建 | 453 471 | 73 718 | 161 601 | 227 094 | 64 776 | 192 548 | 66 828 |
| 江　西 | | | | | | | |
| 山　东 | 393 629 | 72 676 | 112 744 | 160 243 | 120 642 | 252 495 | 256 600 |
| 河　南 | | | | | | | |
| 湖　北 | | | | | | | |
| 湖　南 | | | | | | | |
| 广　东 | 338 311 | 45 959 | 183 317 | 118 303 | 36 691 | 91 066 | 27 112 |
| 广　西 | 180 042 | 14 490 | 37 485 | 131 917 | 10 640 | 62 006 | 21 987 |
| 海　南 | 122 667 | 21 528 | 80 653 | 28 196 | 13 818 | 15 104 | 6 057 |
| 重　庆 | | | | | | | |
| 四　川 | | | | | | | |
| 贵　州 | | | | | | | |
| 云　南 | | | | | | | |
| 西　藏 | | | | | | | |
| 陕　西 | | | | | | | |
| 甘　肃 | | | | | | | |
| 青　海 | | | | | | | |
| 宁　夏 | | | | | | | |
| 新　疆 | | | | | | | |

# 第四部分

# 加工与贸易

# 4-1　水产品加工

## 全国水产加工情况

| 指　　标 | 计量单位 | 2022 年 | 2021 年 | 2022 年比 2021 年增减（±） | |
|---|---|---|---|---|---|
| | | | | 绝对量 | 幅度（%） |
| 1. 水产加工企业 | 个 | 9 331 | 9 202 | 129 | 1.40 |
| 水产品加工能力 | 吨/年 | 29 704 127 | 28 935 838 | 768 289 | 2.66 |
| 其中：规模以上加工企业 | 个 | 2 592 | 2 497 | 95 | 3.80 |
| 2. 水产冷库 | 座 | 8 675 | 8 454 | 221 | 2.61 |
| 冻结能力 | 吨/日 | 836 808 | 853 396 | -16 588 | -1.94 |
| 冷藏能力 | 吨/次 | 4 896 527 | 4 746 275 | 150 252 | 3.17 |
| 制冰能力 | 吨/日 | 223 451 | 201 510 | 21 941 | 10.89 |
| 3. 水产加工品总量 | 吨 | 21 477 911 | 21 250 370 | 227 541 | 1.07 |
| 淡水加工产品 | 吨 | 4 386 448 | 4 162 262 | 224 186 | 5.39 |
| 海水加工产品 | 吨 | 17 091 463 | 17 088 108 | 3 355 | 0.02 |
| （1）水产冷冻品 | 吨 | 15 320 045 | 15 195 232 | 124 813 | 0.82 |
| 其中：冷冻品 | 吨 | 8 025 752 | 7 979 198 | 46 554 | 0.58 |
| 冷冻加工品 | 吨 | 7 294 293 | 7 216 034 | 78 259 | 1.08 |
| （2）鱼糜制品及干腌制品 | 吨 | 2 819 151 | 2 765 064 | 54 087 | 1.96 |
| 其中：鱼糜制品 | 吨 | 1 354 826 | 1 349 803 | 5 023 | 0.37 |
| 干腌制品 | 吨 | 1 464 325 | 1 415 261 | 49 064 | 3.47 |
| （3）藻类加工品 | 吨 | 1 000 774 | 1 023 691 | -22 917 | -2.24 |
| （4）罐制品 | 吨 | 342 801 | 330 392 | 12 409 | 3.76 |
| （5）水产饲料（鱼粉） | 吨 | 723 456 | 659 018 | 64 438 | 9.78 |
| （6）鱼油制品 | 吨 | 61 650 | 67 807 | -6 157 | -9.08 |
| （7）其他水产加工品 | 吨 | 1 210 034 | 1 192 166 | 17 868 | 1.50 |
| 其中：助剂和添加剂 | 吨 | 18 099 | 16 197 | 1 902 | 11.74 |
| 珍珠 | 千克 | 10 123 | 11 563 | -1 440 | -12.45 |
| 4. 用于加工的水产品总量 | 吨 | 25 561 280 | 25 226 780 | 334 500 | 1.33 |
| 其中：淡水产品 | 吨 | 5 798 067 | 5 715 741 | 82 326 | 1.44 |
| 海水产品 | 吨 | 19 763 213 | 19 511 039 | 252 174 | 1.29 |
| 5. 部分水产品年加工量 | 吨 | 2 427 356 | 1 916 476 | 510 880 | 26.66 |
| 其中：对虾 | 吨 | 467 735 | 482 322 | -14 587 | -3.02 |
| 克氏原螯虾 | 吨 | 1 216 849 | 661 843 | 555 006 | 83.86 |
| 罗非鱼 | 吨 | 540 600 | 567 059 | -26 459 | -4.67 |
| 鳗鱼 | 吨 | 139 529 | 151 370 | -11 841 | -7.82 |
| 斑点叉尾鮰 | 吨 | 62 643 | 53 882 | 8 761 | 16.26 |

# 各地区水产加工品总量

单位：吨

| 地　区 | 2022 年 | | 2021 年 | | 2022 年比 2021 年增减（±） | | | |
|---|---|---|---|---|---|---|---|---|
| | | | | | 绝对量 | | 幅度（%） | |
| | 水产加工品总量 | 其中：淡水加工产品 | 水产加工品总量 | 其中：淡水加工产品 | 水产加工品总量 | 其中：淡水加工产品 | 水产加工品总量 | 其中：淡水加工产品 |
| **全国总计** | **21 477 911** | **4 386 448** | **21 250 370** | **4 162 262** | **227 541** | **224 186** | **1.07** | **5.39** |
| 北　京 | 1 181 | 318 | 1 889 | 1 026 | -708 | -708 | -37.48 | -69.01 |
| 天　津 | 17 720 | 5 820 | 720 | 720 | 17 000 | 5 100 | 2361.11 | 708.33 |
| 河　北 | 108 207 | 13 155 | 98 542 | 13 464 | 9 665 | -309 | 9.81 | -2.30 |
| 山　西 | 408 | 132 | 760 | 305 | -352 | -173 | -46.32 | -56.72 |
| 内蒙古 | 3 040 | 3 040 | 3 038 | 3 038 | 2 | 2 | 0.07 | 0.07 |
| 辽　宁 | 2 287 152 | 21 148 | 2 354 950 | 28 050 | -67 798 | -6 902 | -2.88 | -24.61 |
| 吉　林 | 255 461 | 1 580 | 255 228 | 1 546 | 233 | 34 | 0.09 | 2.20 |
| 黑龙江 | 12 878 | 12 878 | 13 236 | 13 236 | -358 | -358 | -2.70 | -2.70 |
| 上　海 | 3 215 | 319 | 2 805 | 329 | 410 | -10 | 14.62 | -3.04 |
| 江　苏 | 1 314 594 | 666 480 | 1 347 997 | 708 664 | -33 403 | -42 184 | -2.48 | -5.95 |
| 浙　江 | 1 831 418 | 64 579 | 1 815 309 | 66 262 | 16 109 | -1 683 | 0.89 | -2.54 |
| 安　徽 | 235 131 | 233 336 | 212 458 | 212 063 | 22 673 | 21 273 | 10.67 | 10.03 |
| 福　建 | 3 974 317 | 187 370 | 4 051 762 | 207 071 | -77 445 | -19 701 | -1.91 | -9.51 |
| 江　西 | 391 504 | 391 504 | 374 999 | 374 999 | 16 505 | 16 505 | 4.40 | 4.40 |
| 山　东 | 6 459 335 | 113 779 | 6 417 417 | 101 108 | 41 918 | 12 671 | 0.65 | 12.53 |
| 河　南 | 47 985 | 47 985 | 19 384 | 19 384 | 28 601 | 28 601 | 147.55 | 147.55 |
| 湖　北 | 1 440 891 | 1 440 891 | 1 357 937 | 1 357 937 | 82 954 | 82 954 | 6.11 | 6.11 |
| 湖　南 | 432 855 | 432 855 | 321 162 | 321 162 | 111 693 | 111 693 | 34.78 | 34.78 |
| 广　东 | 1 520 347 | 442 334 | 1 483 550 | 425 914 | 36 797 | 16 420 | 2.48 | 3.86 |
| 广　西 | 750 666 | 121 403 | 747 625 | 122 506 | 3 041 | -1 103 | 0.41 | -0.90 |
| 海　南 | 342 697 | 138 633 | 311 465 | 125 341 | 31 232 | 13 292 | 10.03 | 10.60 |
| 重　庆 | 1 249 | 1 249 | 780 | 780 | 469 | 469 | 60.13 | 60.13 |
| 四　川 | 3 875 | 3 875 | 4 261 | 4 261 | -386 | -386 | -9.06 | -9.06 |
| 贵　州 | 3 437 | 3 437 | 3 597 | 3 597 | -160 | -160 | -4.45 | -4.45 |
| 云　南 | 13 289 | 13 289 | 13 017 | 13 017 | 272 | 272 | 2.09 | 2.09 |
| 西　藏 | | | | | | | | |
| 陕　西 | 1 261 | 1 261 | 1 206 | 1 206 | 55 | 55 | 4.56 | 4.56 |
| 甘　肃 | | | | | | | | |
| 青　海 | 15 000 | 15 000 | 28 000 | 28 000 | -13 000 | -13 000 | -46.43 | -46.43 |
| 宁　夏 | 1 428 | 1 428 | 1 006 | 1 006 | 422 | 422 | 41.95 | 41.95 |
| 新　疆 | 7 370 | 7 370 | 6 270 | 6 270 | 1 100 | 1 100 | 17.54 | 17.54 |

# 各地区水产加工品总量（按品种分）（一）

单位：吨

| 地　区 | 水产加工品总量 | 淡水加工品 | 海水加工品 | 1. 水产冷冻品 | 冷冻品 | 冷冻加工品 |
|---|---|---|---|---|---|---|
| **全国总计** | **21 477 911** | **4 386 448** | **17 091 463** | **15 320 045** | **8 025 752** | **7 294 293** |
| 北　京 | 1 181 | 318 | 863 | 1 181 | | 1 181 |
| 天　津 | 17 720 | 5 820 | 11 900 | 3 000 | 200 | 2 800 |
| 河　北 | 108 207 | 13 155 | 95 052 | 80 441 | 43 692 | 36 749 |
| 山　西 | 408 | 132 | 276 | 392 | 123 | 269 |
| 内蒙古 | 3 040 | 3 040 | | 1 886 | 1 686 | 200 |
| 辽　宁 | 2 287 152 | 21 148 | 2 266 004 | 1 676 105 | 658 928 | 1 017 177 |
| 吉　林 | 255 461 | 1 580 | 253 881 | 236 522 | 150 344 | 86 178 |
| 黑龙江 | 12 878 | 12 878 | | 6 395 | 6 395 | |
| 上　海 | 3 215 | 319 | 2 896 | 3 215 | 4 | 3 211 |
| 江　苏 | 1 314 594 | 666 480 | 648 114 | 626 044 | 411 178 | 214 866 |
| 浙　江 | 1 831 418 | 64 579 | 1 766 839 | 1 409 417 | 990 311 | 419 106 |
| 安　徽 | 235 131 | 233 336 | 1 795 | 186 733 | 75 327 | 111 406 |
| 福　建 | 3 974 317 | 187 370 | 3 786 947 | 2 637 793 | 1 519 304 | 1 118 489 |
| 江　西 | 391 504 | 391 504 | | 145 237 | 63 344 | 81 893 |
| 山　东 | 6 459 335 | 113 779 | 6 345 556 | 4 996 688 | 2 804 236 | 2 192 452 |
| 河　南 | 47 985 | 47 985 | | 46 551 | 6 525 | 40 026 |
| 湖　北 | 1 440 891 | 1 440 891 | | 878 743 | 346 821 | 531 922 |
| 湖　南 | 432 855 | 432 855 | | 289 343 | 163 058 | 126 285 |
| 广　东 | 1 520 347 | 442 334 | 1 078 013 | 1 064 989 | 434 053 | 630 936 |
| 广　西 | 750 666 | 121 403 | 629 263 | 658 597 | 170 700 | 487 897 |
| 海　南 | 342 697 | 138 633 | 204 064 | 335 791 | 150 211 | 185 580 |
| 重　庆 | 1 249 | 1 249 | | 438 | 360 | 78 |
| 四　川 | 3 875 | 3 875 | | 2 003 | 225 | 1 778 |
| 贵　州 | 3 437 | 3 437 | | 2 464 | 987 | 1 477 |
| 云　南 | 13 289 | 13 289 | | 7 090 | 5 195 | 1 895 |
| 西　藏 | | | | | | |
| 陕　西 | 1 261 | 1 261 | | 1 197 | 1 145 | 52 |
| 甘　肃 | | | | | | |
| 青　海 | 15 000 | 15 000 | | 15 000 | 15 000 | |
| 宁　夏 | 1 428 | 1 428 | | | | |
| 新　疆 | 7 370 | 7 370 | | 6 790 | 6 400 | 390 |

# 各地区水产加工品总量（按品种分）（二）

单位：吨

| 地　区 | 2. 鱼糜制品及干腌制品 | | | 3. 藻类加工品 | 4. 罐制品 | 5. 鱼粉 |
|---|---|---|---|---|---|---|
| | | 鱼糜制品 | 干腌制品 | | | |
| **全国总计** | **2 819 151** | **1 354 826** | **1 464 325** | **1 000 774** | **342 801** | **723 456** |
| 北　京 | | | | | | |
| 天　津 | 13 000 | 13 000 | | 720 | | |
| 河　北 | 3 087 | 108 | 2 979 | | 8 024 | 16 273 |
| 山　西 | 8 | 4 | 4 | 1 | 3 | 2 |
| 内蒙古 | 624 | | 624 | 500 | 30 | |
| 辽　宁 | 148 069 | 44 132 | 103 937 | 242 460 | 19 215 | 63 186 |
| 吉　林 | 18 757 | 2 826 | 15 931 | | 130 | |
| 黑龙江 | 3 215 | 42 | 3 173 | | 70 | |
| 上　海 | | | | | | |
| 江　苏 | 131 375 | 25 012 | 106 363 | 24 339 | 19 325 | 1 562 |
| 浙　江 | 178 076 | 93 013 | 85 063 | 30 330 | 37 579 | 161 652 |
| 安　徽 | 41 848 | 18 611 | 23 237 | | 6 550 | |
| 福　建 | 681 691 | 403 258 | 278 433 | 305 563 | 35 882 | 28 240 |
| 江　西 | 214 549 | 75 189 | 139 360 | 1 373 | 14 186 | 617 |
| 山　东 | 601 112 | 327 706 | 273 406 | 388 936 | 126 037 | 247 714 |
| 河　南 | 1 429 | 317 | 1 112 | | 2 | 3 |
| 湖　北 | 450 893 | 213 673 | 237 220 | | 11 018 | 98 681 |
| 湖　南 | 76 842 | 24 497 | 52 345 | 305 | 11 237 | 19 305 |
| 广　东 | 204 585 | 92 263 | 112 322 | 4 566 | 51 813 | 85 021 |
| 广　西 | 37 120 | 18 037 | 19 083 | | 665 | |
| 海　南 | 5 766 | 2 231 | 3 535 | | | |
| 重　庆 | 551 | 5 | 546 | | | |
| 四　川 | 1 416 | 300 | 1 116 | | 390 | |
| 贵　州 | 973 | 83 | 890 | | | |
| 云　南 | 3 791 | 477 | 3 314 | 253 | 375 | 1 200 |
| 西　藏 | | | | | | |
| 陕　西 | 64 | 2 | 62 | | | |
| 甘　肃 | | | | | | |
| 青　海 | | | | | | |
| 宁　夏 | | | | 1 428 | | |
| 新　疆 | 310 | 40 | 270 | | 270 | |

# 各地区水产加工品总量（按品种分）（三）

单位：吨

| 地区 | 6. 鱼油制品 | 7. 其他水产加工品 | 其中 | |
|---|---|---|---|---|
| | | | 助剂和添加剂 | 珍珠（千克） |
| **全国总计** | **61 650** | **1 210 034** | **18 099** | **10 123** |
| 北京 | | | | |
| 天津 | | 1 000 | | |
| 河北 | 30 | 352 | | |
| 山西 | 1 | 1 | | |
| 内蒙古 | | | | |
| 辽宁 | 2 881 | 135 236 | | |
| 吉林 | | 52 | | |
| 黑龙江 | | 3 198 | | |
| 上海 | | | | |
| 江苏 | | 511 949 | 35 | 6 000 |
| 浙江 | 508 | 13 856 | 312 | 1 010 |
| 安徽 | | | | |
| 福建 | 21 480 | 263 668 | 10 925 | |
| 江西 | 138 | 15 404 | | 45 |
| 山东 | 35 977 | 62 871 | 206 | |
| 河南 | | | | |
| 湖北 | | 1 556 | 332 | |
| 湖南 | 5 | 35 818 | 849 | |
| 广东 | 50 | 109 323 | | 3 068 |
| 广西 | | 54 284 | 4 300 | |
| 海南 | | 1 140 | 1 140 | |
| 重庆 | | 260 | | |
| 四川 | | 66 | | |
| 贵州 | | | | |
| 云南 | 580 | | | |
| 西藏 | | | | |
| 陕西 | | | | |
| 甘肃 | | | | |
| 青海 | | | | |
| 宁夏 | | | | |
| 新疆 | | | | |

# 各地区用于加工的水产品量

单位：吨

| 地　　区 | 用于加工的水产品量 | 淡水产品 | 海水产品 |
|---|---|---|---|
| **全国总计** | **25 561 280** | **5 798 067** | **19 763 213** |
| 北　　京 | 1 263 | 391 | 872 |
| 天　　津 | 750 | 750 | |
| 河　　北 | 208 511 | 18 260 | 190 251 |
| 山　　西 | 519 | 216 | 303 |
| 内 蒙 古 | 4 163 | 4 163 | |
| 辽　　宁 | 3 330 638 | 22 548 | 3 308 090 |
| 吉　　林 | 283 462 | 2 430 | 281 032 |
| 黑 龙 江 | 27 044 | 27 044 | |
| 上　　海 | 3 215 | 319 | 2 896 |
| 江　　苏 | 1 473 331 | 742 856 | 730 475 |
| 浙　　江 | 1 709 811 | 70 957 | 1 638 854 |
| 安　　徽 | 314 435 | 312 418 | 2 017 |
| 福　　建 | 4 592 479 | 196 490 | 4 395 989 |
| 江　　西 | 693 264 | 693 264 | |
| 山　　东 | 7 431 146 | 81 734 | 7 349 412 |
| 河　　南 | 102 485 | 102 485 | |
| 湖　　北 | 1 957 797 | 1 957 797 | |
| 湖　　南 | 528 555 | 528 555 | |
| 广　　东 | 1 593 622 | 555 798 | 1 037 824 |
| 广　　西 | 754 928 | 164 759 | 590 169 |
| 海　　南 | 494 575 | 259 546 | 235 029 |
| 重　　庆 | 1 735 | 1 735 | |
| 四　　川 | 6 473 | 6 473 | |
| 贵　　州 | 4 101 | 4 101 | |
| 云　　南 | 16 699 | 16 699 | |
| 西　　藏 | | | |
| 陕　　西 | 1 051 | 1 051 | |
| 甘　　肃 | | | |
| 青　　海 | 15 000 | 15 000 | |
| 宁　　夏 | 1 428 | 1 428 | |
| 新　　疆 | 8 800 | 8 800 | |

# 各地区水产品加工企业、冷库基本情况

| 地　区 | 水产品加工企业 | | | 水产品冷库 | | | |
| --- | --- | --- | --- | --- | --- | --- | --- |
| | 小计（个） | 水产品加工能力（吨/年） | 其中：规模以上加工企业（个） | 数量（座） | 冻结能力（吨/日） | 冷藏能力（吨/次） | 制冰能力（吨/日） |
| **全国总计** | **9 331** | **29 704 127** | **2 592** | **8 675** | **836 808** | **4 896 527** | **223 451** |
| 北　京 | 2 | 2 200 | 1 | 8 | 20 | 28 810 | 60 |
| 天　津 | 2 | 25 750 | 2 | 6 | 110 | 20 400 | 30 |
| 河　北 | 226 | 313 778 | 34 | 251 | 7 197 | 58 720 | 4 673 |
| 山　西 | 4 | 1 466 | 2 | 8 | 10 | 806 | 13 |
| 内蒙古 | 23 | 7 090 | 20 | 16 | 272 | 1 690 | 179 |
| 辽　宁 | 862 | 3 045 810 | 326 | 586 | 61 867 | 585 845 | 16 931 |
| 吉　林 | 107 | 307 715 | 43 | 51 | 230 379 | 231 785 | 115 |
| 黑龙江 | 19 | 13 600 | | 14 | 460 | 865 | 445 |
| 上　海 | 3 | 13 010 | 1 | 4 | 172 | 3 152 | 150 |
| 江　苏 | 1 082 | 2 116 603 | 319 | 1 132 | 40 279 | 216 249 | 25 804 |
| 浙　江 | 1 778 | 2 160 882 | 247 | 1 065 | 39 665 | 759 173 | 34 560 |
| 安　徽 | 205 | 313 687 | 99 | 726 | 18 445 | 75 322 | 3 056 |
| 福　建 | 1 174 | 5 454 177 | 402 | 838 | 76 746 | 621 624 | 17 890 |
| 江　西 | 179 | 292 478 | 52 | 224 | 3 230 | 27 043 | 3 107 |
| 山　东 | 1 683 | 8 165 056 | 511 | 1 847 | 144 384 | 1 299 733 | 44 863 |
| 河　南 | 45 | 79 310 | 6 | 100 | 1 609 | 22 731 | 681 |
| 湖　北 | 323 | 2 630 943 | 148 | 476 | 82 779 | 216 396 | 6 921 |
| 湖　南 | 266 | 671 433 | 97 | 401 | 72 023 | 173 615 | 11 559 |
| 广　东 | 982 | 2 450 450 | 170 | 594 | 33 777 | 426 809 | 44 409 |
| 广　西 | 190 | 1 048 834 | 62 | 52 | 1 895 | 95 546 | 3 075 |
| 海　南 | 37 | 398 652 | 12 | 57 | 3 307 | 11 887 | 3 968 |
| 重　庆 | 13 | 4 055 | 4 | 19 | 12 902 | 5 217 | 88 |
| 四　川 | 21 | 33 452 | 8 | 42 | 2 118 | 4 911 | 609 |
| 贵　州 | 23 | 5 800 | 2 | 7 | 91 | 213 | 10 |
| 云　南 | 57 | 113 621 | 17 | 103 | 1 904 | 4 936 | 238 |
| 西　藏 | | | | | | | |
| 陕　西 | 10 | 1 025 | 1 | 16 | 257 | 135 | 5 |
| 甘　肃 | | | | | | | |
| 青　海 | 2 | 16 000 | | | | | |
| 宁　夏 | 2 | 1 700 | 2 | | | | |
| 新　疆 | 11 | 15 550 | 4 | 32 | 910 | 2 914 | 12 |

# 4-2 水产品贸易

## 各地区水产品进出口贸易情况

单位：万美元，吨

| 地区 | 2022 年进出口 | | 2021 年进出口 | | 2022 年比 2021 年增减（±） | | | |
|---|---|---|---|---|---|---|---|---|
| | | | | | 绝对量 | | 幅度（%） | |
| | 金额 | 数量 | 金额 | 数量 | 金额 | 数量 | 金额 | 数量 |
| **全国总计** | **4 673 794.21** | **10 232 819** | **3 994 929.14** | **9 548 176** | **678 865.07** | **684 643** | **16.99** | **7.17** |
| 北京 | 181 556.23 | 620 187 | 167 761.55 | 576 626 | 13 794.68 | 43 562 | 8.22 | 7.55 |
| 天津 | 142 953.77 | 329 035 | 89 995.81 | 208 999 | 52 957.96 | 120 036 | 58.84 | 57.43 |
| 河北 | 44 564.33 | 92 916 | 40 855.94 | 91 535 | 3 708.40 | 1 381 | 9.08 | 1.51 |
| 山西 | 623.38 | 1 251 | 27.96 | 76 | 595.42 | 1 175 | 2 129.38 | 1 544.78 |
| 内蒙古 | 41.00 | 101 | 46.25 | 58 | -5.25 | 43 | -11.36 | 74.44 |
| 辽宁 | 400 297.62 | 1 103 509 | 362 448.82 | 1 162 222 | 37 848.80 | -58 713 | 10.44 | -5.05 |
| 吉林 | 82 737.21 | 197 495 | 76 854.62 | 150 256 | 5 882.59 | 47 240 | 7.65 | 31.44 |
| 黑龙江 | 6 455.14 | 17 496 | 2 076.32 | 4 362 | 4 378.82 | 13 134 | 210.89 | 301.08 |
| 上海 | 244 757.33 | 255 277 | 227 712.79 | 240 609 | 17 044.53 | 14 668 | 7.49 | 6.10 |
| 江苏 | 80 715.26 | 142 186 | 79 619.19 | 133 363 | 1 096.07 | 8 822 | 1.38 | 6.62 |
| 浙江 | 406 076.00 | 899 552 | 317 489.58 | 839 110 | 88 586.42 | 60 442 | 27.90 | 7.20 |
| 安徽 | 19 079.68 | 69 366 | 16 699.03 | 85 229 | 2 380.65 | -15 863 | 14.26 | -18.61 |
| 福建 | 1 145 159.74 | 2 185 882 | 1 020 913.00 | 2 152 312 | 124 246.74 | 33 570 | 12.17 | 1.56 |
| 江西 | 13 344.97 | 9 378 | 13 769.58 | 14 566 | -424.61 | -5 188 | -3.08 | -35.62 |
| 山东 | 981 929.75 | 2 470 006 | 760 896.26 | 2 091 004 | 221 033.49 | 379 002 | 29.05 | 18.13 |
| 河南 | 6 546.20 | 12 377 | 5 446.14 | 8 445 | 1 100.07 | 3 932 | 20.20 | 46.56 |
| 湖北 | 10 822.81 | 22 200 | 9 700.44 | 20 254 | 1 122.38 | 1 946 | 11.57 | 9.61 |
| 湖南 | 57 833.27 | 90 851 | 40 525.05 | 42 449 | 17 308.22 | 48 402 | 42.71 | 114.02 |
| 广东 | 661 502.53 | 1 270 852 | 624 202.37 | 1 292 438 | 37 300.16 | -21 585 | 5.98 | -1.67 |
| 广西 | 56 476.65 | 135 975 | 40 450.02 | 127 416 | 16 026.63 | 8 559 | 39.62 | 6.72 |
| 海南 | 58 154.52 | 158 394 | 55 161.25 | 186 101 | 2 993.27 | -27 707 | 5.43 | -14.89 |
| 重庆 | 22 840.34 | 34 005 | 4 053.50 | 9 975 | 18 786.85 | 24 030 | 463.47 | 240.92 |
| 四川 | 24 363.89 | 62 422 | 23 745.30 | 77 438 | 618.59 | -15 016 | 2.61 | -19.39 |
| 贵州 | 2 235.44 | 4 458 | 312.34 | 372 | 1 923.10 | 4 085 | 615.71 | 1 097.54 |
| 云南 | 14 197.05 | 29 019 | 6 895.50 | 13 041 | 7 301.55 | 15 978 | 105.89 | 122.52 |
| 西藏 | 2.48 | 10 | 4.29 | 9 | -1.81 | 1 | -42.19 | 8.39 |
| 陕西 | 739.97 | 436 | 478.48 | 247 | 261.49 | 189 | 54.65 | 76.56 |
| 甘肃 | 473.14 | 842 | 82.52 | 117 | 390.61 | 725 | 473.33 | 620.14 |
| 青海 | 817.82 | 870 | 1 562.08 | 2 592 | -744.26 | -1 722 | -47.65 | -66.44 |
| 宁夏 | 293.22 | 224 | 124.47 | 49 | 168.75 | 175 | 135.57 | 360.41 |
| 新疆 | 6 203.48 | 16 249 | 5 018.70 | 16 907 | 1 184.78 | -658 | 23.61 | -3.89 |

# 各地区水产品出口贸易情况

单位：万美元，吨

| 地　　区 | 2022 年出口 | | 2021 年出口 | | 2022 年比 2021 年增减（±） | | | |
|---|---|---|---|---|---|---|---|---|
| | | | | | 绝对量 | | 幅度（%） | |
| | 金额 | 数量 | 金额 | 数量 | 金额 | 数量 | 金额 | 数量 |
| **全国总计** | **2 303 147.95** | **3 763 008** | **2 192 614.52** | **3 800 729** | **110 533.43** | **-37 721** | **5.04** | **-0.99** |
| 北　　京 | 2 557.47 | 2 567 | 1 825.75 | 2 842 | 731.72 | -275 | 40.08 | -9.68 |
| 天　　津 | 3 151.40 | 5 413 | 3 091.39 | 5 775 | 60.01 | -362 | 1.94 | -6.27 |
| 河　　北 | 25 412.53 | 31 120 | 23 045.71 | 29 399 | 2 366.82 | 1 721 | 10.27 | 5.85 |
| 山　　西 | 5.35 | 7 | | | 5.35 | 7 | | |
| 内 蒙 古 | 30.42 | 48 | 46.25 | 58 | -15.83 | -10 | -34.22 | -17.46 |
| 辽　　宁 | 233 048.49 | 487 122 | 217 843.23 | 536 528 | 15 205.26 | -49 406 | 6.98 | -9.21 |
| 吉　　林 | 15 043.83 | 32 767 | 13 886.18 | 34 581 | 1 157.65 | -1 814 | 8.34 | -5.24 |
| 黑 龙 江 | 21.24 | 72 | 53.65 | 167 | -32.41 | -95 | -60.42 | -57.06 |
| 上　　海 | 14 073.46 | 9 369 | 15 477.92 | 11 726 | -1 404.46 | -2 357 | -9.07 | -20.10 |
| 江　　苏 | 37 244.87 | 41 053 | 47 624.61 | 48 698 | -10 379.74 | -7 645 | -21.79 | -15.70 |
| 浙　　江 | 187 753.72 | 441 494 | 185 173.93 | 455 904 | 2 579.80 | -14 410 | 1.39 | -3.16 |
| 安　　徽 | 6 772.90 | 5 829 | 4 132.63 | 4 069 | 2 640.27 | 1 760 | 63.89 | 43.25 |
| 福　　建 | 855 281.72 | 1 004 268 | 785 672.46 | 902 239 | 69 609.27 | 102 029 | 8.86 | 11.31 |
| 江　　西 | 6 382.80 | 3 385 | 9 027.27 | 5 081 | -2 644.47 | -1 696 | -29.29 | -33.38 |
| 山　　东 | 520 793.17 | 971 538 | 445 818.29 | 914 730 | 74 974.88 | 56 809 | 16.82 | 6.21 |
| 河　　南 | 99.39 | 302 | 210.17 | 266 | -110.78 | 36 | -52.71 | 13.56 |
| 湖　　北 | 4 193.47 | 4 806 | 5 491.67 | 6 230 | -1 298.20 | -1 424 | -23.64 | -22.85 |
| 湖　　南 | 7 083.42 | 6 652 | 3 369.80 | 3 699 | 3 713.62 | 2 953 | 110.20 | 79.84 |
| 广　　东 | 295 370.58 | 519 089 | 343 961.49 | 614 966 | -48 590.90 | -95 876 | -14.13 | -15.59 |
| 广　　西 | 20 694.75 | 35 428 | 20 476.81 | 36 882 | 217.93 | -1 453 | 1.06 | -3.94 |
| 海　　南 | 53 386.89 | 151 426 | 52 746.72 | 176 935 | 640.17 | -25 509 | 1.21 | -14.42 |
| 重　　庆 | 65.98 | 114 | 40.22 | 21 | 25.77 | 93 | 64.08 | 444.18 |
| 四　　川 | 10 346.37 | 3 973 | 9 512.69 | 4 620 | 833.68 | -647 | 8.76 | -14.01 |
| 贵　　州 | 790.71 | 1 716 | 310.77 | 372 | 479.94 | 1 345 | 154.44 | 361.73 |
| 云　　南 | 1 722.91 | 1 685 | 1 672.79 | 1 838 | 50.11 | -154 | 3.00 | -8.36 |
| 西　　藏 | 2.48 | 10 | 4.29 | 9 | -1.81 | 1 | -42.19 | 8.39 |
| 陕　　西 | 418.42 | 315 | 172.43 | 164 | 246.00 | 151 | 142.67 | 91.81 |
| 甘　　肃 | 70.86 | 160 | 2.45 | | 68.41 | 159 | 2 789.80 | |
| 青　　海 | 790.64 | 768 | 1 561.20 | 2 592 | -770.56 | -1 824 | -49.36 | -70.38 |
| 宁　　夏 | 260.28 | 107 | 124.47 | 49 | 135.81 | 58 | 109.11 | 120.33 |
| 新　　疆 | 277.42 | 405 | 237.27 | 292 | 40.15 | 113 | 16.92 | 38.79 |

# 各地区水产品进口贸易情况

单位：万美元，吨

| 地区 | 2022 年进口 | | 2021 年进口 | | 2022 年比 2021 年增减（±） | | | |
|---|---|---|---|---|---|---|---|---|
| | | | | | 绝对量 | | 幅度（%） | |
| | 金额 | 数量 | 金额 | 数量 | 金额 | 数量 | 金额 | 数量 |
| **全国总计** | **2 370 646.26** | **6 469 811** | **1 802 314.62** | **5 747 447** | **568 331.64** | **722 364** | **31.53** | **12.57** |
| 北京 | 178 998.76 | 617 621 | 165 935.80 | 573 784 | 13 062.96 | 43 837 | 7.87 | 7.64 |
| 天津 | 139 802.37 | 323 623 | 86 904.42 | 203 225 | 52 897.95 | 120 398 | 60.87 | 59.24 |
| 河北 | 19 151.80 | 61 797 | 17 810.23 | 62 137 | 1 341.57 | -340 | 7.53 | -0.55 |
| 山西 | 618.03 | 1 244 | 27.96 | 76 | 590.07 | 1 168 | 2 110.25 | 1 535.28 |
| 内蒙古 | 10.57 | 53 | | | 10.57 | 53 | | |
| 辽宁 | 167 249.13 | 616 387 | 144 605.59 | 625 694 | 22 643.54 | -9 307 | 15.66 | -1.49 |
| 吉林 | 67 693.38 | 164 728 | 62 968.44 | 115 675 | 4 724.94 | 49 053 | 7.50 | 42.41 |
| 黑龙江 | 6 433.90 | 17 424 | 2 022.67 | 4 196 | 4 411.23 | 13 229 | 218.09 | 315.30 |
| 上海 | 230 683.86 | 245 908 | 212 234.88 | 228 883 | 18 448.99 | 17 025 | 8.69 | 7.44 |
| 江苏 | 43 470.39 | 101 133 | 31 994.58 | 84 665 | 11 475.81 | 16 467 | 35.87 | 19.45 |
| 浙江 | 218 322.28 | 458 059 | 132 315.65 | 383 206 | 86 006.63 | 74 852 | 65.00 | 19.53 |
| 安徽 | 12 306.77 | 63 537 | 12 566.40 | 81 160 | -259.62 | -17 623 | -2.07 | -21.71 |
| 福建 | 289 878.02 | 1 181 614 | 235 240.54 | 1 250 073 | 54 637.48 | -68 459 | 23.23 | -5.48 |
| 江西 | 6 962.17 | 5 993 | 4 742.31 | 9 485 | 2 219.87 | -3 492 | 46.81 | -36.82 |
| 山东 | 461 136.58 | 1 498 467 | 315 077.97 | 1 176 274 | 146 058.60 | 322 194 | 46.36 | 27.39 |
| 河南 | 6 446.82 | 12 074 | 5 235.97 | 8 178 | 1 210.85 | 3 896 | 23.13 | 47.64 |
| 湖北 | 6 629.35 | 17 394 | 4 208.77 | 14 024 | 2 420.58 | 3 370 | 57.51 | 24.03 |
| 湖南 | 50 749.86 | 84 199 | 37 155.26 | 38 750 | 13 594.60 | 45 449 | 36.59 | 117.29 |
| 广东 | 366 131.94 | 751 763 | 280 240.88 | 677 472 | 85 891.06 | 74 291 | 30.65 | 10.97 |
| 广西 | 35 781.90 | 100 546 | 19 973.20 | 90 534 | 15 808.70 | 10 012 | 79.15 | 11.06 |
| 海南 | 4 767.63 | 6 968 | 2 414.53 | 9 166 | 2 353.11 | -2 198 | 97.46 | -23.98 |
| 重庆 | 22 774.36 | 33 891 | 4 013.28 | 9 954 | 18 761.08 | 23 937 | 467.48 | 240.49 |
| 四川 | 14 017.52 | 58 449 | 14 232.61 | 72 818 | -215.09 | -14 369 | -1.51 | -19.73 |
| 贵州 | 1 444.73 | 2 741 | 1.57 | | 1 443.16 | 2 739 | 91 880.09 | |
| 云南 | 12 474.15 | 27 334 | 5 222.71 | 11 203 | 7 251.44 | 16 131 | 138.84 | 143.99 |
| 西藏 | | | | | | | | |
| 陕西 | 321.55 | 121 | 306.05 | 83 | 15.50 | 38 | 5.06 | 46.24 |
| 甘肃 | 402.28 | 682 | 80.07 | 117 | 322.20 | 565 | 402.39 | 483.25 |
| 青海 | 27.18 | 102 | 0.87 | | 26.30 | 101 | 3 007.52 | |
| 宁夏 | 32.94 | 117 | | | 32.94 | 117 | | |
| 新疆 | 5 926.06 | 15 844 | 4 781.43 | 16 615 | 1 144.63 | -771 | 23.94 | -4.64 |

# 第五部分

# 渔政管理

# 各地区渔政管理机构情况（按机构性质分）

单位：个

| 地　区 | 渔业执法机构个数 | 行政单位 | 参照公务员管理单位 | 事业单位 | 其　他 |
|---|---|---|---|---|---|
| **全国总计** | **2 640** | **422** | **642** | **1 538** | **38** |
| 部直属 | 3 | 2 | | 1 | |
| 北　京 | 16 | 5 | 1 | 10 | |
| 天　津 | 11 | 1 | 2 | 8 | |
| 河　北 | 106 | 20 | 8 | 78 | |
| 山　西 | 55 | 6 | 1 | 48 | |
| 内蒙古 | 96 | 11 | 23 | 62 | |
| 辽　宁 | 74 | 5 | 7 | 61 | 1 |
| 吉　林 | 55 | 8 | 8 | 38 | 1 |
| 黑龙江 | 91 | 6 | 12 | 73 | |
| 上　海 | 10 | 2 | 8 | | |
| 江　苏 | 107 | 5 | 65 | 36 | 1 |
| 浙　江 | 92 | 3 | 74 | 15 | |
| 安　徽 | 108 | 4 | 3 | 101 | |
| 福　建 | 83 | 3 | 49 | 28 | 3 |
| 江　西 | 91 | 1 | 4 | 85 | 1 |
| 山　东 | 153 | 30 | 9 | 113 | 1 |
| 河　南 | 103 | 22 | 5 | 76 | |
| 湖　北 | 112 | 8 | 11 | 92 | 1 |
| 湖　南 | 127 | 10 | 23 | 91 | 3 |
| 广　东 | 123 | 116 | 4 | 3 | |
| 广　西 | 110 | 6 | 92 | 9 | 3 |
| 海　南 | 20 | 1 | 4 | 15 | |
| 重　庆 | 42 | 1 | 38 | 3 | |
| 四　川 | 215 | 62 | 117 | 36 | |
| 贵　州 | 94 | 1 | 7 | 86 | |
| 云　南 | 149 | 13 | 15 | 118 | 3 |
| 西　藏 | 58 | 23 | 2 | 33 | |
| 陕　西 | 112 | 8 | 8 | 88 | 8 |
| 甘　肃 | 88 | 14 | 16 | 48 | 10 |
| 青　海 | 49 | 1 | 3 | 45 | |
| 宁　夏 | 22 | 1 | | 21 | |
| 新　疆 | 65 | 23 | 23 | 17 | 2 |

## 各地区渔政管理机构情况（按执法业务类型分）

单位：个

| 地　　区 | 独立渔政执法队伍 | 农业综合执法队伍内设独立渔政执法分支机构 | 农业综合执法队伍内设科室 | 海洋与渔业整合设置的综合执法队伍 | 水利与渔业整合设置的综合执法队伍 | 渔政与其他行业整合设置的综合执法队伍 |
|---|---|---|---|---|---|---|
| **全国总计** | **531** | **357** | **1 424** | **82** | **24** | **222** |
| 部直属 | 3 | | | | | |
| 北　京 | 10 | | 5 | | | 1 |
| 天　津 | 3 | 5 | 3 | | | |
| 河　北 | 41 | 13 | 41 | 6 | 2 | 3 |
| 山　西 | 6 | 5 | 44 | | | |
| 内蒙古 | 54 | 2 | 33 | | 4 | 3 |
| 辽　宁 | 32 | 9 | 26 | 3 | | 4 |
| 吉　林 | 36 | 3 | 15 | | 1 | |
| 黑龙江 | 20 | 11 | 60 | | | |
| 上　海 | | 1 | 9 | | | |
| 江　苏 | 20 | 24 | 52 | 1 | 1 | 9 |
| 浙　江 | 15 | 7 | 59 | 6 | | 5 |
| 安　徽 | 15 | 28 | 45 | | 1 | 19 |
| 福　建 | 16 | 7 | 29 | 19 | 1 | 11 |
| 江　西 | 5 | 10 | 74 | | | 2 |
| 山　东 | 7 | 4 | 75 | 34 | 2 | 31 |
| 河　南 | 27 | 21 | 37 | | 5 | 13 |
| 湖　北 | 12 | 35 | 43 | | 1 | 21 |
| 湖　南 | 9 | 29 | 72 | | | 17 |
| 广　东 | 55 | 2 | 58 | 4 | 1 | 3 |
| 广　西 | 41 | 24 | 35 | 6 | | 4 |
| 海　南 | 8 | 3 | 3 | 3 | | 3 |
| 重　庆 | | 2 | 37 | | | 3 |
| 四　川 | 2 | 49 | 145 | | | 19 |
| 贵　州 | 3 | 16 | 73 | | | 2 |
| 云　南 | 26 | 30 | 68 | | | 25 |
| 西　藏 | 2 | | 56 | | | |
| 陕　西 | 32 | 7 | 54 | | 5 | 14 |
| 甘　肃 | 15 | 6 | 65 | | | 2 |
| 青　海 | | 1 | 41 | | | 7 |
| 宁　夏 | 15 | 1 | 5 | | | 1 |
| 新　疆 | 1 | 2 | 62 | | | |

# 各地区渔政管理人员情况

单位：人

| 地　　区 | 现有人数合计 | 按教育水平分 | | | | 持渔业行政执法证人数 |
|---|---|---|---|---|---|---|
| | | 大学本科以上 | 大学本科 | 大学专科 | 大学专科以下 | |
| **全国总计** | **34 232** | **1 310** | **14 877** | **14 401** | **3 644** | **16 976** |
| 部 直 属 | 164 | 52 | 103 | 8 | 1 | 60 |
| 北　　京 | 235 | 28 | 166 | 39 | 2 | 210 |
| 天　　津 | 116 | 2 | 65 | 26 | 23 | 100 |
| 河　　北 | 1 187 | 29 | 516 | 499 | 143 | 742 |
| 山　　西 | 270 | 11 | 138 | 116 | 5 | 43 |
| 内 蒙 古 | 820 | 22 | 348 | 399 | 51 | 464 |
| 辽　　宁 | 2 119 | 76 | 947 | 885 | 211 | 1 387 |
| 吉　　林 | 405 | 13 | 187 | 189 | 16 | 272 |
| 黑 龙 江 | 502 | 10 | 224 | 250 | 18 | 323 |
| 上　　海 | 361 | 56 | 219 | 40 | 46 | 242 |
| 江　　苏 | 2 438 | 215 | 1 253 | 788 | 182 | 1 346 |
| 浙　　江 | 1 941 | 87 | 879 | 680 | 295 | 919 |
| 安　　徽 | 1 840 | 59 | 840 | 831 | 110 | 605 |
| 福　　建 | 1 810 | 66 | 853 | 661 | 230 | 1 079 |
| 江　　西 | 1 093 | 35 | 392 | 555 | 111 | 303 |
| 山　　东 | 3 958 | 140 | 1 668 | 1 649 | 501 | 1 625 |
| 河　　南 | 932 | 31 | 295 | 516 | 90 | 443 |
| 湖　　北 | 1 547 | 35 | 369 | 1 007 | 136 | 923 |
| 湖　　南 | 1 371 | 13 | 370 | 795 | 193 | 509 |
| 广　　东 | 2 794 | 119 | 1 098 | 1 024 | 553 | 1 618 |
| 广　　西 | 1 029 | 30 | 452 | 465 | 82 | 614 |
| 海　　南 | 686 | 9 | 157 | 319 | 201 | 250 |
| 重　　庆 | 447 | 22 | 223 | 199 | 3 | 242 |
| 四　　川 | 1 518 | 59 | 738 | 666 | 55 | 653 |
| 贵　　州 | 699 | 14 | 352 | 322 | 11 | 173 |
| 云　　南 | 1 322 | 17 | 666 | 447 | 192 | 620 |
| 西　　藏 | 166 | 1 | 133 | 32 | | 122 |
| 陕　　西 | 1 039 | 18 | 394 | 476 | 151 | 480 |
| 甘　　肃 | 603 | 15 | 331 | 240 | 17 | 254 |
| 青　　海 | 416 | 9 | 259 | 139 | 9 | 183 |
| 宁　　夏 | 109 | 5 | 79 | 23 | 2 | 90 |
| 新　　疆 | 295 | 12 | 163 | 116 | 4 | 82 |

# 第六部分

# 技术推广

# 各地区水产技术推广机构情况（按层级分）

单位：个

| 地区 | 数量 | | | 省级站 | | 市级站 | | 县级站 | | 区域站 | | 乡镇站 | |
|---|---|---|---|---|---|---|---|---|---|---|---|---|---|
| | | 专业站 | 综合站 | 专业站 | 综合站 | 专业站 | 综合站 | 专业站 | 综合站 | 专业站 | 综合站 | 专业站 | 综合站 |
| **全国总计** | **10 612** | **1 697** | **8 915** | **30** | **6** | **198** | **112** | **974** | **1 022** | **38** | **39** | **457** | **7 736** |
| 北　　京 | 14 | 2 | 12 | 1 | | 1 | 12 | | | | | | |
| 天　　津 | 11 | 9 | 2 | 1 | | 8 | 2 | | | | | | |
| 河　　北 | 159 | 61 | 98 | 1 | | 11 | | 45 | 91 | 4 | 4 | | 3 |
| 山　　西 | 64 | 17 | 47 | 1 | | 5 | 5 | 11 | 42 | | | | |
| 内 蒙 古 | 93 | 12 | 81 | | 1 | 4 | 8 | 8 | 71 | | | | 1 |
| 辽　　宁 | 73 | 19 | 54 | | 1 | 4 | 2 | 6 | 14 | 4 | | 5 | 37 |
| 吉　　林 | 402 | 63 | 339 | 1 | | 8 | 1 | 32 | 19 | | | 22 | 319 |
| 黑 龙 江 | 77 | 26 | 51 | 1 | | 2 | 8 | 23 | 43 | | | | |
| 上　　海 | 98 | 8 | 90 | 1 | | | | 7 | 2 | | | | 88 |
| 江　　苏 | 871 | 72 | 799 | 1 | | 9 | 4 | 54 | 30 | | 5 | 8 | 760 |
| 浙　　江 | 371 | 43 | 328 | 1 | | 7 | 3 | 32 | 43 | 3 | | | 282 |
| 安　　徽 | 669 | 97 | 572 | 1 | | 11 | 5 | 50 | 35 | 10 | | 25 | 532 |
| 福　　建 | 675 | 121 | 554 | 1 | | 8 | 1 | 61 | 9 | | 2 | 51 | 542 |
| 江　　西 | 577 | 72 | 505 | | 1 | 9 | 2 | 52 | 45 | 4 | | 7 | 457 |
| 山　　东 | 824 | 170 | 654 | 1 | | 11 | 4 | 80 | 46 | 6 | 9 | 72 | 595 |
| 河　　南 | 125 | 79 | 46 | 1 | | 17 | 1 | 60 | 45 | 1 | | | |
| 湖　　北 | 507 | 248 | 259 | 1 | | 7 | 3 | 37 | 28 | | 5 | 203 | 223 |
| 湖　　南 | 1 018 | 70 | 948 | | 1 | 5 | 9 | 50 | 72 | | 14 | 15 | 852 |
| 广　　东 | 321 | 32 | 289 | | 1 | 9 | 10 | 17 | 53 | 6 | | | 225 |
| 广　　西 | 881 | 108 | 773 | 1 | | 11 | 3 | 54 | 38 | | | 42 | 732 |
| 海　　南 | 21 | 4 | 17 | 1 | | 2 | | 1 | 9 | | | | 8 |
| 重　　庆 | 776 | 20 | 756 | 1 | | | | 19 | 19 | | | | 737 |
| 四　　川 | 906 | 71 | 835 | 1 | | 11 | 6 | 59 | 65 | | | | 764 |
| 贵　　州 | 567 | 54 | 513 | 1 | | 6 | 3 | 47 | 44 | | | | 466 |
| 云　　南 | 165 | 99 | 66 | 1 | | 14 | 2 | 84 | 38 | | | | 26 |
| 陕　　西 | 108 | 58 | 50 | 1 | | 8 | 3 | 49 | 47 | | | | |
| 甘　　肃 | 75 | 23 | 52 | 1 | | 6 | 7 | 15 | 40 | | | 1 | 5 |
| 青　　海 | 14 | 5 | 9 | 1 | | | 1 | 4 | 8 | | | | |
| 宁　　夏 | 36 | 3 | 33 | 1 | | 1 | 4 | 1 | 15 | | | | 14 |
| 新　　疆 | 14 | 8 | 6 | 1 | | 3 | 3 | 4 | 3 | | | | |
| 大　　连 | 20 | 9 | 11 | | 1 | | | 4 | 2 | | | 5 | 8 |
| 青　　岛 | 48 | 6 | 42 | 1 | | | | 4 | 3 | | | 1 | 39 |
| 宁　　波 | 29 | 5 | 24 | 1 | | | | 4 | 3 | | | | 21 |
| 厦　　门 | 1 | 1 | | 1 | | | | | | | | | |
| 深　　圳 | 1 | 1 | | 1 | | | | | | | | | |
| 新疆兵团 | 1 | 1 | | 1 | | | | | | | | | |

## 各地区水产技术推广机构情况（按机构性质分）（一）

单位：个

| 地　区 | 行政单位 | | | | | |
|---|---|---|---|---|---|---|
| | 合　计 | 省级站 | 市级站 | 县级站 | 区域站 | 乡镇站 |
| **全国总计** | **76** | **1** | **7** | **49** | | **19** |
| 北　京 | | | | | | |
| 天　津 | | | | | | |
| 河　北 | 6 | | | 6 | | |
| 山　西 | 1 | | | 1 | | |
| 内蒙古 | 2 | | | 2 | | |
| 辽　宁 | | | | | | |
| 吉　林 | 1 | | 1 | | | |
| 黑龙江 | 7 | | 1 | 6 | | |
| 上　海 | | | | | | |
| 江　苏 | 2 | | | 1 | | 1 |
| 浙　江 | 9 | | | 3 | | 6 |
| 安　徽 | 2 | | | 2 | | |
| 福　建 | | | | | | |
| 江　西 | | | | | | |
| 山　东 | 1 | | | 1 | | |
| 河　南 | 7 | | | 7 | | |
| 湖　北 | | | | | | |
| 湖　南 | 12 | | 1 | 1 | | 10 |
| 广　东 | 2 | | | 2 | | |
| 广　西 | 1 | | | 1 | | |
| 海　南 | 2 | | | 2 | | |
| 重　庆 | 1 | | | 1 | | |
| 四　川 | 14 | 1 | 3 | 10 | | |
| 贵　州 | | | | | | |
| 云　南 | 1 | | 1 | | | |
| 陕　西 | 2 | | | 2 | | |
| 甘　肃 | 1 | | | 1 | | |
| 青　海 | | | | | | |
| 宁　夏 | | | | | | |
| 新　疆 | | | | | | |
| 大　连 | | | | | | |
| 青　岛 | 2 | | | | | 2 |
| 宁　波 | | | | | | |
| 厦　门 | | | | | | |
| 深　圳 | | | | | | |
| 新疆兵团 | | | | | | |

# 各地区水产技术推广机构情况（按机构性质分）（二）

单位：个

| 地　区 | 事业单位 | | | | | | |
|---|---|---|---|---|---|---|---|
| | 总　计 | 全额拨款 | | | | | |
| | | 合　计 | 省级站 | 市级站 | 县级站 | 区域站 | 乡镇站 |
| **全国总计** | **10 536** | **10 014** | **35** | **292** | **1 865** | **68** | **7 754** |
| 北　京 | 14 | 14 | 1 | 13 | | | |
| 天　津 | 11 | 11 | 1 | 10 | | | |
| 河　北 | 153 | 130 | 1 | 10 | 112 | 4 | 3 |
| 山　西 | 63 | 60 | 1 | 8 | 51 | | |
| 内蒙古 | 91 | 91 | 1 | 12 | 77 | | 1 |
| 辽　宁 | 73 | 73 | 1 | 6 | 20 | 4 | 42 |
| 吉　林 | 401 | 401 | 1 | 8 | 51 | | 341 |
| 黑龙江 | 70 | 67 | 1 | 9 | 57 | | |
| 上　海 | 98 | 97 | 1 | | 9 | | 87 |
| 江　苏 | 869 | 823 | 1 | 13 | 73 | 5 | 731 |
| 浙　江 | 362 | 360 | 1 | 10 | 72 | 3 | 274 |
| 安　徽 | 667 | 648 | 1 | 16 | 80 | 10 | 541 |
| 福　建 | 675 | 673 | 1 | 9 | 69 | 2 | 592 |
| 江　西 | 577 | 533 | 1 | 11 | 96 | 4 | 421 |
| 山　东 | 823 | 815 | 1 | 14 | 120 | 15 | 665 |
| 河　南 | 118 | 105 | 1 | 17 | 86 | 1 | |
| 湖　北 | 507 | 228 | 1 | 10 | 50 | | 167 |
| 湖　南 | 1 006 | 945 | 1 | 11 | 113 | 14 | 806 |
| 广　东 | 319 | 308 | 1 | 17 | 66 | 6 | 218 |
| 广　西 | 880 | 880 | 1 | 14 | 91 | | 774 |
| 海　南 | 19 | 19 | 1 | 2 | 8 | | 8 |
| 重　庆 | 775 | 774 | 1 | | 36 | | 737 |
| 四　川 | 892 | 892 | | 14 | 114 | | 764 |
| 贵　州 | 567 | 567 | 1 | 9 | 91 | | 466 |
| 云　南 | 164 | 164 | 1 | 15 | 122 | | 26 |
| 陕　西 | 106 | 104 | 1 | 10 | 93 | | |
| 甘　肃 | 74 | 73 | 1 | 12 | 54 | | 6 |
| 青　海 | 14 | 14 | 1 | 1 | 12 | | |
| 宁　夏 | 36 | 36 | 1 | 5 | 16 | | 14 |
| 新　疆 | 14 | 13 | 1 | 6 | 6 | | |
| 大　连 | 20 | 20 | 1 | | 6 | | 13 |
| 青　岛 | 46 | 44 | 1 | | 7 | | 36 |
| 宁　波 | 29 | 29 | 1 | | 7 | | 21 |
| 厦　门 | 1 | 1 | 1 | | | | |
| 深　圳 | 1 | 1 | 1 | | | | |
| 新疆兵团 | 1 | 1 | 1 | | | | |

# 各地区水产技术推广机构情况（按机构性质分）（三）

单位：个

| 地　区 | 事业单位（续） | | | | | | | | | | | |
|---|---|---|---|---|---|---|---|---|---|---|---|---|
| | 差额拨款 | | | | | | 自收自支 | | | | | |
| | 合计 | 省级站 | 市级站 | 县级站 | 区域站 | 乡镇站 | 合计 | 省级站 | 市级站 | 县级站 | 区域站 | 乡镇站 |
| **全国总计** | **359** | | **10** | **58** | **5** | **286** | **163** | | **1** | **24** | **4** | **134** |
| 北　京 | | | | | | | | | | | | |
| 天　津 | | | | | | | | | | | | |
| 河　北 | 17 | | 1 | 16 | | | 6 | | | 2 | 4 | |
| 山　西 | 1 | | 1 | | | | 2 | | 1 | 1 | | |
| 内 蒙 古 | | | | | | | | | | | | |
| 辽　宁 | | | | | | | | | | | | |
| 吉　林 | | | | | | | | | | | | |
| 黑 龙 江 | 1 | | | 1 | | | 2 | | | 2 | | |
| 上　海 | 1 | | | | | 1 | | | | | | |
| 江　苏 | 40 | | | 7 | | 33 | 6 | | | 3 | | 3 |
| 浙　江 | 2 | | | | | 2 | | | | | | |
| 安　徽 | 2 | | | 2 | | | 17 | | | 1 | | 16 |
| 福　建 | 1 | | | 1 | | | 1 | | | | | 1 |
| 江　西 | 44 | | | 1 | | 43 | | | | | | |
| 山　东 | 6 | | 1 | 5 | | | 2 | | | | | 2 |
| 河　南 | 5 | | 1 | 4 | | | 8 | | | 8 | | |
| 湖　北 | 168 | | | 11 | 5 | 152 | 111 | | | 4 | | 107 |
| 湖　南 | 55 | | 2 | 6 | | 47 | 6 | | | 2 | | 4 |
| 广　东 | 11 | | 2 | 2 | | 7 | | | | | | |
| 广　西 | | | | | | | | | | | | |
| 海　南 | | | | | | | | | | | | |
| 重　庆 | 1 | | | 1 | | | | | | | | |
| 四　川 | | | | | | | | | | | | |
| 贵　州 | | | | | | | | | | | | |
| 云　南 | | | | | | | | | | | | |
| 陕　西 | 2 | | 1 | 1 | | | | | | | | |
| 甘　肃 | 1 | | 1 | | | | | | | | | |
| 青　海 | | | | | | | | | | | | |
| 宁　夏 | | | | | | | | | | | | |
| 新　疆 | | | | | | | 1 | | | 1 | | |
| 大　连 | | | | | | | | | | | | |
| 青　岛 | 1 | | | | | 1 | 1 | | | | | 1 |
| 宁　波 | | | | | | | | | | | | |
| 厦　门 | | | | | | | | | | | | |
| 深　圳 | | | | | | | | | | | | |
| 新疆兵团 | | | | | | | | | | | | |

# 各地区水产技术推广经费情况（一）

单位：万元

| 地　区 | 总　计 | 人员经费 | | | | | |
|---|---|---|---|---|---|---|---|
| | | 合　计 | 省级站 | 市级站 | 县级站 | 区域站 | 乡镇站 |
| **全国总计** | **438 630.93** | **283 382.39** | **30 497.60** | **54 913.36** | **107 123.36** | **1 780.55** | **89 067.53** |
| 北　京 | 5 754.73 | 4 108.47 | 1 800.17 | 2 308.30 | | | |
| 天　津 | 5 266.60 | 4 012.15 | 2 784.06 | 1 228.09 | | | |
| 河　北 | 9 111.01 | 6 661.08 | 1 035.00 | 2 433.72 | 3 091.36 | 54.00 | 47.00 |
| 山　西 | 3 542.84 | 1 743.91 | 667.03 | 475.85 | 601.03 | | |
| 内蒙古 | 8 182.91 | 5 707.67 | | 2 095.35 | 3 602.32 | | 10.00 |
| 辽　宁 | 1 579.19 | 1 132.32 | | 612.46 | 340.36 | 43.00 | 136.50 |
| 吉　林 | 9 229.62 | 7 252.34 | 530.73 | 1 496.27 | 2 033.74 | | 3 191.60 |
| 黑龙江 | 3 654.95 | 2 968.65 | 74.09 | 458.87 | 2 435.69 | | |
| 上　海 | 16 641.97 | 11 740.87 | 5 081.40 | | 4 706.98 | | 1 952.49 |
| 江　苏 | 40 666.04 | 29 566.63 | 1 509.23 | 4 506.88 | 10 858.99 | 216.60 | 12 474.93 |
| 浙　江 | 27 792.27 | 12 912.06 | 720.40 | 2 432.20 | 5 179.74 | 50.00 | 4 529.72 |
| 安　徽 | 17 467.97 | 12 801.96 | 572.16 | 2 419.52 | 4 920.49 | 202.32 | 4 687.47 |
| 福　建 | 13 200.43 | 9 550.62 | 663.08 | 2 041.92 | 3 208.30 | 16.80 | 3 620.52 |
| 江　西 | 8 293.43 | 6 106.18 | 144.00 | 391.95 | 2 646.72 | 41.00 | 2 882.51 |
| 山　东 | 36 806.30 | 23 549.00 | 1 617.52 | 5 101.95 | 9 915.23 | 26.00 | 6 888.30 |
| 河　南 | 8 902.62 | 6 317.80 | 523.50 | 2 810.19 | 2 984.11 | | |
| 湖　北 | 15 840.83 | 11 251.22 | 390.00 | 1 949.27 | 3 949.40 | 30.00 | 4 932.55 |
| 湖　南 | 17 401.09 | 13 414.43 | 280.31 | 1 748.70 | 3 475.68 | 314.00 | 7 595.74 |
| 广　东 | 25 359.15 | 16 924.49 | 1 705.19 | 5 022.74 | 4 054.60 | 120.80 | 6 021.16 |
| 广　西 | 22 081.01 | 16 822.67 | 387.35 | 1 622.81 | 3 635.23 | | 11 177.28 |
| 海　南 | 1 420.92 | 719.15 | 312.08 | 100.00 | 268.67 | | 38.40 |
| 重　庆 | 27 466.70 | 12 123.70 | 927.90 | | 4 043.09 | | 7 152.71 |
| 四　川 | 26 785.15 | 16 262.66 | 70.00 | 1 863.30 | 6 775.16 | 666.03 | 6 888.17 |
| 贵　州 | 11 054.96 | 7 000.31 | 162.00 | 767.38 | 2 745.84 | | 3 325.09 |
| 云　南 | 20 779.90 | 11 408.53 | 377.63 | 3 212.42 | 7 497.01 | | 321.47 |
| 陕　西 | 25 534.15 | 14 912.48 | 1 757.31 | 4 900.65 | 8 254.52 | | |
| 甘　肃 | 6 198.57 | 4 828.47 | 849.65 | 1 732.81 | 2 239.01 | | 7.00 |
| 青　海 | 975.44 | 619.51 | 396.05 | | 223.46 | | |
| 宁　夏 | 5 370.97 | 2 001.86 | 632.81 | 458.30 | 829.83 | | 80.92 |
| 新　疆 | 3 638.36 | 2 051.43 | 1 193.25 | 721.46 | 136.72 | | |
| 大　连 | 1 152.00 | 928.79 | 424.80 | | 406.79 | | 97.20 |
| 青　岛 | 1 582.83 | 1 325.59 | 92.00 | | 529.79 | | 703.80 |
| 宁　波 | 6 620.50 | 3 148.50 | 1 310.00 | | 1 533.50 | | 305.00 |
| 厦　门 | 110.00 | 80.00 | 80.00 | | | | |
| 深　圳 | 2 659.43 | 1 212.90 | 1 212.90 | | | | |
| 新疆兵团 | 506.09 | 214.00 | 214.00 | | | | |

# 各地区水产技术推广经费情况（二）

单位：万元

| 地　　区 | 公共经费 | | | | | |
|---|---|---|---|---|---|---|
| | 合　计 | 省级站 | 市级站 | 县级站 | 区域站 | 乡镇站 |
| **全国总计** | **26 713.14** | **3 538.62** | **5 267.31** | **9 359.99** | **159.82** | **8 387.40** |
| 北　京 | 335.62 | 165.98 | 169.64 | | | |
| 天　津 | 435.67 | 350.20 | 85.47 | | | |
| 河　北 | 421.88 | 53.10 | 179.26 | 188.52 | 1.00 | |
| 山　西 | 102.47 | 40.73 | 32.31 | 29.43 | | |
| 内蒙古 | 297.35 | | 166.51 | 130.84 | | |
| 辽　宁 | 72.87 | | 45.79 | 12.68 | 3.00 | 11.40 |
| 吉　林 | 430.87 | 67.10 | 126.17 | 114.59 | | 123.01 |
| 黑龙江 | 115.94 | 30.34 | 17.63 | 67.97 | | |
| 上　海 | 989.35 | 443.98 | | 397.60 | | 147.77 |
| 江　苏 | 2 941.27 | 111.31 | 764.25 | 784.50 | 4.23 | 1 276.98 |
| 浙　江 | 2 119.38 | 655.70 | 303.79 | 537.23 | | 622.66 |
| 安　徽 | 963.02 | 20.75 | 155.95 | 434.62 | 51.60 | 300.10 |
| 福　建 | 574.48 | 43.84 | 148.67 | 204.80 | 0.75 | 176.42 |
| 江　西 | 647.25 | 6.00 | 51.70 | 268.05 | 11.30 | 310.20 |
| 山　东 | 1 676.55 | 109.68 | 755.79 | 588.90 | 2.00 | 220.18 |
| 河　南 | 557.92 | 41.60 | 130.09 | 386.23 | | |
| 湖　北 | 1 015.97 | 40.00 | 151.23 | 486.70 | 1.00 | 337.04 |
| 湖　南 | 1 851.46 | 97.43 | 266.12 | 517.78 | 29.00 | 941.13 |
| 广　东 | 1 646.52 | 178.61 | 479.30 | 320.40 | 4.80 | 663.41 |
| 广　西 | 1 177.83 | 25.74 | 134.47 | 337.85 | | 679.77 |
| 海　南 | 148.46 | 18.00 | 13.00 | 117.46 | | |
| 重　庆 | 2 811.70 | 99.20 | | 1 239.42 | | 1 473.08 |
| 四　川 | 2 013.18 | 10.00 | 228.40 | 862.47 | 51.14 | 861.17 |
| 贵　州 | 514.35 | 8.00 | 104.20 | 232.27 | | 169.88 |
| 云　南 | 675.02 | 22.98 | 211.52 | 434.72 | | 5.80 |
| 陕　西 | 875.71 | 168.15 | 408.35 | 299.21 | | |
| 甘　肃 | 395.15 | 165.22 | 81.55 | 148.38 | | |
| 青　海 | 30.93 | 22.68 | | 8.25 | | |
| 宁　夏 | 83.56 | 32.46 | 22.87 | 24.83 | | 3.40 |
| 新　疆 | 121.35 | 84.17 | 33.28 | 3.90 | | |
| 大　连 | 81.16 | 29.20 | | 42.96 | | 9.00 |
| 青　岛 | 46.43 | 4.00 | | 38.43 | | 4.00 |
| 宁　波 | 424.00 | 274.00 | | 99.00 | | 51.00 |
| 厦　门 | 20.00 | 20.00 | | | | |
| 深　圳 | 82.00 | 82.00 | | | | |
| 新疆兵团 | 16.47 | 16.47 | | | | |

# 各地区水产技术推广经费情况（三）

单位：万元

| 地　区 | 项目经费 | | | | | |
|---|---|---|---|---|---|---|
| | 合　计 | 省级站 | 市级站 | 县级站 | 区域站 | 乡镇站 |
| **全国总计** | **128 535.39** | **29 354.03** | **21 324.98** | **73 234.71** | **5.00** | **4 616.67** |
| 北　京 | 1 310.64 | 999.66 | 310.98 | | | |
| 天　津 | 818.78 | 648.82 | 169.96 | | | |
| 河　北 | 2 028.05 | 1 116.20 | 733.55 | 178.30 | | |
| 山　西 | 1 696.46 | 1 176.46 | 57.00 | 463.00 | | |
| 内蒙古 | 2 177.89 | 221.00 | 665.28 | 1 264.61 | | 27.00 |
| 辽　宁 | 374.00 | | 243.00 | 131.00 | | |
| 吉　林 | 1 546.41 | 228.95 | 685.16 | 632.30 | | |
| 黑龙江 | 570.36 | 489.79 | 42.00 | 38.57 | | |
| 上　海 | 3 911.75 | 1 060.78 | | 2 712.91 | | 138.06 |
| 江　苏 | 8 158.14 | 242.00 | 1 773.92 | 5 696.69 | | 445.53 |
| 浙　江 | 12 760.83 | 1 974.35 | 1 027.95 | 7 730.52 | | 2 028.01 |
| 安　徽 | 3 702.99 | 845.79 | 897.35 | 1 949.85 | | 10.00 |
| 福　建 | 3 075.33 | 1 154.91 | 600.90 | 1 298.22 | | 21.30 |
| 江　西 | 1 540.00 | 150.00 | 88.00 | 1 297.00 | 5.00 | |
| 山　东 | 11 580.75 | 2 577.44 | 1 164.00 | 7 831.31 | | 8.00 |
| 河　南 | 2 026.90 | 442.00 | 814.90 | 770.00 | | |
| 湖　北 | 3 573.64 | 150.00 | 246.13 | 2 870.45 | | 307.06 |
| 湖　南 | 2 135.20 | 398.91 | 190.00 | 1 496.29 | | 50.00 |
| 广　东 | 6 788.14 | 3 274.38 | 2 259.27 | 743.62 | | 510.87 |
| 广　西 | 4 080.51 | 1 072.54 | 1 447.23 | 1 531.70 | | 29.04 |
| 海　南 | 553.31 | 228.00 | 73.00 | 252.31 | | |
| 重　庆 | 12 531.30 | 3 319.30 | | 9 212.00 | | |
| 四　川 | 8 509.31 | 30.60 | 243.09 | 8 234.62 | | 1.00 |
| 贵　州 | 3 540.30 | 167.00 | 338.00 | 1 994.50 | | 1 040.80 |
| 云　南 | 8 696.35 | 604.88 | 263.72 | 7 827.75 | | |
| 陕　西 | 9 745.96 | 493.55 | 3 560.78 | 5 691.63 | | |
| 甘　肃 | 974.95 | 268.19 | 189.76 | 517.00 | | |
| 青　海 | 325.00 | 300.00 | | 25.00 | | |
| 宁　夏 | 3 285.55 | 216.00 | 2 894.05 | 175.50 | | |
| 新　疆 | 1 465.58 | 789.58 | 346.00 | 330.00 | | |
| 大　连 | 142.05 | 43.80 | | 98.25 | | |
| 青　岛 | 210.81 | 123.00 | | 87.81 | | |
| 宁　波 | 3 048.00 | 2 896.00 | | 152.00 | | |
| 厦　门 | 10.00 | 10.00 | | | | |
| 深　圳 | 1 364.53 | 1 364.53 | | | | |
| 新疆兵团 | 275.62 | 275.62 | | | | |

## 各地区水产技术推广人员编制情况（按层级分）

单位：人

| 地　区 | 编制人数 | | | | | |
|---|---|---|---|---|---|---|
| | 合　计 | 省级站 | 市级站 | 县级站 | 区域站 | 乡镇站 |
| **全国总计** | **29 901** | **1 626** | **3 556** | **13 267** | **229** | **11 223** |
| 北　京 | 188 | 57 | 131 | | | |
| 天　津 | 261 | 165 | 96 | | | |
| 河　北 | 859 | 33 | 144 | 656 | 20 | 6 |
| 山　西 | 239 | 33 | 97 | 109 | | |
| 内蒙古 | 730 | 30 | 152 | 542 | | 6 |
| 辽　宁 | 278 | 21 | 72 | 115 | 10 | 60 |
| 吉　林 | 1 017 | 31 | 129 | 335 | | 522 |
| 黑龙江 | 699 | 31 | 62 | 606 | | |
| 上　海 | 450 | 175 | | 153 | | 122 |
| 江　苏 | 2 128 | 48 | 183 | 669 | 5 | 1 223 |
| 浙　江 | 804 | 20 | 95 | 405 | 9 | 275 |
| 安　徽 | 1 050 | 17 | 145 | 401 | 31 | 456 |
| 福　建 | 1 225 | 33 | 115 | 391 | 2 | 684 |
| 江　西 | 1 087 | 8 | 54 | 442 | 8 | 575 |
| 山　东 | 2 619 | 68 | 317 | 1 250 | 15 | 969 |
| 河　南 | 916 | 30 | 196 | 680 | 10 | |
| 湖　北 | 1 144 | 30 | 107 | 526 | 5 | 476 |
| 湖　南 | 2 306 | 15 | 223 | 635 | 85 | 1 348 |
| 广　东 | 1 694 | 149 | 307 | 533 | 29 | 676 |
| 广　西 | 2 382 | 18 | 108 | 622 | | 1 634 |
| 海　南 | 102 | 18 | 7 | 69 | | 8 |
| 重　庆 | 991 | 38 | | 316 | | 637 |
| 四　川 | 1 809 | 7 | 178 | 816 | | 808 |
| 贵　州 | 1 328 | 12 | 117 | 584 | | 615 |
| 云　南 | 954 | 23 | 199 | 706 | | 26 |
| 陕　西 | 1 339 | 156 | 125 | 1 058 | | |
| 甘　肃 | 587 | 120 | 126 | 330 | | 11 |
| 青　海 | 74 | 26 | 1 | 47 | | |
| 宁　夏 | 145 | 28 | 25 | 79 | | 13 |
| 新　疆 | 149 | 71 | 45 | 33 | | |
| 大　连 | 86 | 24 | | 51 | | 11 |
| 青　岛 | 102 | 5 | | 56 | | 41 |
| 宁　波 | 116 | 43 | | 52 | | 21 |
| 厦　门 | 6 | 6 | | | | |
| 深　圳 | 27 | 27 | | | | |
| 新疆兵团 | 10 | 10 | | | | |

# 各地区水产技术推广实有人员情况（按层级分）

单位：人

| 地　　区 | 实有人数 | | | | | |
|---|---|---|---|---|---|---|
| | 合　计 | 省级站 | 市级站 | 县级站 | 区域站 | 乡镇站 |
| **全国总计** | **27 642** | **1 424** | **3 233** | **12 057** | **207** | **10 721** |
| 北　京 | 142 | 49 | 93 | | | |
| 天　津 | 205 | 117 | 88 | | | |
| 河　北 | 732 | 42 | 142 | 522 | 20 | 6 |
| 山　西 | 269 | 35 | 81 | 153 | | |
| 内蒙古 | 740 | 25 | 147 | 562 | | 6 |
| 辽　宁 | 240 | 21 | 77 | 87 | 10 | 45 |
| 吉　林 | 967 | 28 | 111 | 345 | | 483 |
| 黑龙江 | 524 | 20 | 52 | 452 | | |
| 上　海 | 384 | 147 | | 131 | | 106 |
| 江　苏 | 1 950 | 46 | 161 | 569 | 5 | 1 169 |
| 浙　江 | 727 | 20 | 79 | 311 | 8 | 309 |
| 安　徽 | 907 | 15 | 121 | 412 | 24 | 335 |
| 福　建 | 945 | 27 | 108 | 352 | 2 | 456 |
| 江　西 | 958 | 8 | 47 | 387 | 8 | 508 |
| 山　东 | 2 470 | 60 | 312 | 1 079 | 15 | 1 004 |
| 河　南 | 819 | 26 | 190 | 593 | 10 | |
| 湖　北 | 1 205 | 24 | 93 | 448 | 12 | 628 |
| 湖　南 | 2 037 | 15 | 206 | 525 | 81 | 1 210 |
| 广　东 | 1 611 | 132 | 292 | 494 | 12 | 681 |
| 广　西 | 2 187 | 16 | 100 | 587 | | 1 484 |
| 海　南 | 111 | 25 | 11 | 67 | | 8 |
| 重　庆 | 1 012 | 35 | | 273 | | 704 |
| 四　川 | 1 707 | 7 | 149 | 745 | | 806 |
| 贵　州 | 1 172 | 11 | 87 | 487 | | 587 |
| 云　南 | 899 | 22 | 181 | 670 | | 26 |
| 陕　西 | 1 429 | 134 | 125 | 1 170 | | |
| 甘　肃 | 573 | 74 | 114 | 366 | | 19 |
| 青　海 | 73 | 25 | 1 | 47 | | |
| 宁　夏 | 140 | 30 | 25 | 71 | | 14 |
| 新　疆 | 127 | 61 | 40 | 26 | | |
| 大　连 | 74 | 24 | | 41 | | 9 |
| 青　岛 | 134 | 4 | | 33 | | 97 |
| 宁　波 | 121 | 48 | | 52 | | 21 |
| 厦　门 | 7 | 7 | | | | |
| 深　圳 | 35 | 35 | | | | |
| 新疆兵团 | 9 | 9 | | | | |

## 各地区水产技术推广实有人员情况（按技术职称和文化程度分）

单位：人

| 地区 | 技术职称 | | | | | 文化程度 | | | | | |
|---|---|---|---|---|---|---|---|---|---|---|---|
| | 正高级 | 副高级 | 中级 | 初级 | 其他 | 博士 | 硕士 | 本科 | 大专 | 中专 | 其他 |
| **全国总计** | **698** | **3 912** | **9 072** | **6 733** | **7 227** | **82** | **1 735** | **10 691** | **9 689** | **3 389** | **2 056** |
| 北京 | 9 | 28 | 41 | 14 | 50 | 3 | 22 | 68 | 23 | 8 | 18 |
| 天津 | 11 | 52 | 89 | 26 | 27 | 11 | 49 | 93 | 21 | 6 | 25 |
| 河北 | 60 | 141 | 233 | 129 | 169 | 1 | 34 | 377 | 181 | 72 | 67 |
| 山西 | 8 | 44 | 101 | 49 | 67 | | 12 | 149 | 67 | 12 | 29 |
| 内蒙古 | 31 | 163 | 224 | 93 | 229 | 1 | 39 | 371 | 232 | 59 | 38 |
| 辽宁 | 29 | 55 | 84 | 24 | 48 | | 29 | 115 | 92 | 4 | |
| 吉林 | 56 | 164 | 254 | 259 | 234 | | 28 | 247 | 329 | 269 | 94 |
| 黑龙江 | 41 | 114 | 111 | 92 | 166 | | 23 | 252 | 199 | 42 | 8 |
| 上海 | 20 | 61 | 121 | 133 | 49 | 9 | 83 | 176 | 78 | 24 | 14 |
| 江苏 | 91 | 341 | 734 | 442 | 342 | 11 | 196 | 736 | 738 | 175 | 94 |
| 浙江 | 26 | 112 | 308 | 133 | 148 | 7 | 98 | 412 | 182 | 15 | 13 |
| 安徽 | 33 | 154 | 352 | 210 | 158 | | 47 | 385 | 291 | 118 | 66 |
| 福建 | 14 | 172 | 287 | 289 | 183 | 1 | 70 | 412 | 279 | 158 | 25 |
| 江西 | 7 | 108 | 208 | 249 | 386 | | 31 | 266 | 335 | 188 | 138 |
| 山东 | 39 | 295 | 819 | 739 | 578 | 12 | 214 | 984 | 741 | 335 | 184 |
| 河南 | 15 | 125 | 253 | 128 | 298 | 1 | 38 | 346 | 261 | 75 | 98 |
| 湖北 | 5 | 49 | 323 | 384 | 444 | 3 | 33 | 211 | 496 | 302 | 160 |
| 湖南 | 23 | 108 | 611 | 584 | 711 | 1 | 49 | 514 | 810 | 384 | 279 |
| 广东 | 27 | 159 | 409 | 369 | 647 | 12 | 164 | 693 | 460 | 148 | 134 |
| 广西 | 13 | 155 | 972 | 730 | 317 | 1 | 33 | 678 | 1 140 | 269 | 66 |
| 海南 | 1 | 6 | 17 | 30 | 57 | | 21 | 43 | 31 | 2 | 14 |
| 重庆 | 12 | 132 | 416 | 242 | 210 | 1 | 60 | 412 | 417 | 96 | 26 |
| 四川 | 9 | 185 | 598 | 487 | 428 | | 69 | 641 | 744 | 167 | 86 |
| 贵州 | 13 | 218 | 554 | 287 | 100 | 2 | 66 | 533 | 484 | 76 | 11 |
| 云南 | 27 | 353 | 279 | 114 | 126 | | 26 | 458 | 309 | 82 | 24 |
| 陕西 | 11 | 157 | 287 | 285 | 689 | 1 | 50 | 435 | 447 | 226 | 270 |
| 甘肃 | 24 | 109 | 170 | 109 | 161 | | 35 | 284 | 156 | 49 | 49 |
| 青海 | 4 | 10 | 25 | 24 | 10 | | 3 | 50 | 17 | 2 | 1 |
| 宁夏 | 9 | 53 | 46 | 20 | 12 | | 13 | 93 | 28 | 5 | 1 |
| 新疆 | 11 | 21 | 31 | 20 | 44 | | 31 | 57 | 25 | 2 | 12 |
| 大连 | 3 | 11 | 29 | 15 | 16 | | 21 | 31 | 22 | | |
| 青岛 | 3 | 20 | 30 | 6 | 75 | | 10 | 68 | 38 | 13 | 5 |
| 宁波 | 10 | 29 | 34 | 14 | 34 | 4 | 30 | 69 | 10 | 6 | 2 |
| 厦门 | | 1 | 5 | | 1 | | 1 | 4 | 2 | | |
| 深圳 | | 5 | 13 | 4 | 13 | | 6 | 21 | 3 | | 5 |
| 新疆兵团 | 3 | 2 | 4 | | | | 1 | 7 | 1 | | |

# 各地区水产技术推广实有人员情况（按性别和年龄分）

单位：人

| 地　区 | 性　别 | | 年龄结构 | | |
|---|---|---|---|---|---|
| | 男　性 | 女　性 | 35岁及以下 | 36~49岁 | 50岁及以上 |
| **全国总计** | **20 052** | **7 590** | **5 210** | **12 664** | **9 768** |
| 北　京 | 81 | 61 | 23 | 65 | 54 |
| 天　津 | 120 | 85 | 38 | 106 | 61 |
| 河　北 | 447 | 285 | 98 | 373 | 261 |
| 山　西 | 167 | 102 | 21 | 140 | 108 |
| 内蒙古 | 505 | 235 | 111 | 249 | 380 |
| 辽　宁 | 158 | 82 | 28 | 119 | 93 |
| 吉　林 | 695 | 272 | 113 | 415 | 439 |
| 黑龙江 | 332 | 192 | 79 | 206 | 239 |
| 上　海 | 281 | 103 | 105 | 132 | 147 |
| 江　苏 | 1 417 | 533 | 347 | 783 | 820 |
| 浙　江 | 563 | 164 | 200 | 270 | 257 |
| 安　徽 | 716 | 191 | 103 | 401 | 403 |
| 福　建 | 728 | 217 | 229 | 373 | 343 |
| 江　西 | 771 | 187 | 207 | 366 | 385 |
| 山　东 | 1 677 | 793 | 484 | 1 160 | 826 |
| 河　南 | 543 | 276 | 108 | 406 | 305 |
| 湖　北 | 938 | 267 | 155 | 595 | 455 |
| 湖　南 | 1 726 | 311 | 254 | 1 035 | 748 |
| 广　东 | 1 184 | 427 | 351 | 797 | 463 |
| 广　西 | 1 636 | 551 | 512 | 1 153 | 522 |
| 海　南 | 70 | 41 | 30 | 55 | 26 |
| 重　庆 | 733 | 279 | 295 | 409 | 308 |
| 四　川 | 1 264 | 443 | 367 | 760 | 580 |
| 贵　州 | 878 | 294 | 346 | 516 | 310 |
| 云　南 | 605 | 294 | 127 | 406 | 366 |
| 陕　西 | 924 | 505 | 191 | 812 | 426 |
| 甘　肃 | 399 | 174 | 142 | 244 | 187 |
| 青　海 | 42 | 31 | 23 | 30 | 20 |
| 宁　夏 | 95 | 45 | 16 | 48 | 76 |
| 新　疆 | 81 | 46 | 35 | 66 | 26 |
| 大　连 | 60 | 14 | 6 | 36 | 32 |
| 青　岛 | 94 | 40 | 37 | 59 | 38 |
| 宁　波 | 88 | 33 | 25 | 55 | 41 |
| 厦　门 | 6 | 1 | 2 | | 5 |
| 深　圳 | 22 | 13 | 2 | 20 | 13 |
| 新疆兵团 | 6 | 3 | | 4 | 5 |

# 各地区水产技术推广机构自有试验示范基地情况

单位：个，公顷

| 地区 | 合计 | | 省级站 | | 市级站 | | 县级站 | | 区域站 | | 乡镇站 | |
|---|---|---|---|---|---|---|---|---|---|---|---|---|
| | 数量 | 养殖面积 | 数量 | 养殖面积 | 数量 | 养殖面积 | 数量 | 养殖面积 | 数量 | 养殖面积 | 数量 | 养殖面积 |
| **全国总计** | **447** | **9 979.0** | **30** | **638.9** | **82** | **1 281.0** | **235** | **4 756.9** | **1** | **13.00** | **99** | **3 289.3** |
| 北　京 | 2 | 19.3 | 2 | 19.3 | | | | | | | | |
| 天　津 | 3 | 39.0 | 1 | 20.0 | 2 | 19.0 | | | | | | |
| 河　北 | 5 | 8.7 | 2 | 7.7 | 3 | 1.0 | | | | | | |
| 山　西 | 2 | 23.1 | | | 1 | 16.0 | 1 | 7.1 | | | | |
| 内蒙古 | 9 | 414.3 | | | 1 | 20.0 | 8 | 394.3 | | | | |
| 辽　宁 | 3 | 38.7 | | | 1 | 8.0 | 2 | 30.7 | | | | |
| 吉　林 | 31 | 997.4 | | | 4 | 50.0 | 27 | 947.4 | | | | |
| 黑龙江 | 9 | 215.0 | 1 | 16.0 | 4 | 19.0 | 4 | 180.0 | | | | |
| 上　海 | 11 | 166.2 | 3 | 114.1 | | | 4 | 35.5 | | | 4 | 16.7 |
| 江　苏 | 31 | 1 265.3 | 1 | 35.0 | 6 | 214.7 | 6 | 246.7 | | | 18 | 769.0 |
| 浙　江 | 7 | 70.1 | 2 | 21.6 | 2 | 19.7 | 3 | 28.8 | | | | |
| 安　徽 | 21 | 512.5 | | | | | 9 | 77.5 | | | 12 | 435.0 |
| 福　建 | 8 | 62.6 | | | 1 | 9.6 | 7 | 53.0 | | | | |
| 江　西 | 17 | 179.5 | | | | | 16 | 169.5 | | | 1 | 10.0 |
| 山　东 | 22 | 1 056.1 | | | 4 | 206.1 | 7 | 300.0 | | | 11 | 550.0 |
| 河　南 | 21 | 325.9 | | | 3 | 13.0 | 17 | 299.8 | 1 | 13.00 | | |
| 湖　北 | 45 | 1 857.4 | | | 5 | 334.0 | 20 | 856.4 | | | 20 | 667.0 |
| 湖　南 | 54 | 1 367.4 | | | 5 | 50.1 | 18 | 522.3 | | | 31 | 795.0 |
| 广　东 | 34 | 346.8 | 1 | 33.3 | 19 | 162.7 | 13 | 105.3 | | | 1 | 45.6 |
| 广　西 | 6 | 15.6 | | | 1 | 6.0 | 4 | 8.5 | | | 1 | 1.0 |
| 海　南 | 1 | 10.0 | | | 1 | 10.0 | | | | | | |
| 重　庆 | 5 | 56.0 | | | | | 5 | 56.0 | | | | |
| 四　川 | 33 | 231.1 | 1 | 29.0 | 4 | 28.2 | 28 | 173.9 | | | | |
| 贵　州 | 6 | 15.8 | | | 2 | 7.0 | 4 | 8.8 | | | | |
| 云　南 | 28 | 106.8 | 1 | 6.0 | 5 | 18.8 | 22 | 82.0 | | | | |
| 陕　西 | 17 | 173.4 | 5 | 30.0 | 5 | 53.0 | 7 | 90.4 | | | | |
| 甘　肃 | 5 | 103.2 | 3 | 100.0 | 2 | 3.2 | | | | | | |
| 青　海 | 1 | 0.1 | 1 | 0.1 | | | | | | | | |
| 宁　夏 | | | | | | | | | | | | |
| 新　疆 | 5 | 241.7 | 1 | 146.7 | 1 | 11.9 | 3 | 83.2 | | | | |
| 大　连 | | | | | | | | | | | | |
| 青　岛 | | | | | | | | | | | | |
| 宁　波 | 3 | 57.0 | 3 | 57.0 | | | | | | | | |
| 厦　门 | 1 | 0.5 | 1 | 0.5 | | | | | | | | |
| 深　圳 | | | | | | | | | | | | |
| 新疆兵团 | 1 | 2.6 | 1 | 2.6 | | | | | | | | |

# 各地区水产技术推广机构合作试验示范基地情况

单位：个，公顷

| 地区 | 合计 | | 省级站 | | 市级站 | | 县级站 | | 区域站 | | 乡镇站 | |
|---|---|---|---|---|---|---|---|---|---|---|---|---|
| | 数量 | 养殖面积 | 数量 | 养殖面积 | 数量 | 养殖面积 | 数量 | 养殖面积 | 数量 | 养殖面积 | 数量 | 养殖面积 |
| **全国总计** | **2 619** | **91 510** | **238** | **7 318** | **348** | **14 182** | **1 712** | **57 318** | **4** | **83** | **317** | **12 609** |
| 北京 | 5 | 8 | | | 5 | 8 | | | | | | |
| 天津 | | | | | | | | | | | | |
| 河北 | 127 | 1 369 | 16 | 287 | 15 | 121 | 96 | 961 | | | | |
| 山西 | 19 | 172 | 3 | 60 | 2 | 9 | 14 | 103 | | | | |
| 内蒙古 | 31 | 868 | 15 | 400 | 2 | 155 | 14 | 313 | | | | |
| 辽宁 | 22 | 1 191 | | | 6 | 645 | 16 | 546 | | | | |
| 吉林 | 73 | 6 194 | 9 | 1 000 | 10 | 506 | 48 | 3 342 | | | 6 | 1 346 |
| 黑龙江 | 5 | 460 | | | | | 5 | 460 | | | | |
| 上海 | 39 | 664 | 19 | 465 | | | 15 | 176 | | | 5 | 23 |
| 江苏 | 129 | 6 005 | | | 35 | 607 | 41 | 1 079 | 3 | 66 | 50 | 4 254 |
| 浙江 | 133 | 1 999 | 3 | 62 | 16 | 98 | 106 | 1 496 | | | 8 | 343 |
| 安徽 | 368 | 10 845 | | | 36 | 5 644 | 307 | 3 129 | | | 25 | 2 072 |
| 福建 | 98 | 1 457 | 7 | 21 | 3 | 15 | 88 | 1 421 | | | | |
| 江西 | 140 | 4 822 | | | 17 | 183 | 82 | 3 657 | | | 41 | 982 |
| 山东 | 154 | 10 586 | | | 21 | 702 | 116 | 9 339 | | | 17 | 545 |
| 河南 | 78 | 3 010 | | | 14 | 148 | 63 | 2 845 | 1 | 17 | | |
| 湖北 | 262 | 18 031 | 7 | 83 | 22 | 1 226 | 138 | 14 685 | | | 95 | 2 037 |
| 湖南 | 127 | 5 041 | 8 | 925 | 18 | 474 | 96 | 3 579 | | | 5 | 63 |
| 广东 | 145 | 5 182 | 52 | 1 997 | 51 | 2 422 | 41 | 733 | | | 1 | 30 |
| 广西 | 159 | 5 334 | 45 | 209 | 41 | 710 | 65 | 4 145 | | | 8 | 270 |
| 海南 | 2 | 20 | | | 2 | 20 | | | | | | |
| 重庆 | 138 | 1 627 | 37 | 462 | | | 94 | 1 081 | | | 7 | 84 |
| 四川 | 110 | 1 648 | | | 4 | 46 | 86 | 1 337 | | | 20 | 265 |
| 贵州 | 57 | 679 | | | 6 | 101 | 22 | 283 | | | 29 | 295 |
| 云南 | 17 | 251 | | | 2 | 23 | 15 | 229 | | | | |
| 陕西 | 70 | 931 | | | 6 | 58 | 64 | 873 | | | | |
| 甘肃 | 24 | 189 | | | 8 | 71 | 16 | 118 | | | | |
| 青海 | 6 | 10 | | | | | 6 | 10 | | | | |
| 宁夏 | 26 | 1 976 | 9 | 1 110 | 6 | 191 | 11 | 675 | | | | |
| 新疆 | 8 | 319 | 7 | 219 | | | 1 | 100 | | | | |
| 大连 | | | | | | | | | | | | |
| 青岛 | 2 | 87 | | | | | 2 | 87 | | | | |
| 宁波 | 44 | 518 | | | | | 44 | 518 | | | | |
| 厦门 | | | | | | | | | | | | |
| 深圳 | | | | | | | | | | | | |
| 新疆兵团 | 1 | 19 | 1 | 19 | | | | | | | | |

# 各地区水产技术推广机构房屋条件情况（一）

单位：米$^2$

| 地　　区 | 办公用房面积 | | | | | |
|---|---|---|---|---|---|---|
| | 合　计 | 省级站 | 市级站 | 县级站 | 区域站 | 乡镇站 |
| **全国总计** | **459 473** | **51 987** | **70 462** | **152 792** | **2 149** | **182 082** |
| 北　　京 | 2 283 | 375 | 1 908 | | | |
| 天　　津 | 15 948 | 15 315 | 633 | | | |
| 河　　北 | 8 579 | 800 | 2 154 | 5 383 | 152 | 90 |
| 山　　西 | 5 020 | 2 227 | 1 523 | 1 229 | | 41 |
| 内 蒙 古 | 7 700 | 1 000 | 2 036 | 4 584 | | 80 |
| 辽　　宁 | 2 998 | | 1 047 | 1 502 | 53 | 396 |
| 吉　　林 | 17 651 | 1 326 | 3 868 | 4 528 | | 7 929 |
| 黑 龙 江 | 2 502 | 142 | 314 | 2 046 | | |
| 上　　海 | 12 176 | 6 624 | | 3 841 | | 1 711 |
| 江　　苏 | 36 442 | 235 | 3 284 | 6 802 | 1 158 | 24 963 |
| 浙　　江 | 9 986 | 383 | 1 382 | 3 171 | | 5 050 |
| 安　　徽 | 15 969 | 178 | 2 129 | 6 426 | 300 | 6 935 |
| 福　　建 | 15 060 | 1 313 | 5 259 | 3 389 | 19 | 5 080 |
| 江　　西 | 15 994 | 122 | 263 | 3 524 | 40 | 12 045 |
| 山　　东 | 21 085 | 600 | 3 171 | 10 551 | | 6 764 |
| 河　　南 | 9 774 | 336 | 2 217 | 6 921 | 300 | |
| 湖　　北 | 30 301 | 571 | 2 992 | 16 330 | | 10 408 |
| 湖　　南 | 38 911 | 180 | 6 390 | 11 911 | 97 | 20 333 |
| 广　　东 | 31 759 | 1 800 | 6 065 | 7 019 | 30 | 16 846 |
| 广　　西 | 45 959 | 2 400 | 1 119 | 4 517 | | 37 923 |
| 海　　南 | 1 265 | 350 | 166 | 749 | | |
| 重　　庆 | 16 606 | 2 102 | | 3 764 | | 10 740 |
| 四　　川 | 21 653 | 50 | 4 446 | 9 953 | | 7 203 |
| 贵　　州 | 12 757 | 300 | 2 655 | 3 957 | | 5 845 |
| 云　　南 | 15 940 | 462 | 5 558 | 9 836 | | 84 |
| 陕　　西 | 18 528 | 1 820 | 3 586 | 13 122 | | |
| 甘　　肃 | 7 837 | 715 | 2 666 | 4 215 | | 240 |
| 青　　海 | 2 260 | 1 680 | 42 | 538 | | |
| 宁　　夏 | 2 172 | 660 | 654 | 744 | | 114 |
| 新　　疆 | 5 925 | 2 300 | 2 458 | 1 167 | | |
| 大　　连 | 617 | 106 | 476 | | | 35 |
| 青　　岛 | 1 177 | 36 | | 234 | | 907 |
| 宁　　波 | 3 637 | 2 476 | | 840 | | 321 |
| 厦　　门 | 58 | 58 | | | | |
| 深　　圳 | 2 769 | 2 769 | | | | |
| 新疆兵团 | 175 | 175 | | | | |

# 各地区水产技术推广机构房屋条件情况（二）

单位：个

| 地　区 | 培训教室数量 | | | | | |
|---|---|---|---|---|---|---|
| | 合　计 | 省级站 | 市级站 | 县级站 | 区域站 | 乡镇站 |
| **全国总计** | **1 576** | **36** | **85** | **547** | **18** | **890** |
| 北　京 | 5 | 3 | 2 | | | |
| 天　津 | 7 | 1 | 6 | | | |
| 河　北 | 21 | | 1 | 19 | 1 | |
| 山　西 | 10 | | 3 | 7 | | |
| 内蒙古 | 25 | 2 | 2 | 20 | | 1 |
| 辽　宁 | 8 | | 1 | 7 | | |
| 吉　林 | 20 | 1 | | 7 | | 12 |
| 黑龙江 | | | | | | |
| 上　海 | 32 | 5 | | 6 | | 21 |
| 江　苏 | 194 | 1 | 8 | 18 | 6 | 161 |
| 浙　江 | 88 | 3 | 3 | 20 | | 62 |
| 安　徽 | 70 | 1 | 1 | 25 | 6 | 37 |
| 福　建 | 76 | | 3 | 22 | | 51 |
| 江　西 | 85 | 1 | 1 | 30 | | 53 |
| 山　东 | 74 | | 3 | 40 | | 31 |
| 河　南 | 39 | | 7 | 31 | 1 | |
| 湖　北 | 80 | | 5 | 22 | | 53 |
| 湖　南 | 244 | 1 | 5 | 73 | 4 | 161 |
| 广　东 | 90 | 3 | 12 | 21 | | 54 |
| 广　西 | 77 | 1 | 2 | 18 | | 56 |
| 海　南 | 5 | 1 | 1 | 3 | | |
| 重　庆 | 34 | 1 | | 10 | | 23 |
| 四　川 | 147 | 1 | 6 | 82 | | 58 |
| 贵　州 | 58 | | | 13 | | 45 |
| 云　南 | 9 | 1 | 4 | 4 | | |
| 陕　西 | 25 | | 3 | 22 | | |
| 甘　肃 | 18 | | 4 | 14 | | |
| 青　海 | 3 | 1 | | 2 | | |
| 宁　夏 | 4 | 1 | | 3 | | |
| 新　疆 | 4 | 1 | | 3 | | |
| 大　连 | 2 | | 2 | | | |
| 青　岛 | 3 | | | | | 3 |
| 宁　波 | 18 | 5 | | 5 | | 8 |
| 厦　门 | | | | | | |
| 深　圳 | | | | | | |
| 新疆兵团 | 1 | 1 | | | | |

# 各地区水产技术推广机构房屋条件情况（三）

单位：米²

| 地　区 | 培训教室面积 | | | | | |
|---|---|---|---|---|---|---|
| | 合　计 | 省级站 | 市级站 | 县级站 | 区域站 | 乡镇站 |
| **全国总计** | **126 589** | **3 985** | **7 664** | **46 545** | **1 480** | **66 915** |
| 北　京 | 435 | 182 | 253 | | | |
| 天　津 | 760 | 300 | 460 | | | |
| 河　北 | 1 245 | | 20 | 1 195 | 30 | |
| 山　西 | 893 | | 268 | 625 | | |
| 内蒙古 | 1 259 | 80 | 72 | 1 057 | | 50 |
| 辽　宁 | 498 | | 154 | 344 | | |
| 吉　林 | 2 142 | 40 | | 302 | | 1 800 |
| 黑龙江 | | | | | | |
| 上　海 | 2 408 | 808 | | 325 | | 1 275 |
| 江　苏 | 15 810 | 96 | 840 | 1 760 | 490 | 12 624 |
| 浙　江 | 8 216 | 389 | 630 | 1 195 | | 6 002 |
| 安　徽 | 5 805 | 62 | 30 | 1 843 | 720 | 3 150 |
| 福　建 | 8 580 | | 300 | 2 040 | | 6 240 |
| 江　西 | 5 043 | 48 | 50 | 2 515 | | 2 430 |
| 山　东 | 6 226 | | 310 | 3 796 | | 2 120 |
| 河　南 | 2 600 | | 464 | 2 076 | 60 | |
| 湖　北 | 6 336 | | 404 | 1 872 | | 4 060 |
| 湖　南 | 22 831 | 70 | 334 | 12 997 | 180 | 9 250 |
| 广　东 | 10 084 | 300 | 1 681 | 1 597 | | 6 506 |
| 广　西 | 5 019 | 270 | 53 | 1 558 | | 3 138 |
| 海　南 | 255 | 40 | 50 | 165 | | |
| 重　庆 | 2 755 | 80 | | 940 | | 1 735 |
| 四　川 | 7 612 | 100 | 380 | 4 312 | | 2 820 |
| 贵　州 | 3 627 | | | 1 222 | | 2 405 |
| 云　南 | 777 | 120 | 409 | 248 | | |
| 陕　西 | 1 453 | | 160 | 1 293 | | |
| 甘　肃 | 623 | | 271 | 352 | | |
| 青　海 | 189 | 99 | | 90 | | |
| 宁　夏 | 191 | 75 | | 116 | | |
| 新　疆 | 295 | 125 | | 170 | | |
| 大　连 | 70 | | 70 | | | |
| 青　岛 | 610 | | | | | 610 |
| 宁　波 | 1 816 | 576 | | 540 | | 700 |
| 厦　门 | | | | | | |
| 深　圳 | | | | | | |
| 新疆兵团 | 126 | 126 | | | | |

# 各地区水产技术推广机构房屋条件情况（四）

单位：个

| 地　区 | 实验室数量 | | | | | |
|---|---|---|---|---|---|---|
| | 合　计 | 省级站 | 市级站 | 县级站 | 区域站 | 乡镇站 |
| **全国总计** | **2 076** | **160** | **253** | **1 253** | **15** | **395** |
| 北　京 | 6 | 2 | 4 | | | |
| 天　津 | 27 | 6 | 21 | | | |
| 河　北 | 31 | 1 | 7 | 23 | | |
| 山　西 | 6 | 1 | 3 | 2 | | |
| 内蒙古 | 9 | 1 | 2 | 6 | | |
| 辽　宁 | 7 | | 4 | 3 | | |
| 吉　林 | 33 | 1 | 9 | 23 | | |
| 黑龙江 | 22 | 1 | | 21 | | |
| 上　海 | 75 | 62 | | 10 | | 3 |
| 江　苏 | 203 | 2 | 8 | 51 | 3 | 139 |
| 浙　江 | 120 | 1 | 31 | 31 | | 57 |
| 安　徽 | 630 | 14 | 5 | 529 | 10 | 72 |
| 福　建 | 69 | 1 | 9 | 59 | | |
| 江　西 | 69 | 1 | 3 | 62 | 1 | 2 |
| 山　东 | 54 | | 7 | 34 | | 13 |
| 河　南 | 43 | 1 | 9 | 32 | 1 | |
| 湖　北 | 75 | 1 | 7 | 55 | | 12 |
| 湖　南 | 59 | 1 | 18 | 37 | | 3 |
| 广　东 | 124 | 1 | 11 | 39 | | 73 |
| 广　西 | 79 | 17 | 20 | 42 | | |
| 海　南 | 17 | 1 | 10 | 6 | | |
| 重　庆 | 61 | 2 | | 39 | | 20 |
| 四　川 | 49 | | 6 | 43 | | |
| 贵　州 | 12 | 1 | 3 | 8 | | |
| 云　南 | 29 | 1 | 6 | 22 | | |
| 陕　西 | 66 | 2 | 16 | 48 | | |
| 甘　肃 | 8 | 1 | 4 | 3 | | |
| 青　海 | 6 | 1 | | 5 | | |
| 宁　夏 | 11 | 1 | 4 | 6 | | |
| 新　疆 | 4 | 2 | | 2 | | |
| 大　连 | 53 | 27 | 26 | | | |
| 青　岛 | 6 | | | 5 | | 1 |
| 宁　波 | 9 | 2 | | 7 | | |
| 厦　门 | 2 | 2 | | | | |
| 深　圳 | 1 | 1 | | | | |
| 新疆兵团 | 1 | 1 | | | | |

## 各地区水产技术推广机构房屋条件情况（五）

单位：米²

| 地　区 | 实验室面积 | | | | | |
|---|---|---|---|---|---|---|
| | 合　计 | 省级站 | 市级站 | 县级站 | 区域站 | 乡镇站 |
| **全国总计** | **167 926** | **42 709** | **31 512** | **75 923** | **900** | **16 881** |
| 北　京 | 5 299 | 4 385 | 914 | | | |
| 天　津 | 2 112 | 1 200 | 912 | | | |
| 河　北 | 4 556 | 1 700 | 1 061 | 1 795 | | |
| 山　西 | 804 | 130 | 174 | 500 | | |
| 内蒙古 | 713 | 500 | 73 | 140 | | |
| 辽　宁 | 2 267 | | 1 346 | 921 | | |
| 吉　林 | 2 794 | 660 | 1 296 | 838 | | |
| 黑龙江 | 943 | 628 | | 315 | | |
| 上　海 | 2 256 | 1 765 | | 461 | | 30 |
| 江　苏 | 17 334 | 1 200 | 2 248 | 10 323 | 60 | 3 504 |
| 浙　江 | 15 279 | 6 241 | 3 106 | 4 365 | | 1 568 |
| 安　徽 | 9 026 | 1 080 | 225 | 5 219 | 615 | 1 887 |
| 福　建 | 7 012 | 1 475 | 672 | 4 865 | | |
| 江　西 | 6 378 | 820 | 83 | 5 259 | 200 | 16 |
| 山　东 | 9 912 | | 2 680 | 6 572 | | 660 |
| 河　南 | 3 228 | 200 | 1 567 | 1 436 | 25 | |
| 湖　北 | 7 725 | 30 | 1 594 | 5 921 | | 180 |
| 湖　南 | 7 417 | 700 | 1 689 | 4 898 | | 130 |
| 广　东 | 18 806 | 1 930 | 3 257 | 4 814 | | 8 805 |
| 广　西 | 6 176 | 580 | 1 011 | 4 585 | | |
| 海　南 | 1 471 | 950 | 350 | 171 | | |
| 重　庆 | 8 627 | 6 122 | | 2 415 | | 90 |
| 四　川 | 4 505 | | 3 016 | 1 489 | | |
| 贵　州 | 1 743 | 350 | 60 | 1 333 | | |
| 云　南 | 2 171 | 231 | 264 | 1 676 | | |
| 陕　西 | 4 837 | 2 230 | 606 | 2 001 | | |
| 甘　肃 | 1 313 | 572 | 240 | 501 | | |
| 青　海 | 1 286 | 700 | | 586 | | |
| 宁　夏 | 2 783 | 1 200 | 556 | 1 027 | | |
| 新　疆 | 1 272 | 1 200 | | 72 | | |
| 大　连 | 4 012 | 1 500 | 2 512 | | | |
| 青　岛 | 652 | | | 640 | | 12 |
| 宁　波 | 2 156 | 1 369 | | 787 | | |
| 厦　门 | 510 | 510 | | | | |
| 深　圳 | 407 | 407 | | | | |
| 新疆兵团 | 144 | 144 | | | | |

# 各地区水产技术推广机构房屋条件情况（六）

单位：万元

| 地　区 | 实验室设备原值 | | | | | |
|---|---|---|---|---|---|---|
| | 合　计 | 省级站 | 市级站 | 县级站 | 区域站 | 乡镇站 |
| **全国总计** | **303 619.1** | **45 973.8** | **25 160.9** | **44 255.2** | **210.0** | **188 019.3** |
| 北　京 | 6 575.9 | 5 704.5 | 871.4 | | | |
| 天　津 | 1 000.7 | 612.0 | 388.7 | | | |
| 河　北 | 4 103.5 | 2 080.0 | 1 177.3 | 846.2 | | |
| 山　西 | 976.4 | 686.4 | 25.0 | 265.0 | | |
| 内蒙古 | 1 026.3 | 1 000.0 | 21.0 | 5.3 | | |
| 辽　宁 | 2 427.7 | | 2 188.7 | 239.0 | | |
| 吉　林 | 2 435.6 | 926.0 | 905.6 | 604.0 | | |
| 黑龙江 | 810.0 | 600.0 | | 210.0 | | |
| 上　海 | 1 958.5 | 1 370.1 | | 585.9 | | 2.5 |
| 江　苏 | 11 679.9 | 3 495.0 | 1 208.9 | 6 118.2 | 6.0 | 851.7 |
| 浙　江 | 11 950.2 | 6 470.0 | 1 206.7 | 3 845.8 | | 427.7 |
| 安　徽 | 3 108.2 | 973.1 | 118.4 | 1 547.3 | 153.0 | 316.5 |
| 福　建 | 4 972.3 | 500.0 | 2 283.0 | 2 189.3 | | |
| 江　西 | 4 655.8 | 1 500.0 | 30.0 | 3 079.8 | 40.0 | 6.0 |
| 山　东 | 6 958.2 | | 1 914.4 | 4 807.8 | | 236.0 |
| 河　南 | 2 613.4 | 600.0 | 763.4 | 1 239.0 | 11.0 | |
| 湖　北 | 3 704.8 | 20.0 | 1 552.1 | 2 042.2 | | 90.5 |
| 湖　南 | 4 659.1 | 870.0 | 1 262.0 | 2 489.0 | | 38.1 |
| 广　东 | 194 438.2 | 1 000.0 | 3 475.8 | 3 952.2 | | 186 010.2 |
| 广　西 | 3 455.3 | 170.2 | 869.9 | 2 403.3 | | 12.0 |
| 海　南 | 2 806.1 | 2 359.0 | 320.0 | 127.2 | | |
| 重　庆 | 2 888.8 | 1 635.3 | | 1 228.5 | | 25.0 |
| 四　川 | 3 005.5 | | 1 603.6 | 1 401.9 | | |
| 贵　州 | 1 575.3 | 750.0 | 30.0 | 795.3 | | |
| 云　南 | 1 234.7 | 65.1 | 140.3 | 1 029.3 | | |
| 陕　西 | 4 685.7 | 2 820.0 | 796.8 | 1 068.9 | | |
| 甘　肃 | 701.9 | 543.3 | 46.6 | 112.0 | | |
| 青　海 | 91.0 | 10.0 | | 81.0 | | |
| 宁　夏 | 1 806.6 | 1 153.1 | 251.3 | 402.3 | | |
| 新　疆 | 1 158.0 | 1 050.0 | | 108.0 | | |
| 大　连 | 3 459.2 | 1 749.0 | 1 710.2 | | | |
| 青　岛 | 1 694.5 | 1 000.0 | | 691.5 | | 3.0 |
| 宁　波 | 3 789.6 | 3 049.5 | | 740.1 | | |
| 厦　门 | 500.0 | 500.0 | | | | |
| 深　圳 | 510.0 | 510.0 | | | | |
| 新疆兵团 | 202.2 | 202.2 | | | | |

# 各地区水产技术推广机构信息平台情况

| 地　　区 | 网站（个） | 手机平台（户） | 电话热线（条） | 技术简报（个） |
|---|---|---|---|---|
| **全国总计** | **357** | **5 644** | **23 610** | **2 918** |
| 北　　京 | | 5 | 12 | 6 |
| 天　　津 | | 4 | | |
| 河　　北 | 10 | 57 | 89 | 16 |
| 山　　西 | 2 | 40 | 1 495 | 23 |
| 内 蒙 古 | 7 | 41 | 43 | 57 |
| 辽　　宁 | 1 | 10 | 902 | 17 |
| 吉　　林 | 6 | 1 033 | 1 295 | 76 |
| 黑 龙 江 | | | 4 500 | |
| 上　　海 | 3 | 45 | 57 | 6 |
| 江　　苏 | 19 | 449 | 653 | 161 |
| 浙　　江 | 35 | 201 | 215 | 22 |
| 安　　徽 | 22 | 224 | 378 | 14 |
| 福　　建 | 1 | 173 | 187 | 42 |
| 江　　西 | 40 | 163 | 269 | 60 |
| 山　　东 | 17 | 356 | 1 030 | 106 |
| 河　　南 | 11 | 149 | 368 | 333 |
| 湖　　北 | 16 | 267 | 5 246 | 388 |
| 湖　　南 | 48 | 387 | 207 | 1 017 |
| 广　　东 | 26 | 131 | 197 | 28 |
| 广　　西 | 8 | 645 | 830 | 58 |
| 海　　南 | 3 | 14 | 19 | 3 |
| 重　　庆 | 10 | 234 | 1 405 | 106 |
| 四　　川 | 13 | 351 | 970 | 164 |
| 贵　　州 | 3 | 223 | 1 493 | 120 |
| 云　　南 | 39 | 206 | 208 | 29 |
| 陕　　西 | 2 | 99 | 1 165 | 16 |
| 甘　　肃 | 1 | 25 | 39 | 7 |
| 青　　海 | 1 | 13 | 125 | 3 |
| 宁　　夏 | | 35 | 37 | 14 |
| 新　　疆 | 1 | 7 | 9 | 22 |
| 大　　连 | 1 | 7 | 112 | 1 |
| 青　　岛 | 1 | 40 | 29 | |
| 宁　　波 | 10 | 7 | 20 | 3 |
| 厦　　门 | | | | |
| 深　　圳 | | 1 | 2 | |
| 新疆兵团 | | 2 | 4 | |

# 各地区水产技术推广履职成效情况（一）

| 地　区 | 示范关键技术（个） | 检验检测（批次） | 指导面积（公顷） | 服务对象 | | |
|---|---|---|---|---|---|---|
| | | | | 农户（户） | 企业（个） | 合作组织（个） |
| **全国总计** | **3 929** | **264 123** | **4 401 677** | **1 354 711** | **38 934** | **28 755** |
| 北　京 | 24 | 1 922 | 1 361 | 612 | 123 | 12 |
| 天　津 | 5 | 10 802 | 18 349 | 1 382 | 84 | 95 |
| 河　北 | 80 | 3 530 | 61 991 | 5 950 | 592 | 84 |
| 山　西 | 6 | 693 | 9 161 | 511 | 194 | 110 |
| 内蒙古 | 60 | 244 | 374 714 | 3 873 | 315 | 258 |
| 辽　宁 | 33 | 321 | 10 524 | 2 553 | 145 | 49 |
| 吉　林 | 127 | 1 182 | 100 534 | 11 139 | 283 | 340 |
| 黑龙江 | 111 | 357 | 414 680 | 14 353 | 494 | 261 |
| 上　海 | 35 | 5 168 | 12 745 | 4 604 | 73 | 485 |
| 江　苏 | 431 | 35 104 | 565 701 | 141 200 | 4 811 | 3 494 |
| 浙　江 | 333 | 12 281 | 279 042 | 25 945 | 2 017 | 961 |
| 安　徽 | 228 | 42 838 | 343 882 | 25 316 | 2 941 | 2 182 |
| 福　建 | 187 | 11 511 | 92 417 | 24 211 | 3 170 | 888 |
| 江　西 | 155 | 1 604 | 243 136 | 51 922 | 1 927 | 1 841 |
| 山　东 | 301 | 10 368 | 333 979 | 31 786 | 1 912 | 1 069 |
| 河　南 | 209 | 2 095 | 86 280 | 37 079 | 566 | 1 342 |
| 湖　北 | 387 | 13 251 | 462 067 | 292 155 | 1 445 | 3 717 |
| 湖　南 | 181 | 8 089 | 160 667 | 73 671 | 1 893 | 2 634 |
| 广　东 | 83 | 24 217 | 152 145 | 72 553 | 1 644 | 435 |
| 广　西 | 197 | 8 030 | 129 473 | 103 593 | 5 906 | 1 432 |
| 海　南 | | 1 670 | 8 332 | 3 231 | 156 | 56 |
| 重　庆 | 98 | 5 136 | 48 698 | 28 635 | 2 181 | 834 |
| 四　川 | 162 | 41 930 | 152 261 | 93 326 | 2 130 | 3 513 |
| 贵　州 | 52 | 552 | 122 824 | 254 405 | 1 114 | 1 106 |
| 云　南 | 114 | 1 506 | 82 743 | 33 168 | 699 | 441 |
| 陕　西 | 89 | 5 360 | 36 779 | 6 844 | 805 | 474 |
| 甘　肃 | 60 | 282 | 7 077 | 1 569 | 398 | 216 |
| 青　海 | 4 | 112 | 815 | 59 | 51 | 29 |
| 宁　夏 | 84 | 1 275 | 33 731 | 1 707 | 140 | 162 |
| 新　疆 | 9 | 268 | 14 609 | 417 | 73 | 59 |
| 大　连 | 5 | 4 307 | 4 300 | 596 | 100 | 9 |
| 青　岛 | 18 | 1 485 | 13 072 | 2 242 | 150 | 58 |
| 宁　波 | 56 | 4 400 | 18 230 | 2 662 | 337 | 84 |
| 厦　门 | | 319 | 1 060 | 1 321 | 9 | 16 |
| 深　圳 | | 1 912 | 1 200 | 45 | 45 | |
| 新疆兵团 | 5 | 2 | 3 100 | 76 | 11 | 9 |

## 各地区水产技术推广履职成效情况（二）

| 地区 | 渔民技术培训 | | 推广人员培训 | | 公共信息服务 | | |
|---|---|---|---|---|---|---|---|
| | 期数（期） | 人数（人次） | 业务培训（人次） | 学历教育（人次） | 信息覆盖用户（户） | 发布公共信息（条） | 发放技术资料（份） |
| **全国总计** | **12 227** | **1 566 369** | **54 770** | **3 957** | **1 909 260** | **4 090 879** | **4 155 761** |
| 北京 | 32 | 1 026 | 256 | | 450 | 1 215 | 2 445 |
| 天津 | 54 | 2 019 | 778 | | 266 | 256 | 8 106 |
| 河北 | 161 | 6 488 | 767 | 22 | 6 632 | 5 167 | 23 415 |
| 山西 | 64 | 1 625 | 299 | 7 | 457 | 2 219 | 17 818 |
| 内蒙古 | 123 | 4 216 | 1 123 | 115 | 7 468 | 13 001 | 46 669 |
| 辽宁 | 75 | 4 939 | 420 | 2 | 3 187 | 28 912 | 12 244 |
| 吉林 | 101 | 4 797 | 763 | 158 | 5 729 | 12 974 | 20 011 |
| 黑龙江 | 229 | 12 349 | 966 | 23 | 16 550 | 4 590 | 48 649 |
| 上海 | 262 | 9 503 | 1 890 | 20 | 3 592 | 16 789 | 24 081 |
| 江苏 | 1 871 | 133 164 | 4 877 | 287 | 211 674 | 250 929 | 519 331 |
| 浙江 | 428 | 22 297 | 7 234 | 12 | 86 018 | 81 274 | 88 927 |
| 安徽 | 726 | 44 747 | 2 381 | 1 339 | 158 367 | 87 239 | 227 669 |
| 福建 | 321 | 14 273 | 2 491 | 27 | 60 488 | 449 977 | 113 217 |
| 江西 | 432 | 26 492 | 1 607 | 108 | 160 024 | 45 009 | 115 299 |
| 山东 | 535 | 32 414 | 3 727 | 123 | 96 535 | 48 693 | 166 683 |
| 河南 | 417 | 26 609 | 1 630 | 47 | 29 835 | 35 226 | 271 260 |
| 湖北 | 1 188 | 79 878 | 1 644 | 112 | 233 011 | 485 452 | 508 643 |
| 湖南 | 873 | 92 071 | 2 510 | 59 | 274 026 | 188 148 | 226 816 |
| 广东 | 436 | 851 993 | 3 848 | 148 | 122 498 | 1 665 304 | 129 897 |
| 广西 | 520 | 28 602 | 5 238 | 877 | 170 468 | 88 417 | 181 748 |
| 海南 | 43 | 2 803 | 123 | 5 | 5 663 | 1 848 | 5 456 |
| 重庆 | 333 | 13 771 | 1 022 | 17 | 22 988 | 135 212 | 145 012 |
| 四川 | 913 | 57 068 | 2 832 | 164 | 131 360 | 134 847 | 612 087 |
| 贵州 | 728 | 25 318 | 1 117 | 34 | 42 717 | 15 866 | 137 045 |
| 云南 | 596 | 27 797 | 1 345 | 36 | 14 923 | 63 209 | 163 268 |
| 陕西 | 354 | 19 851 | 1 741 | 151 | 30 949 | 69 064 | 165 566 |
| 甘肃 | 121 | 3 040 | 1 315 | 43 | 1 235 | 1 613 | 95 055 |
| 青海 | 28 | 619 | 72 | 9 | 137 | 418 | 5 972 |
| 宁夏 | 114 | 4 396 | 373 | | 1 848 | 108 879 | 54 820 |
| 新疆 | 73 | 6 108 | 39 | 6 | 479 | 757 | 2 440 |
| 大连 | 2 | 100 | 33 | 1 | 1 000 | 22 918 | 1 720 |
| 青岛 | 26 | 3 856 | 93 | 5 | 3 427 | 10 099 | 5 612 |
| 宁波 | 27 | 1 329 | 207 | | 4 572 | 11 994 | 5 071 |
| 厦门 | 13 | 751 | | | 360 | 2 780 | 1 337 |
| 深圳 | 8 | 60 | | | 66 | 330 | 2 052 |
| 新疆兵团 | | | 9 | | 261 | 254 | 320 |

# 各地区水产技术推广机构技术成果

| 地　　区 | 技术成果数量（个） | 审定新品种（个） | 获奖情况（个） | | | | 获得专利（项） | 发表论文（篇） | 制定标准/规范（个） | 出版图书（本） |
|---|---|---|---|---|---|---|---|---|---|---|
| | | | 国家级 | 省部级 | 市厅级 | 县　级 | | | | |
| **全国总计** | **216** | **4** | **19** | **136** | **154** | **58** | **419** | **1 521** | **256** | **64** |
| 北　　京 | | | | 1 | | | | 8 | 1 | 6 |
| 天　　津 | 28 | | | 2 | | | 43 | 46 | 5 | |
| 河　　北 | 6 | | | 1 | 4 | | 24 | 45 | 6 | 5 |
| 山　　西 | | | | | | | 1 | 3 | | |
| 内 蒙 古 | 4 | | | | 1 | | 1 | 15 | 3 | |
| 辽　　宁 | 3 | | | 1 | 2 | | 6 | 14 | 5 | 3 |
| 吉　　林 | 11 | | | 8 | 3 | | 2 | 27 | 3 | 1 |
| 黑 龙 江 | | | | 1 | | | | 133 | | |
| 上　　海 | 8 | | | | | | 16 | 34 | 1 | |
| 江　　苏 | 22 | | | 22 | 8 | 4 | 32 | 148 | 14 | 2 |
| 浙　　江 | 31 | | 1 | 16 | 16 | 3 | 23 | 50 | 32 | 3 |
| 安　　徽 | 5 | | 2 | 8 | 5 | 5 | 25 | 125 | 12 | 1 |
| 福　　建 | 12 | 1 | | 3 | | | 20 | 65 | 6 | 3 |
| 江　　西 | 9 | | 1 | 3 | 2 | 2 | 10 | 20 | 8 | 3 |
| 山　　东 | 18 | 1 | | 2 | 25 | 12 | 93 | 162 | 20 | 6 |
| 河　　南 | 6 | | 1 | 2 | 2 | 6 | 6 | 105 | 27 | 21 |
| 湖　　北 | 5 | | | 1 | | 2 | 14 | 44 | 10 | |
| 湖　　南 | 14 | | | 4 | 10 | 8 | 7 | 113 | 35 | |
| 广　　东 | 8 | | 3 | 23 | 11 | | 8 | 39 | 26 | |
| 广　　西 | 13 | | | 6 | 47 | | 35 | 121 | 18 | 3 |
| 海　　南 | | | | | | | 1 | 6 | | |
| 重　　庆 | 5 | | | 4 | 3 | 3 | 12 | 26 | 6 | 1 |
| 四　　川 | 2 | 1 | 8 | 4 | | | 2 | 12 | | |
| 贵　　州 | | | | 1 | 9 | 8 | 3 | 46 | 4 | 1 |
| 云　　南 | | | | | | | 3 | 6 | | 1 |
| 陕　　西 | | | | 6 | 1 | 2 | | 34 | 3 | |
| 甘　　肃 | 2 | | 1 | 6 | 2 | 3 | 10 | 16 | | |
| 青　　海 | 1 | | | | | | | 2 | 2 | 1 |
| 宁　　夏 | | | | 1 | 1 | | | 5 | 3 | |
| 新　　疆 | | | | 1 | | | 9 | 25 | 3 | 1 |
| 大　　连 | | | | | | | | 5 | 1 | 1 |
| 青　　岛 | 1 | | 2 | 1 | 1 | | | 3 | 1 | 1 |
| 宁　　波 | | 1 | | 6 | 1 | | 1 | 14 | 1 | |
| 厦　　门 | | | | | | | 6 | 2 | | |
| 深　　圳 | 2 | | | 2 | | | 6 | 2 | | |
| 新疆兵团 | | | | | | | | | | |

# 第七部分

# 灾　　害

# 各地区渔业灾情造成的经济损失（一）

单位：万元

| 地　区 | 1. 水产品损失 | | | | | |
|---|---|---|---|---|---|---|
| | 合　计 | 台风、洪涝 | 病　害 | 干　旱 | 污　染 | 其　他 |
| **全国总计** | **920 908.13** | **242 188.52** | **160 085.69** | **292 145.57** | **2 741.09** | **223 747.26** |
| 北　京 | 240.00 | | 240.00 | | | |
| 天　津 | 2 414.00 | | 2 398.00 | | | 16.00 |
| 河　北 | 336.00 | 142.00 | 164.00 | | | 30.00 |
| 山　西 | | | | | | |
| 内蒙古 | 405.62 | | 86.00 | 297.62 | | 22.00 |
| 辽　宁 | 3 694.91 | 432.40 | 1 105.00 | | | 2 157.51 |
| 吉　林 | 541.00 | 541.00 | | | | |
| 黑龙江 | | | | | | |
| 上　海 | 3 704.07 | 113.73 | 3 581.92 | | 8.42 | |
| 江　苏 | 117 685.00 | 10 595.00 | 25 940.00 | 54 694.00 | 138.00 | 26 318.00 |
| 浙　江 | 42 064.00 | 29 469.00 | 8 983.00 | 3 470.00 | 7.00 | 135.00 |
| 安　徽 | 57 038.39 | 1 491.00 | 8 382.62 | 45 621.87 | 859.40 | 683.50 |
| 福　建 | 15 728.00 | 4 232.00 | 3 922.00 | 329.00 | | 7 245.00 |
| 江　西 | 168 517.72 | 52 937.30 | 45 268.20 | 64 125.32 | 384.00 | 5 802.90 |
| 山　东 | 201 589.90 | 19 225.70 | 8 702.20 | 3 795.00 | 134.00 | 169 733.00 |
| 河　南 | 4 793.00 | 3 344.00 | 756.00 | 605.00 | 36.00 | 52.00 |
| 湖　北 | 50 810.00 | 2 882.00 | 13 157.00 | 34 391.00 | 18.00 | 362.00 |
| 湖　南 | 97 557.00 | 32 229.00 | 9 373.00 | 50 974.00 | 614.00 | 4 367.00 |
| 广　东 | 88 518.11 | 60 327.98 | 22 330.07 | 1 907.00 | 346.75 | 3 606.31 |
| 广　西 | 16 198.10 | 14 719.14 | 75.35 | | 8.00 | 1 395.61 |
| 海　南 | 1 056.75 | 321.75 | | | | 735.00 |
| 重　庆 | 8 361.29 | 1 429.65 | 493.37 | 6 400.27 | | 38.00 |
| 四　川 | 19 854.44 | 339.00 | 142.60 | 18 975.73 | | 397.11 |
| 贵　州 | 7 575.54 | 4 112.25 | 33.73 | 3 331.76 | 97.00 | 0.80 |
| 云　南 | 5 927.26 | 2 208.94 | 2 243.80 | 887.00 | 79.00 | 508.52 |
| 西　藏 | | | | | | |
| 陕　西 | 3 165.70 | 626.50 | 121.20 | 2 275.00 | 10.00 | 133.00 |
| 甘　肃 | 549.33 | 469.18 | 3.63 | 66.00 | 1.52 | 9.00 |
| 青　海 | | | | | | |
| 宁　夏 | 93.00 | | 93.00 | | | |
| 新　疆 | 2 490.00 | | 2 490.00 | | | |

# 各地区渔业灾情造成的经济损失（二）

单位：万元

| 地　区 | 2.（台风、洪涝）损毁渔业设施 | | | | | | | |
|---|---|---|---|---|---|---|---|---|
| | 合　计 | 池　塘 | 网箱（鱼排） | 围　栏 | 沉　船 | 船　损 | 堤　坝 | 泵　站 |
| **全国总计** | **58 375.66** | **33 697.93** | **4 009.15** | **389.50** | **534.25** | **561.70** | **5 665.88** | **73.00** |
| 北　京 | | | | | | | | |
| 天　津 | | | | | | | | |
| 河　北 | 41.52 | 16.00 | | | 20.00 | | | |
| 山　西 | | | | | | | | |
| 内蒙古 | | | | | | | | |
| 辽　宁 | 829.94 | 81.94 | | | | | 498.00 | |
| 吉　林 | 347.00 | 127.00 | | | | | 65.00 | |
| 黑龙江 | 152.00 | 152.00 | | | | | | |
| 上　海 | 55.20 | | | | | 55.20 | | |
| 江　苏 | 3 864.00 | 1 302.00 | 100.00 | 70.00 | | | | |
| 浙　江 | 3 345.00 | 561.00 | 1 067.00 | 28.00 | 209.00 | 485.00 | 2.00 | |
| 安　徽 | 1 390.00 | 1 375.00 | 15.00 | | | | | |
| 福　建 | 2 692.00 | 1 426.00 | 867.00 | 3.00 | 302.00 | | | |
| 江　西 | 12 852.85 | 9 997.00 | 50.00 | 148.00 | | | 445.00 | |
| 山　东 | 2 820.74 | 2 193.00 | | | | 3.00 | 100.00 | 2.00 |
| 河　南 | 1 118.00 | 456.00 | | | | | 250.00 | 8.00 |
| 湖　北 | 3 021.00 | 2 407.00 | 275.00 | | | | 228.00 | 15.00 |
| 湖　南 | 10 117.00 | 6 590.00 | | | 1.00 | 15.00 | 2 242.00 | 27.00 |
| 广　东 | 9 705.10 | 2 907.40 | 1 318.00 | 26.00 | | 1.50 | 1 160.20 | |
| 广　西 | 2 016.36 | 1 031.55 | 317.15 | 91.50 | 2.25 | 2.00 | 338.07 | |
| 海　南 | 207.00 | | | | | | 100.00 | |
| 重　庆 | 267.71 | 0.10 | | | | | 163.51 | 0.20 |
| 四　川 | 380.30 | 300.50 | | | | | 30.80 | 16.00 |
| 贵　州 | 648.94 | 605.04 | | 15.10 | | | 20.00 | 0.80 |
| 云　南 | 368.30 | 322.40 | | 7.90 | | | 8.00 | 4.00 |
| 西　藏 | | | | | | | | |
| 陕　西 | 2 004.00 | 1 746.00 | | | | | | |
| 甘　肃 | 131.70 | 101.00 | | | | | 15.30 | |
| 青　海 | | | | | | | | |
| 宁　夏 | | | | | | | | |
| 新　疆 | | | | | | | | |

# 各地区渔业灾情造成的经济损失（三）

单位：万元

| 地 区 | 2.（台风、洪涝）损毁渔业设施（续） | | | | | | | 直接经济损失合计 |
|---|---|---|---|---|---|---|---|---|
| | 涵 闸 | 码 头 | 护 岸 | 防波堤 | 工厂化养殖 | 苗种繁育场 | 其 他 | |
| **全国总计** | **30.00** | **418.00** | **968.34** | **846.27** | **2 522.52** | **1 275.50** | **7 383.62** | **979 283.79** |
| 北 京 | | | | | | | | 240.00 |
| 天 津 | | | | | | | | 2 414.00 |
| 河 北 | | | | | 5.52 | | | 377.52 |
| 山 西 | | | | | | | | |
| 内 蒙 古 | | | | | | | | 405.62 |
| 辽 宁 | | 65.00 | 170.00 | 15.00 | | | | 4 524.85 |
| 吉 林 | | | | | | 20.00 | 135.00 | 888.00 |
| 黑 龙 江 | | | | | | | | 152.00 |
| 上 海 | | | | | | | | 3 759.27 |
| 江 苏 | | | | | 1 500.00 | 180.00 | 712.00 | 121 549.00 |
| 浙 江 | | 295.00 | 158.00 | | | 59.00 | 481.00 | 45 409.00 |
| 安 徽 | | | | | | | | 58 428.39 |
| 福 建 | | | | | 58.00 | 6.00 | 30.00 | 18 420.00 |
| 江 西 | | | 127.14 | 233.11 | 656.00 | 3.00 | 1 193.60 | 181 370.57 |
| 山 东 | | 3.00 | | | 141.00 | 324.00 | 54.74 | 204 410.64 |
| 河 南 | | | | | | | 404.00 | 5 911.00 |
| 湖 北 | 6.00 | | 90.00 | | | | | 53 831.00 |
| 湖 南 | 11.00 | 5.00 | 18.00 | 140.00 | 120.00 | 441.00 | 507.00 | 107 674.00 |
| 广 东 | 9.00 | | 374.00 | 380.00 | | 3.00 | 3 526.00 | 98 223.21 |
| 广 西 | | | 0.20 | 13.16 | 29.00 | 177.50 | 13.98 | 18 214.46 |
| 海 南 | | 50.00 | 7.00 | 50.00 | | | | 1 263.75 |
| 重 庆 | | | 15.00 | | | | 88.90 | 8 629.00 |
| 四 川 | | | | | 1.00 | 32.00 | | 20 234.74 |
| 贵 州 | | | 6.00 | | 2.00 | | | 8 224.48 |
| 云 南 | 4.00 | | | | | | 22.00 | 6 295.56 |
| 西 藏 | | | | | | | | |
| 陕 西 | | | 3.00 | 15.00 | 10.00 | 30.00 | 200.00 | 5 169.70 |
| 甘 肃 | | | | | | | 15.40 | 681.03 |
| 青 海 | | | | | | | | |
| 宁 夏 | | | | | | | | 93.00 |
| 新 疆 | | | | | | | | 2 490.00 |

# 各地区渔业灾情造成的数量损失（一）

| 地　区 | 1. 受灾养殖面积（公顷） | | | | | | 2. 水产品损失（吨） | | |
|---|---|---|---|---|---|---|---|---|---|
| | 合　计 | 台风、洪涝 | 病　害 | 干　旱 | 污　染 | 其　他 | 合　计 | 台风、洪涝 | 病　害 |
| **全国总计** | **435 305** | **74 759** | **107 928** | **200 212** | **1 106** | **51 300** | **767 781** | **156 794** | **122 266** |
| 北　京 | 133 | | 133 | | | | 200 | | 200 |
| 天　津 | 1 828 | | 1 825 | | | 3 | 1 855 | | 1 839 |
| 河　北 | 250 | 95 | 115 | | | 40 | 233 | 162 | 51 |
| 山　西 | | | | | | | | | |
| 内蒙古 | 575 | | 13 | 555 | | 7 | 312 | | 45 |
| 辽　宁 | 3 156 | 1 999 | 65 | | | 1 092 | 812 | 256 | 530 |
| 吉　林 | 42 | 42 | | | | | 71 | 71 | |
| 黑龙江 | 1 570 | 1 570 | | | | | 120 | 120 | |
| 上　海 | 2 625 | 27 | 2 591 | | 7 | | 2 640 | 81 | 2 553 |
| 江　苏 | 78 066 | 1 856 | 16 916 | 38 178 | 74 | 21 042 | 39 047 | 3 555 | 17 062 |
| 浙　江 | 8 921 | 5 357 | 2 279 | 1 266 | 10 | 9 | 26 712 | 21 621 | 3 545 |
| 安　徽 | 40 097 | 1 040 | 10 082 | 28 347 | 432 | 196 | 35 077 | 1 450 | 6 903 |
| 福　建 | 2 914 | 1 467 | 661 | 485 | | 301 | 10 438 | 3 038 | 3 697 |
| 江　西 | 99 294 | 19 720 | 30 597 | 46 776 | 173 | 2 028 | 127 627 | 42 990 | 36 083 |
| 山　东 | 25 868 | 5 565 | 6 709 | 1 342 | 65 | 12 187 | 315 114 | 10 761 | 3 423 |
| 河　南 | 3 825 | 1 891 | 1 063 | 849 | 7 | 15 | 5 070 | 3 784 | 713 |
| 湖　北 | 42 291 | 3 147 | 13 703 | 25 408 | 14 | 19 | 42 636 | 5 847 | 11 248 |
| 湖　南 | 66 958 | 10 999 | 12 754 | 38 930 | 85 | 4 190 | 53 902 | 11 905 | 9 183 |
| 广　东 | 27 643 | 12 009 | 5 272 | 861 | 207 | 9 294 | 70 908 | 37 132 | 22 078 |
| 广　西 | 3 752 | 2 948 | 151 | | 5 | 648 | 10 335 | 9 265 | 47 |
| 海　南 | 31 | 22 | | | | 9 | 285 | 152 | |
| 重　庆 | 4 987 | 1 094 | 116 | 3 774 | 2 | 1 | 4 908 | 1 037 | 312 |
| 四　川 | 10 669 | 18 | 52 | 10 588 | | 11 | 9 412 | 136 | 92 |
| 贵　州 | 5 336 | 3 173 | 3 | 2 150 | 9 | 1 | 4 008 | 1 700 | 7 |
| 云　南 | 2 064 | 490 | 1 041 | 345 | 12 | 176 | 3 252 | 1 293 | 985 |
| 西　藏 | | | | | | | | | |
| 陕　西 | 692 | 217 | 89 | 352 | 4 | 30 | 1 028 | 342 | 30 |
| 甘　肃 | 20 | 13 | | 6 | | 1 | 140 | 96 | 1 |
| 青　海 | | | | | | | | | |
| 宁　夏 | 68 | | 68 | | | | 77 | | 77 |
| 新　疆 | 1 630 | | 1 630 | | | | 1 562 | | 1 562 |

# 各地区渔业灾情造成的数量损失（二）

| 地 区 | 2. 水产品损失（吨）（续） | | | 3. （台风、洪涝）损毁渔业设施 | | | | | |
|---|---|---|---|---|---|---|---|---|---|
| | 干 旱 | 污 染 | 其 他 | 池塘（公顷） | 网箱（鱼排）（箱） | 围栏（千米） | 沉船（艘） | 船损（艘） | 堤坝（米） |
| **全国总计** | **161 697** | **1 760** | **325 264** | **15 701** | **2 088** | **93** | **9** | **191** | **109 500** |
| 北 京 | | | | | | | | | |
| 天 津 | | | 16 | | | | | | |
| 河 北 | | | 20 | 12 | | | 1 | | |
| 山 西 | | | | | | | | | |
| 内蒙古 | 256 | | 11 | | | | | | |
| 辽 宁 | | | 26 | 1 111 | | | | | 4 000 |
| 吉 林 | | | | 36 | | | | | 1 898 |
| 黑龙江 | | | | 70 | | | | | |
| 上 海 | | 6 | | | | | | 7 | |
| 江 苏 | 13 056 | 78 | 5 296 | 356 | 200 | 28 | | | |
| 浙 江 | 1 485 | 5 | 56 | 398 | 350 | 2 | 3 | 144 | 127 |
| 安 徽 | 25 542 | 735 | 447 | 190 | 4 | | | | |
| 福 建 | 170 | | 3 533 | 339 | 421 | 1 | 2 | | |
| 江 西 | 45 680 | 383 | 2 491 | 4 885 | 30 | 30 | | | 2 638 |
| 山 东 | 1 948 | 14 | 298 968 | 66 | | | | 2 | 1 200 |
| 河 南 | 500 | 51 | 22 | 105 | | | | | 3 576 |
| 湖 北 | 24 619 | 10 | 912 | 1 870 | 12 | | | | 14 624 |
| 湖 南 | 30 455 | 52 | 2 307 | 3 501 | | | 1 | 20 | 36 836 |
| 广 东 | 1 891 | 285 | 9 522 | 1 614 | 781 | 5 | | 16 | 26 988 |
| 广 西 | | 24 | 999 | 255 | 290 | 16 | 2 | 2 | 4 387 |
| 海 南 | | | 133 | | | | | | 200 |
| 重 庆 | 3 550 | | 9 | 399 | | | | | 12 601 |
| 四 川 | 9 076 | | 108 | 279 | | | | | 65 |
| 贵 州 | 2 268 | 32 | 1 | 124 | | 4 | | | 150 |
| 云 南 | 558 | 73 | 343 | 38 | | 7 | | | 80 |
| 西 藏 | | | | | | | | | |
| 陕 西 | 602 | 11 | 43 | 52 | | | | | |
| 甘 肃 | 41 | 1 | 1 | 1 | | | | | 130 |
| 青 海 | | | | | | | | | |
| 宁 夏 | | | | | | | | | |
| 新 疆 | | | | | | | | | |

# 各地区渔业灾情造成的数量损失（三）

| 地　　区 | 3.（台风、洪涝）损毁渔业设施（续） | | | | | | | 4. 人员损失（人） | | | |
|---|---|---|---|---|---|---|---|---|---|---|---|
| | 泵站（座） | 涵闸（座） | 码头（米） | 护岸（米） | 防波堤（米） | 工厂化养殖（座） | 苗种繁育场（个） | 合计 | 失踪 | 死亡 | 重伤 |
| **全国总计** | **39** | **22** | **973** | **23 396** | **9 010** | **68** | **17** | **2** | | **2** | |
| 北　　京 | | | | | | | | | | | |
| 天　　津 | | | | | | | | | | | |
| 河　　北 | | | | | | 7 | | | | | |
| 山　　西 | | | | | | | | | | | |
| 内 蒙 古 | | | | | | | | | | | |
| 辽　　宁 | 1 | 3 | 350 | 1 400 | 2 000 | | | | | | |
| 吉　　林 | | | | | | | 1 | | | | |
| 黑 龙 江 | | | | | | | | | | | |
| 上　　海 | | | | | | | | 1 | | 1 | |
| 江　　苏 | | | | | | 36 | 1 | | | | |
| 浙　　江 | | | 220 | 198 | | | 2 | | | | |
| 安　　徽 | | | | | | | | | | | |
| 福　　建 | | | | | | 1 | 1 | 1 | | 1 | |
| 江　　西 | | | | 6 392 | 1 555 | 1 | 1 | | | | |
| 山　　东 | 1 | | 3 | | | 2 | 2 | | | | |
| 河　　南 | 4 | | | | | | | | | | |
| 湖　　北 | 9 | 3 | | 12 200 | | | | | | | |
| 湖　　南 | 3 | 4 | 350 | 900 | 1 900 | 4 | 4 | | | | |
| 广　　东 | | 10 | | 725 | 820 | | 1 | | | | |
| 广　　西 | | | | 155 | 2 534 | 4 | 2 | | | | |
| 海　　南 | | | 50 | 786 | 200 | | | | | | |
| 重　　庆 | 1 | | | 500 | | | | | | | |
| 四　　川 | 15 | | | | | 1 | 1 | | | | |
| 贵　　州 | 4 | | | 100 | | 1 | | | | | |
| 云　　南 | 1 | 2 | | | | | | | | | |
| 西　　藏 | | | | | | | | | | | |
| 陕　　西 | | | | 40 | 1 | 11 | 1 | | | | |
| 甘　　肃 | | | | | | | | | | | |
| 青　　海 | | | | | | | | | | | |
| 宁　　夏 | | | | | | | | | | | |
| 新　　疆 | | | | | | | | | | | |

# 附　　录

# 附录 1

## 水产品产量数据调整说明

**1. 根据第二次农业普查结果调整水产品产量数据说明**

第二次全国农业普查结束后，按照国家统计局要求，原农业部对 2006 年渔业统计数据进行了调整。调整以农业普查水产养殖面积调查结果为依据，以各省（自治区、直辖市）2006 年的养殖单产水平、养殖结构为参考依据，综合测算各省（自治区、直辖市）水产品产量调减比例，核定 2006 年水产品产量。并以此为基数，参考渔业统计年报中各年度间的产量调整比例，对 1997—2005 年的水产品产量数据进行了相应调整。

**2. 根据第三次农业普查结果调整水产品产量数据说明**

第三次全国农业普查结束后，农业农村部联合国家统计局对 2016 年渔业统计数据进行了调整。调整以农业普查结果为依据，对各省（自治区、直辖市）2016 年水产养殖面积进行适当核定修正，并以各省（自治区、直辖市）2016 年水产养殖面积、从业人员、水产苗种等指标数据为参考依据，综合测算核定各省（自治区、直辖市）2016 年水产品产量。并以此为基数，参考渔业统计年报中各年度间的产量调整比例，对 2012—2015 年的水产品产量数据进行了相应调整。

# 附录 2

## 调整后历年产量对照表（一）

单位：万吨

| 年份 | 调整前 | 调整后 | 其中 | | | | |
|---|---|---|---|---|---|---|---|
| | | | 海洋捕捞 | 远洋渔业 | 海水养殖 | 淡水捕捞 | 淡水养殖 |
| 1990 | 1 427.26 | 1 427.26 | 594.40 | 17.09 | 284.22 | 85.64 | 445.91 |
| 1991 | 1 572.99 | 1 572.99 | 644.35 | 32.35 | 333.31 | 100.39 | 462.59 |
| 1992 | 1 824.46 | 1 824.46 | 720.84 | 46.43 | 424.31 | 99.09 | 533.79 |
| 1993 | 2 152.31 | 2 152.31 | 795.53 | 56.22 | 540.23 | 112.07 | 648.26 |
| 1994 | 2 515.69 | 2 515.69 | 925.61 | 68.83 | 604.80 | 126.79 | 789.66 |
| 1995 | 2 953.04 | 2 953.04 | 1 054.07 | 85.68 | 721.51 | 151.02 | 940.76 |
| 1996 | 3 280.72 | 3 280.72 | 1 152.99 | 92.65 | 765.89 | 175.43 | 1 093.76 |
| 1997 | 3 601.78 | **3 118.59** | 1 092.73 | 103.70 | 691.66 | 163.45 | 1 067.04 |
| 1998 | 3 906.65 | **3 382.66** | 1 201.25 | 91.31 | 751.99 | 197.51 | 1 140.60 |
| 1999 | 4 122.43 | **3 570.15** | 1 203.46 | 89.91 | 851.89 | 197.95 | 1 226.94 |
| 2000 | 4 278.99 | **3 706.23** | 1 189.43 | 86.52 | 927.96 | 193.44 | 1 308.88 |
| 2001 | 4 382.09 | **3 795.92** | 1 155.64 | 88.49 | 989.38 | 186.23 | 1 376.20 |
| 2002 | 4 565.18 | **3 954.86** | 1 128.34 | 109.64 | 1 060.47 | 194.71 | 1 461.69 |
| 2003 | 4 706.11 | **4 077.02** | 1 121.20 | 115.77 | 1 095.86 | 213.28 | 1 530.92 |
| 2004 | 4 901.77 | **4 246.57** | 1 108.08 | 145.11 | 1 151.29 | 209.60 | 1 632.49 |
| 2005 | 5 101.65 | **4 419.86** | 1 111.28 | 143.81 | 1 210.81 | 220.97 | 1 733.00 |
| 2006 | 5 290.40 | **4 583.60** | 1 136.40 | 109.07 | 1 264.16 | 220.38 | 1 853.59 |
| 2007 | 4 747.52 | 4 747.52 | 1 136.03 | 107.52 | 1 307.34 | 225.64 | 1 970.99 |
| 2008 | 4 895.59 | 4 895.59 | 1 149.63 | 108.33 | 1 340.32 | 224.82 | 2 072.49 |
| 2009 | 5 116.40 | 5 116.40 | 1 178.61 | 97.72 | 1 405.22 | 218.39 | 2 216.46 |
| 2010 | 5 373.00 | 5 373.00 | 1 203.59 | 111.64 | 1 482.30 | 228.94 | 2 346.53 |
| 2011 | 5 603.21 | 5 603.21 | 1 241.94 | 114.78 | 1 551.33 | 223.23 | 2 471.93 |
| 2012 | 5 907.68 | **5 502.14** | 1 190.02 | 124.40 | 1 575.20 | 204.02 | 2 408.51 |
| 2013 | 6 172.00 | **5 744.22** | 1 191.99 | 135.70 | 1 664.65 | 204.17 | 2 547.69 |
| 2014 | 6 461.52 | **6 001.92** | 1 200.18 | 203.68 | 1 732.40 | 202.49 | 2 663.17 |
| 2015 | 6 699.64 | **6 210.97** | 1 216.81 | 218.93 | 1 796.56 | 199.34 | 2 779.34 |
| 2016 | 6 901.25 | **6 379.48** | 1 187.20 | 198.75 | 1 915.31 | 200.33 | 2 877.89 |
| 2017 | | 6 445.33 | 1 112.42 | 208.62 | 2 000.70 | 218.30 | 2 905.29 |
| 2018 | | 6 457.66 | 1 044.46 | 225.75 | 2 031.22 | 196.39 | 2 959.84 |
| 2019 | | 6 480.36 | 1 000.15 | 217.02 | 2 065.33 | 184.12 | 3 013.74 |
| 2020 | | 6 549.02 | 947.41 | 231.66 | 2 135.31 | 145.75 | 3 088.89 |
| 2021 | | 6 690.29 | 951.46 | 224.65 | 2 211.13 | 119.78 | 3 183.27 |
| 2022 | | 6 865.91 | 950.85 | 232.98 | 2 275.70 | 116.62 | 3 289.76 |

注：根据第二次全国农业普查结果调整了 1997—2006 年产量，根据第三次全国农业普查结果调整了 2012—2016 年产量。

# 调整后历年产量对照表（二）

单位：万吨

| 年份 | 调整前 | 调整后 | 海水产品 | | | 淡水产品 | | |
|---|---|---|---|---|---|---|---|---|
| | | | | 捕捞 | 养殖 | | 捕捞 | 养殖 |
| 1990 | 1 427.26 | 1 427.26 | 895.71 | 611.49 | 284.22 | 531.55 | 85.64 | 445.91 |
| 1991 | 1 572.99 | 1 572.99 | 1 010.01 | 676.70 | 333.31 | 562.98 | 100.39 | 462.59 |
| 1992 | 1 824.46 | 1 824.46 | 1 191.58 | 767.27 | 424.31 | 632.88 | 99.09 | 533.79 |
| 1993 | 2 152.31 | 2 152.31 | 1 391.98 | 851.75 | 540.23 | 760.33 | 112.07 | 648.26 |
| 1994 | 2 515.69 | 2 515.69 | 1 599.24 | 994.44 | 604.80 | 916.45 | 126.79 | 789.66 |
| 1995 | 2 953.04 | 2 953.04 | 1 861.26 | 1 139.75 | 721.51 | 1 091.78 | 151.02 | 940.76 |
| 1996 | 3 280.72 | 3 280.72 | 2 011.53 | 1 245.64 | 765.89 | 1 269.19 | 175.43 | 1 093.76 |
| 1997 | 3 601.78 | 3 118.59 | 1 888.10 | 1 196.44 | 691.66 | 1 230.50 | 163.45 | 1 067.04 |
| 1998 | 3 906.65 | 3 382.66 | 2 044.55 | 1 292.56 | 751.99 | 1 338.11 | 197.51 | 1 140.60 |
| 1999 | 4 122.43 | 3 570.15 | 2 145.26 | 1 293.37 | 851.89 | 1 424.89 | 197.95 | 1 226.94 |
| 2000 | 4 278.99 | 3 706.23 | 2 203.91 | 1 275.95 | 927.96 | 1 502.32 | 193.44 | 1 308.88 |
| 2001 | 4 382.09 | 3 795.92 | 2 233.50 | 1 244.12 | 989.38 | 1 562.42 | 186.23 | 1 376.20 |
| 2002 | 4 565.18 | 3 954.86 | 2 298.45 | 1 237.98 | 1 060.47 | 1 656.40 | 194.71 | 1 461.69 |
| 2003 | 4 706.11 | 4 077.02 | 2 332.82 | 1 236.97 | 1 095.86 | 1 744.20 | 213.28 | 1 530.92 |
| 2004 | 4 901.77 | 4 246.57 | 2 404.47 | 1 253.18 | 1 151.29 | 1 842.09 | 209.60 | 1 632.49 |
| 2005 | 5 101.65 | 4 419.86 | 2 465.89 | 1 255.08 | 1 210.81 | 1 953.97 | 220.97 | 1 733.00 |
| 2006 | 5 290.40 | 4 583.60 | 2 509.63 | 1 245.47 | 1 264.16 | 2 073.97 | 220.38 | 1 853.59 |
| 2007 | 4 747.52 | 4 747.52 | 2 550.89 | 1 243.55 | 1 307.34 | 2 196.63 | 225.64 | 1 970.99 |
| 2008 | 4 895.59 | 4 895.59 | 2 598.28 | 1 257.96 | 1 340.32 | 2 297.31 | 224.82 | 2 072.49 |
| 2009 | 5 116.40 | 5 116.40 | 2 681.55 | 1 276.33 | 1 405.22 | 2 434.85 | 218.39 | 2 216.46 |
| 2010 | 5 373.00 | 5 373.00 | 2 797.53 | 1 315.23 | 1 482.30 | 2 575.47 | 228.94 | 2 346.53 |
| 2011 | 5 603.21 | 5 603.21 | 2 908.05 | 1 356.72 | 1 551.33 | 2 695.16 | 223.23 | 2 471.93 |
| 2012 | 5 907.68 | 5 502.14 | 2 889.61 | 1 314.41 | 1 575.20 | 2 612.53 | 204.02 | 2 408.51 |
| 2013 | 6 172.00 | 5 744.22 | 2 992.35 | 1 327.70 | 1 664.65 | 2 751.87 | 204.17 | 2 547.69 |
| 2014 | 6 461.52 | 6 001.92 | 3 136.25 | 1 403.85 | 1 732.40 | 2 865.66 | 202.49 | 2 663.17 |
| 2015 | 6 699.64 | 6 210.97 | 3 232.29 | 1 435.73 | 1 796.56 | 2 978.67 | 199.34 | 2 779.34 |
| 2016 | 6 901.25 | 6 379.48 | 3 301.26 | 1 385.95 | 1 915.31 | 3 078.22 | 200.33 | 2 877.89 |
| 2017 | | 6 445.33 | 3 321.74 | 1 321.04 | 2 000.70 | 3 123.59 | 218.30 | 2 905.29 |
| 2018 | | 6 457.66 | 3 301.43 | 1 270.21 | 2 031.22 | 3 156.23 | 196.39 | 2 959.84 |
| 2019 | | 6 480.36 | 3 282.50 | 1 217.17 | 2 065.33 | 3 197.86 | 184.12 | 3 013.74 |
| 2020 | | 6 549.02 | 3 314.38 | 1 179.07 | 2 135.31 | 3 234.64 | 145.75 | 3 088.89 |
| 2021 | | 6 690.29 | 3 387.24 | 1 176.11 | 2 211.13 | 3 303.05 | 119.78 | 3 183.27 |
| 2022 | | 6 865.91 | 3 459.53 | 1 183.83 | 2 275.70 | 3 406.38 | 116.62 | 3 289.76 |

# 附录 3

## 渔业统计指标解释

### 第一章　水产品产量

**第 1 条　水产品特征及产量统计范围**

水产品指渔业（捕捞和养殖）生产活动的最终有效成果，它具有以下特征：

（1）它是渔业生产活动的成果。水产品既是渔业生产的劳动对象，也是渔业生产的劳动成果，它包括全部海淡水鱼类、甲壳类（虾、蟹）、贝类、头足类、藻类和其他类渔业产品。

（2）它是渔业生产活动的最终成果。渔业生产过程中的中间成果，如鱼苗、鱼种、亲鱼、转塘鱼、存塘鱼和自用作饵料的产品，不是最终成果，不能统计在水产品产量中。

（3）它是渔业生产活动的最终有效成果。水产品在上岸前已经腐烂变质，不能供人食用或加工成其他制品的，不统计在水产品产量中。

**第 2 条　产量统计年度和统计者**

（1）年水产品产量按日历年度计算。即从每年 1 月 1 日至 12 月 31 日止已从养殖水域捕捞起水或者已从天然水域捕捞并已返航卸港的水产品均统计在年产量中，有的生产渔船在外地收港卸鱼或者在海上由收购船扒载收购的，也按到港计算产量。

（2）水产品产量统计中，养殖产量按照水域所在地统计，国内捕捞产量按照渔船所属地统计，远洋渔业产量按照远洋渔业管理办法进行统计。

**第 3 条　产量计量标准**

除海蜇按三矾后的成品计量、各种藻类按干品计量外，其余各种水产品均按捕捞起水时鲜品实重（原始重量）计量。此外，供观赏的水生动物按个体计算。

**第 4 条　养殖产量与捕捞产量划分原则**

凡人工养殖并已起水的水产品数量为养殖产量，凡捕捞天然生长的水产品数量为捕捞产量。

（1）凡是人工投放苗种（不包括灌江纳苗）并进行人工饲养管理的淡水养殖水域中捕捞的水产品产量计算为淡水养殖产量，否则为淡水捕捞产量。

（2）凡是人工投放苗种或天然纳苗并进行人工饲养管理的海水养殖水域中捕捞的水产品产量计算为海水养殖产量，否则为海洋捕捞产量。

（3）稻田养殖起水的水产品，也计算为淡水养殖产量。

**第 5 条　水产品分类**

水产品分为海水产品和淡水产品两大类。

一、海水产品

海水产品包括海洋捕捞产品、海水养殖产品和远洋渔业产品。其中，海洋捕捞产品产量指国内海洋捕捞产品产量不包括远洋渔业产量。

1. 海洋捕捞产品：包括海洋捕捞鱼类、甲壳类（虾、蟹）、贝类、藻类、头足类和其他类。

（1）海洋捕捞鱼类：海鳗、鳓鱼、鳀鱼、沙丁鱼、鲱鱼、石斑鱼、鲷鱼、蓝圆鲹、白姑鱼、黄姑鱼、鮸鱼、大黄鱼、小黄鱼、梅童鱼、方头鱼、玉筋鱼、带鱼、金线鱼、梭鱼、鲐鱼、鲅鱼、金枪鱼、鲳鱼、马面鲀、竹筴鱼和鲻鱼等。

（2）海洋捕捞甲壳类：虾和蟹。虾包括毛虾、对虾、鹰爪虾、虾蛄等。蟹包括梭子蟹、青蟹和蟳等。

（3）海洋捕捞贝类：蛤、蛏、蚶和螺等。

（4）海洋捕捞藻类：江蓠、石花菜和紫菜等。

（5）海洋捕捞头足类：乌贼、鱿鱼和章鱼等。

（6）海洋捕捞其他类：海蜇等。

2. 海水养殖产品：包括海水养殖鱼类、甲壳类（虾、蟹）、贝类、藻类、其他类。

（1）海水养殖鱼类：鲈鱼、鲆鱼、大黄鱼、军曹鱼、鲕鱼、鲷鱼、美国红鱼、河鲀、石斑鱼和鲽鱼等。

（2）海水养殖甲壳类：虾和蟹。虾包括南美白对虾、斑节对虾、中国对虾和日本对虾等。蟹包括梭子蟹和青蟹等。

（3）海水养殖贝类：牡蛎、鲍、螺、蚶、贻贝、江珧、扇贝、蛤和蛏等。

（4）海水养殖藻类：海带、裙带菜、紫菜、江蓠、麒麟菜、石花菜、羊栖菜和苔菜等。

（5）海水养殖其他类：海参、海胆、海水珍珠和海蜇等。

3. 远洋渔业产品：见第 27 条。

二、淡水产品

淡水产品包括淡水养殖产品和淡水捕捞产品。

1. 淡水养殖产品：包括鱼类、甲壳类（虾、蟹）、贝类、藻类和其他类产品。

（1）淡水养殖鱼类：鲟鱼、鳗鲡、青鱼、草鱼、鲢鱼、鳙鱼、鲤鱼、鲫鱼、鳊鲂、泥鳅、鲇鱼、鮰鱼、黄颡鱼、鲑鱼、鳟鱼、河鲀、短盖巨脂鲤、长吻鮠、黄鳝、鳜鱼、鲈鱼、乌鳢和罗非鱼等。

（2）淡水养殖甲壳类：虾和河蟹，其中虾包括罗氏沼虾、青虾、克氏原螯虾和南美白对虾等。

（3）淡水养殖贝类：河蚌、螺、蚬等。

（4）淡水养殖藻类：即螺旋藻。

（5）淡水养殖其他类产品：龟、鳖、蛙和珍珠等。

（6）观赏鱼统计按“条”计量，其重量不计入淡水养殖总产量。

2. 淡水捕捞产品：包括鱼类、甲壳类（虾、蟹）、贝类、藻类和其他类。其他类中包括丰年虫等。

**第 6 条　海洋捕捞产量**（按海区、渔具分类）

1. 按捕捞海域分为渤海、黄海、东海和南海区产量。渤海、黄海、东海、南海区划分界线：

（1）渤海：东以辽宁老铁山西角经庙岛群岛至蓬莱角连线与黄海为界。

（2）黄海：南以长江口北角至韩国济州岛西南端连线与东海为界，东至朝鲜半岛与朝鲜海峡。

（3）东海：南以闽粤省界经东山岛南端至台湾省南端的鹅銮鼻灯塔连线与南海为界，东至对马海峡日本琉球群岛与我国台湾省。

（4）南海：东以巴士海峡、巴林塘海峡、菲律宾群岛与太平洋为界，南至加里曼丹，西临中南半岛及马来半岛。

2. 按捕捞渔具分为拖网、围网、刺网、张网、钓具和其他渔具产量。

（1）拖网：单拖和双拖。

（2）围网：单船围网、双船围网和多船围网。

（3）刺网：定置刺网、漂流刺网、包围刺网和拖曳刺网。

（4）张网：单桩、双桩、多桩、单锚、双锚、船张、樯张和并列张网。

（5）钓具：漂流延绳钓、定置延绳钓、曳绳钓和垂钓（如鱿钓）。

（6）其他渔具：地拉网、敷网、抄网、掩罩、陷阱、耙刺、笼壶等类型。

**第 7 条　海水养殖产量**（按养殖水域分类）

（1）海上养殖：在低潮位线以下从事海水养殖生产。

（2）滩涂养殖：在潮间带间从事海水养殖生产。

（3）其他养殖：在高潮位线以上从事海水养殖生产。

**第 8 条　淡水养殖产量**（按养殖水域分类）

按养殖水面类型不同，分为池塘、湖泊、水库、河沟、稻田及其他养殖方式。

**第 9 条　部分养殖方式分类产量**

（1）普通网箱：网箱一般由合成纤维如尼龙、聚氯乙烯等网线编织而成，装置在网箱架上。普通网箱面积均为数平方米到数十平方米。一般安置在港湾、沿岸、湖泊、水库和河沟等水域。

（2）深水网箱：深水网箱是一种大型海水网箱，主要有重力式聚乙烯网箱、浮绳式网箱和碟形网箱三种类型，具有抗风浪性能。网箱水体均为数百立方米到数千立方米。深水网箱一般安置在水深 20 米以下的海域。

（3）工厂化：工厂化养殖即按工艺过程的连续性和流水性的原则，通过机械或自动化设备，对养殖水体进行水质和水温的控制，保持最适宜于鱼类生长和发育的生态条件，使鱼类的繁殖、苗种培育、商品鱼的养殖等各个环节能相互衔接，形成一个独自的生产体系，以进行无季节性的连续生产，达到高效率、高速度的养殖目的。

## 第二章　水产养殖面积

**第 10 条　水产养殖面积**

水产养殖面积指在报告期内实际用于养殖水产品的水面面积，包括海水养殖面积和淡水养殖面积。在报告期内无论是否全部收获或尚未收获其产品，均应统计在养殖面积中。但有些水面不投放苗种或投放少量苗种，只进行一般管理的，不统计为养殖面积。养殖面积法定计量单位为公顷。

**第 11 条 海水养殖面积**

海水养殖面积指利用天然海水养殖水产品的水面面积，包括海上养殖、滩涂养殖、其他养殖。工厂化、深水网箱不计入养殖面积。

**第 12 条 淡水养殖面积**

淡水养殖面积指在淡水水域养殖水产品的水面面积，包括池塘、湖泊、水库、河沟和其他五部分。工厂化、稻田养殖不计入养殖总面积。

**第 13 条 养殖面积核算**

（1）海上、滩涂、池塘、湖泊、水库、河沟等方式养殖面积按照实际使用的水面计算，计量单位为公顷。

（2）普通网箱按照实际占用水面计算面积，计量单位为米$^2$。

（3）工厂化养殖：按照实际养殖水体的体积计算，计量单位为米$^3$。

（4）深水网箱：按照实际占用水的体积计算，计量单位为米$^3$。

（5）在江河、湖泊、水库投放苗种或灌江纳苗、增殖放流的水域不统计面积；湖泊、水库、河沟虽有专人管理，或有苗种投放，但人工养殖水产品起捕量不足 30% 的水面也不统计为养殖面积（其产量列入捕捞产量）。

## 第三章 渔业经济总产值和增加值

**第 14 条 渔业经济总产值和增加值**

渔业经济总产值和增加值指以货币表现的核算期内渔业经济活动的总产出和总成果，包括了全社会渔业、渔业工业和建筑业、渔业流通和服务业。

**第 15 条 渔业产值和增加值**

渔业产值指以货币表现的核算期内捕捞和养殖水产品的总产出和总成果。具体包括人工养殖的水生动物和海藻的产值、天然水生动物和天然海藻采集的产值，即包括海洋捕捞、海水养殖、淡水捕捞、淡水养殖产品的产出。其计算方法：水产品产量分别乘以其产品的现行价格。

渔业增加值指以货币表现的核算期内全社会从事渔业捕捞和养殖生产活动所创造的最终产品的价值，其计算方法：渔业总产出扣除渔业中间投入。

渔业产值和增加值的数据取自同级统计部门。

**第 16 条 渔业工业、建筑业产值和增加值**

渔业工业、建筑业产值和增加值指以货币表现的核算期内全社会从事水产品加工业、渔用机具制造业、渔用饲料工业、渔用药物制造业、渔业建筑业等的产出和成果。

水产品加工业产值等于加工产品量乘以现行价格，其增加值采用食品加工业增加值率进行推算。

渔用机具制造业产值、增加值等于渔船渔机修造业、渔用绳网制造业和其他设备制造业的产值、增加值之和；其产值计算方法主要采用“工厂法”计算，增加值的计算方法采用统计部门“规模以上工业企业总产值表”中的相应指标增加值率进行推算。

渔用饲料工业产值主要采用“工厂法”，增加值是渔用饲料工业现行总产出乘以“规模以上”饲料工业现价增加值率。

渔用药物制造业产值取同级相关部门统计年报表中的有关数据，其增加值等于渔用药物总产出乘以“规模以上”生物制药业现价增加值率。

渔业建筑业产值计算方法是从建筑产品所有方的建筑工程造价角度入手，依据投资完成额计算，其增加值采用建筑业增加值率来推算。

**第 17 条　渔业流通和服务业产值和增加值**

渔业流通和服务业包括渔业流通业，渔业（仓储）运输业，休闲渔业，渔业文化教育、科学技术和信息等产值和增加值。

渔业流通业产值以营业额来计算，其增加值等于渔业流通业产值乘以批发零售贸易业现价增加值率进行推算。

渔业（仓储）运输业产值即营业收入，其增加值计算方法与建筑业相同。

休闲渔业产值包括涉渔的一切旅游服务业产值，以营业额计算，其增加值用旅游业增加值率进行推算。

渔业文化教育、科学技术和信息等产值及其增加值根据财政部门《一般预算支出决算明细表》和有关资料进行推算。

**第 18 条　计算总产值的价格**

计算总产值的价格按当年价格计算。

当年价格就是当年出售产品时的实际价格。水产品当年价格以各地渔业生产单位初次出售的价格的平均价格为依据；工业产品以报告期内的产品出厂价格为当年价格。商业以零售价格为当年价格。

## 第四章　渔业船舶拥有量

**第 19 条　渔业船舶**

渔业船舶指从事渔业生产的船舶以及为渔业生产服务的船舶，按有无推进动力分为机动渔业船舶和非机动渔业船舶。按生产性质分为生产渔船和辅助渔船。

国内海洋捕捞渔业船舶转为远洋渔业船舶的当年，应纳入远洋渔业船舶统计范围内，在国内渔船统计范围中不再进行统计。

**第 20 条　机动渔业船舶**

机动渔业船舶指依靠本船主机动力来推进的渔业船舶，分为渔业生产船和渔业辅助船。

渔业生产船是直接从事渔业捕捞和养殖活动的船舶统称。从事捕捞业活动的渔船为捕捞船，从事养殖业活动的渔船为养殖船。捕捞船，按主机总功率分为：441 千瓦（含）以上、44.1（含）~441 千瓦、44.1 千瓦以下三类；按船长分为：24 米（含）以上、12（含）~24 米、12 米以下；按作业方式分为拖网、围网、刺网、张网、钓具、其他共6类，有关解释请参照第6条的相关内容。

渔业辅助船指从事各种加工、贮藏、运输、补给、渔业执法等渔业辅助活动的渔业船舶统称，包括水产运销船、冷藏加工船、油船、供应船、科研调查船、教学实习船、渔港工程船、拖轮、驳船和渔业行政执法船等。其中捕捞辅助船指水产运销船、冷藏加工船、油船、供应船等为渔业捕捞生产提供服务的渔业船舶。钓具、围网等作业渔船中的子船纳入捕捞辅助船统计范围。

机动渔船年末拥有量应按数量、吨位、功率分别统计，各计量单位规定如下：

（1）数量的单位为“艘”，“艘”应按船舶单元计算，子母式作业船应分别统计。

（2）吨位的单位为“总吨”，“总吨”应为丈量确定的船舶总容积，每2.83米$^3$为1总吨。

（3）功率的单位为“千瓦”，“千瓦”应按主机总功率计算。1马力等于0.735千瓦。

**第21条　非机动渔船**

非机动渔船指无配置机器作为动力的渔船，依靠人力、风力、水力或其他船只带动的渔业船舶，包括风帆船、手摇船等。

## 第五章　渔业灾情

**第22条　渔业灾情**

渔业灾情指由于遭受自然灾害而造成水产品产量减少、苗种损失、设施损坏、水域污染以及人员伤亡等。

水产品损失指由于自然灾害造成的水产品损失数量和金额。

受灾养殖面积指由于自然灾害造成水产品产量损失在10%以上的养殖面积。

渔业设施损毁指由于台风（洪涝）造成池塘、网箱（鱼排）、围栏、渔船损坏或沉没、堤坝、泵站、涵闸、码头、护岸、防波堤、工厂化养殖场及苗种繁育场等被毁，从而造成的渔业设施毁坏的数量和金额。

人员损失指由于自然灾害而造成人员失踪、死亡和重伤的人数。

病害损失指由于自然灾害导致水产品发病而造成的水产品损失数量和金额。

## 第六章　渔业人口与渔业从业人员

**第23条　渔业乡和渔业村**

在农村中，从事渔业生产与经营的人员占全部从业人员50%以上或渔业产值占农业产值的比重50%以上的乡、村，即为渔业乡和渔业村；达不到上述标准的，但一直是以经营渔业为主，并经上级主管部门批准定为渔业乡、村的，亦可统计为渔业乡和渔业村。

**第24条　渔业户**（家庭）

渔业户指农（渔）村和城镇住户中主要从事渔业生产与经营的家庭。凡家庭主要劳动力或多数劳动力从事渔业生产与经营的时间占全年劳动时间50%（6个月）以上或渔业纯收入占家庭纯收入总额 50% 以上者均可统计为渔业户。

**第 25 条　渔业人口**

渔业人口指依靠渔业生产和相关活动维持生活的全部人口，包括实际从事渔业生产和相关活动的人口及其赡（抚）养的人口，具体如下：

（1）直接从事渔业生产和相关活动的在业人口。

（2）兼营渔业和其他非渔业劳动者中，凡从事渔业生产和相关活动的时间全年累计达到或超过 3 个月者，或者虽全年累计不足 3 个月，但渔业纯收入占纯收入总额比重超过 50% 者。

（3）由从事渔业生产和相关活动的人口赡（抚）养的人口。

（4）在既有渔业劳动者又有非渔业劳动者的家庭中，根据渔业与非渔业纯收入比例分摊的被渔业劳动者赡（抚）养的人口。

渔业人口中的传统渔民：指凡渔业乡、渔业村的渔业人口均可称为传统渔民。

**第 26 条　渔业从业人员**

渔业从业人员：全社会中 16 岁以上，有劳动能力，从事一定渔业劳动并取得劳动报酬或经营收入的人员。

渔业专业从业人员：全年从事渔业活动 6 个月以上或 50% 以上的生活来源依赖渔业活动的渔业从业人员。

渔业兼业从业人员：全年从事渔业活动 3~6 个月或 20%~50% 的生活来源依赖渔业活动的渔业从业人员。

渔业临时从业人员：全年从事渔业活动 3 个月以下或 20% 以下的生活来源依赖渔业活动的渔业从业人员。

## 第七章　远洋渔业

**第 27 条　远洋渔业产量和远洋渔船**

远洋渔业产量：由各远洋渔业企业和各生产单位按我国远洋渔业项目管理办法组织的远洋渔船（队）在非我国管辖水域（外国专属经济区水域或公海）捕捞的水产品产量。中外合资、合作渔船捕捞的水产品只统计按协议应属于中方所有的部分。

远洋渔船：按上述办法、协议，在上述水域进行常年或季节性生产的渔船。

## 第八章　水产苗种

**第 28 条　苗种**

鱼苗：卵黄囊基本消失，鱼鳔充气，能平游主动摄食的仔鱼，包括人工孵化和江河湖海港湾采捕的天然鱼苗。

鱼种：鱼苗经培育后，发育至全体鳞片，鳍条长全，外观具有成鱼基本特征的幼鱼，一般全长在 1.7~23.3 厘米，因出塘季节和培育期的不同，又俗称为夏花、冬片、春片、秋片、仔口和老口。

扣蟹：蟹苗经数次蜕皮变成外形接近蟹形的仔蟹，再经过4~5个月饲养培育成每千克100~200只性腺未成熟的幼蟹。

**第29条　苗种数量统计原则**

由苗种孵化或育成的单位归属统计，从他处购进或以其他方式取得苗种，不再进行统计。

## 第九章　水产加工业

**第30条　水产加工企业**

水产加工企业：从事水产品保鲜（保活）、保藏和加工利用的企业。

规模以上企业：年主营业务收入500万元以上的水产加工企业。

水产品加工能力：年加工处理水产品的总量。

**第31条　水产冷库**

水产冷库指主要用于水产品冻结、冷藏和制冰的场所，一般以低温冷藏库数作为冷库座数。

冷库的冻结能力、冷藏能力、制冰能力均指冷库建造设计的及后来改扩建新增的生产能力之和。

**第32条　水产加工品**

水产加工品指以水产品为原料，采用各种食品贮藏加工、水产综合利用技术和工艺所生产的产品，如冷冻冷藏品、腌制品、干制品、熏制品、罐头食品、各种生熟小包装食品，以及鱼油、鱼肝油、多烯脂肪酸制剂、饲料鱼粉、藻胶、碘、贝壳工艺品等。

一、水产冷冻品

水产冷冻品指为了保鲜，将水产品进行冷冻加工处理后得到的产品，包括冷冻品和冷冻加工品，但不包括商业冷藏品。

冷冻品泛指未改变其原始性状的粗加工产品，如冷冻全鱼、全虾等。

冷冻加工品指采用各种生产技术和工艺，改变其原始性状、改善其风味后制成的产品，如冻鱼片、冻虾仁、冷冻烤鳗、冻鱼籽等。

二、鱼糜制品和干腌制品

鱼糜制品指将鱼（虾、蟹、贝等）肉（或冷冻鱼糜）绞碎经配料、擂溃成为稠而富有黏性的鱼肉浆（生鱼糜），再做成一定形状后进行水煮（油炸或焙烤烘干）等加热或干燥处理而制成的食品，如鱼糜、鱼香肠、鱼丸、鱼糕、鱼饼、鱼面、模拟蟹肉等。

干腌制品指以水产品为原料，经脱水（烘干、烟熏、焙烤等）或添加腌制剂（盐、糖、酒、糟）制成具有保藏性和良好风味的产品，如烤鱼片、鱿鱼丝、鱼松、虾皮、虾米、海珍干品，以及海蜇、腌鱼、烟熏鱼、糟鱼、醉虾蟹、醉泥螺、卤甲鱼、水生动植物调味品（虾蟹酱、蚝油、鱼酱油）等。

藻类加工品指以海藻为原料，经加工处理制成具有保藏性和良好风味的方便食品，如海带结、干紫菜、调味裙带菜等。

三、水产罐制品

水产罐制品指以水产品为原料按照罐头工艺加工制成的产品，包括硬包装和软包装罐头，如鱼类罐头、虾贝类罐头等。

四、鱼粉

鱼粉指用低值水产品及水产品加工废弃物（如鱼骨、内脏、虾壳等）等为主要原料生产而成的加工品。

五、鱼油制品

鱼油制品指从鱼肉或鱼肝中提取油脂，并制成的产品，如粗鱼油、精鱼油、鱼肝油、深海鱼油等。

六、其他水产加工品

其他水产加工品指除上述加工产品之外的加工品统称，如助剂和添加剂（蛋白胨、褐藻胶、碘、甘露醇、卡拉胶、琼胶等）、珍珠加工品、贝壳工艺品、鱼酒、鱼奶等。

## 第十章　渔民家庭当年收支情况调查

**第 33 条　家庭常住人口数**

家庭常住人口数指全年经常在家或在家居住 6 个月以上，而且经济和生活与本户连成一体的人口数。外出从业人员在外居住时间虽然在 6 个月以上，但收入主要带回家中，经济与本户连为一体，仍视为家庭常住人口；在家居住，生活和本户连成一体的国家职工、退休人员也为家庭常住人口。但是现役军人、中专及以上（走读生除外）的在校学生，以及常年在外（不包括探亲、看病等）且已有稳定的职业与居住场所的外出从业人员，不应当作家庭常住人口。

**第 34 条　家庭渔业从业人员人数**

家庭渔业从业人员人数指家庭常住人口中从事渔业生产、销售、运输等活动累计 6 个月以上的人数。

**第 35 条　全年总收入**

全年总收入指调查期内被调查对象从各种来源渠道得到的收入总和。按收入的性质划分为家庭经营收入、工资性收入、财产净收入、转移性收入和政府生产补贴（惠农收入）。

**第 36 条　家庭经营收入**

家庭经营收入指以家庭为单位进行生产经营和管理而获得的收入，包括渔业（水产品及鱼苗）收入、其他家庭经营收入。

渔业收入：水产品及鱼苗用于市场交易的现金收入或自产自食的实物收入。市场交易的现金收入等于交易的水产品及鱼苗或与水产品有关的劳务活动量乘以市场价格，只要交易发生，包括现款和应收款都要计算为收入；自产自食的实物收入，按自食水产品数量乘以相应水产品成本价格计算。如某个水产品的市场平均价格为 10 元/千克，用于计算该水产品市场交易的现金收入；成本价格为 6 元/千克，用于计算自产自食的该水产品实物收入。

经营其他行业收入：渔民家庭自主经营的除渔业外的其他行业，如种植业、畜牧业、林业等第一产业，或从事第二、第三产业所取得的经营收入。第一产业的收入包括现金和实物两个部分，计算方法与渔业收入类似；第二、第三产业只计算现金部分。

**第 37 条 工资性收入**

工资性收入指渔民家庭中从业人员通过各种途径得到的全部劳动报酬和各种福利，包括在渔业生产劳动中获得的工资和在其他行业劳动中获得的工资。

工资的形式包含计时计件劳动报酬、奖金、津贴，以及单位代个人缴纳的养老保险、医疗保险、失业保险、房租费、水电费、托儿费、医疗费等，单位定期或不定期发放过节费、调动工作的安家费、相当于现金的通用购物卡、免费或低价提供的实物产品和服务折价、工作餐补贴折价，零星或兼职劳动中得到现金、实物补贴折价等，还包括股份制企业派发或奖励给员工的股票和期权。

工资按照收付实现制计算，只要是在调查期内实际得到的工资，无论该工资是补发还是预发，都应归为本期得到的工资收入。本调查期内应得但因拖欠等原因未得到的工资不应计入。

工资不包括因员工或员工家属大病、意外伤害、意外死亡等原因支付给员工或其遗属的抚恤金和困难补助金，应该将其列入转移性收入中的社会救济和补助收入。

**第 38 条 财产净收入**

财产净收入指渔民家庭住户或成员将其所拥有的金融资产和自然资源交由其他机构单位、住户或个人支配而获得的回报并扣除相关的费用之后得到的净收入。财产净收入包括利息净收入、红利收入、储蓄性保险净收益和转让承包土地或水面经营权租金净收入等。

利息净收入指利息收入扣除该住户或个人付给债权方的生活性借贷款利息支出后得到的净值。利息收入指按照双方事先约定的金融契约条件，借出金融资产（存款、债券、贷款和其他应收账款）的住户或个人从债务方得到的本金之外的附加额。利息收入是应得收入，包括各类定期和活期存款利息、债券利息、个人借款利息等，银行代扣的利息所得税也包括在内。

红利收入指住户或个人作为股东将其资金交由公司支配或处置而有权获得的收益。包括股票发行公司按入股数量定期分配的股息、年终分红以及从集体财产入股或其他投资分配得到的股息和红利。股票买卖结算后获得的收益（含亏损）不包含在内。

储蓄性保险净收益指住户或个人参加储蓄性保险，扣除缴纳的保险本金及相关费用后，所获得的保险净收益，不包括保险责任人对保险人给予的保险理赔收入。

转让承包土地或水面经营权租金净收入指住户将拥有经营权或使用权的土地转让给其他机构单位或个人获得的补偿性收入扣除相关成本支出后得到的净收入，也包括从其他机构单位或个人获得的实物形式的收入。

其他财产净收入指住户所得的除上述以外的其他财产净收入扣除相关的维护成本之后得到的净收入。如通过在国外购买的土地、矿产等自然资源获得的财产净收入等。

财产净收入不包括将非金融资产（如住房、生产经营用房、机械设备、专利、专有技术、商标商誉等）交由其他机构单位、住户或个人支配而获得的回报，应该计入“经营净收入”。财产净收入也不包括转让资产所有权的溢价所得，这些是“非收入所得”，不包含在本调查中。

**第 39 条　转移性收入**

转移性收入指国家、单位、社会团体对住户的各种经常性转移支付和住户之间的经常性收入转移。它包括政府、非行政事业单位、社会团体对居民转移的养老金或退休金、社会救济和补助、惠农补贴、政策性生活补贴、救灾款、经常性捐赠和赔偿以及报销医疗费等；住户之间的赡养收入、经常性捐赠和赔偿，以及农村地区（村委会）在外（含国外）工作的本住户非常住成员寄回带回的收入等。

转移性收入不包括住户之间的实物馈赠。

养老金或离退休金指根据国家有关文件规定或合同约定，在劳动者年老或丧失劳动能力后，根据他们对社会、单位所作的贡献和所具备的享受养老保险资格或退休条件，按月以货币形式或实物产品及服务给予的待遇，主要用于保障因年老或疾病丧失劳动能力的劳动者的基本生活需要。包括离退休人员的养老金或离退休金、生活补贴，农民享有的新型农村养老保险金，城镇居民享有的社会养老保险金，国家或地方政府给予城镇无保障老人的养老金，因工致伤离退休人员的护理费，退休人员异地安家补助费、取暖补贴、医疗费、旅游补贴、书报费、困难补助以及在原工作单位所得的各种其他收入，相当于现金的购物卡券也包含在内。也包括发给的实物和购买指定物品的票证、购物卡券，应同时计入相应的实物产品和服务项目中。

社会救济和补助指国家、机关企事业单位、社会团体和个人对各类特殊家庭、人员提供的特别津贴。包括国家对享受城镇居民最低生活保障待遇的家庭发放的最低生活保障金、对农村五保户发放的五保救助金、国家和社会及机构单位对特殊困难家庭给予的困难补助、扶贫款、救灾款、国家或机构单位向由于失去工作能力或意外死亡等原因而失去工作的职工或其遗属定期发放的抚恤金等。也包括发给的实物和购买指定物品的票证、购物卡券，应同时计入相应的实物产品和服务项目中。

惠农补贴指政府为扶持农业、林业、牧业、渔业和农林牧渔服务业，以现金或实物形式发放的各种生产补贴。现金形式发放的补贴包括粮食直补、购置和更新大型农机具补贴、良种补贴、购买生产资料综合补贴、退耕还林还草补贴、畜牧业补贴等生产性补贴。实物形式发放的补贴指政府低价或免费提供的相关产品和服务，如免费或低价提供的种子、农机具服务等。包括经营渔业的生产性补贴和经营其他产业的生产性补贴。在鱼塘改造中，如果是以渔民家庭为主进行投入建设，得到了政府补贴，计入渔民得到的惠农补贴；如果是政府直接奖励或投入改造建设，则按相关市场价格计入生产性固定资产。

政策性生活补贴指根据国家的有关规定，中央财政、各级地方财政给予家庭的相关政策性生活补贴。包括家电下乡和以旧换新等家电补贴、能源补贴、给农村寄宿制中小学生的生活补贴等；也包括其他低价或免费提供的实物产品和服务，如廉租房等。

报销医疗费指参加新型农村合作医疗、城镇职工基本医疗保险、（城镇）居民基本医疗保险、城乡居民大病保险的居民在购买药品、进行门诊治疗或住院治疗之后，从社保基金或单位报销的医疗费。报销医疗费属于一种实物收入。报销医疗费包括使用社保卡进行医疗服务付费时直接扣减的、由社保基金支付的部分。从商业医疗保险获得报销的医疗费不包括在内。

外出从业人员寄回带回收入指在外（含国外）工作的本住户非常住成员寄回、带回的收入。无论是以现金、汇款、转账、银行卡共享等任何形式寄回、带回的收入，都应计入。

赡养收入指亲友因赡养和抚养义务经常性给予住户及其成员的现金和实物收入。

其他经常转移收入指住户从除上述各项转移性收入以外得到的其他经常性转移收入。如经常性捐赠收入、经常性赔偿收入、失业保险金、亲友搭伙费等。

经常性捐赠收入指住户从他人、组织、社会团体处得到的经常性捐献或赠送收入。这种捐赠收入带有义务性和经常性，不包括遗产及一次性馈赠收入、婚丧嫁娶礼金所得、压岁钱等。捐赠收入与赡养收入的区别：赠送是对本住户的成员无赡养义务的其他住户或个人给本住户及其成员的现金。本住户成员内部间的捐赠收入和捐赠支出均不必记账。

经常性赔偿收入指住户及其成员因受到财产损失、人身伤害、精神损失得到的国家、单位、个人定期支付的经常性赔偿，不包括一次性赔偿所得。

**第 40 条　全年总支出**

全年总支出指渔民家庭全年用于生产、生活和再分配的全部支出。包括：家庭经营费用支出、生产性固定资产折旧、税费支出、生活消费支出、转移性支出。

**第 41 条　家庭经营费用支出**

家庭经营费用支出指以家庭为单位从事生产经营活动而消费的商品和服务、自产自用产品。包括经营渔业费用支出和经营其他行业费用支出。

经营渔业费用支出包括燃料、水电及加冰费用、雇工费用、饲料费用、购买种苗费用，以及加工费用、修理费、承包或租用费等其他生产支出。其中燃料、水电费指用于生产的，不包括用于生活的支出；修理或改造费用等，指额度在1 000元以下的日常渔需物质支出，在此价值量之上的如渔具的大修理、鱼塘清淤、改造等较大规模投入，则按量按价计入固定资产。

经营其他行业费用支出指从事除渔业经营外的其他行业，如种植业、畜牧业、林业等第一产业，或从事第二、第三产业经营的支出。其计算方法参考经营渔业支出。

**第 42 条　生产性固定资产原价及折旧**

生产性固定资产指使用年限在 2 年及以上、单位价值在1 000元以上的房屋建筑物、机器设备、器具工具、役畜、产品畜等资产，其中渔业生产性固定资产包括生产用车船、精养鱼池、大型网具、防逃设施、涵闸、泵站等。

生产性固定资产原价指固定资产当初的购进价、新建价或开始转为固定资产的价值。自繁自养的幼畜成龄转作役畜、产品畜、种畜，按市场同类牲畜的平均价格计价。国家奖励和外单位赠送的固定资产按购置同类固定资产的价格参照其新旧程度酌情计价。

渔民家庭的生产性固定资产折旧按农业生产性固定资产折旧方法处理，即 15 年的使用期限。

**第 43 条　税费支出**

税费支出指渔民家庭以现金和实物形式缴纳的从事生产经营活动的各种税赋支出，以及承包费、一事一议款、以资代劳款、乡村提留、集资摊派等费用，包括经营渔业税费支出和经营其他产业税费支出。对于无法区分家庭产业经营活动的税费支出，按一定比例分摊。

**第 44 条　转移性支出**

转移性支出指渔民家庭或成员对国家、单位、住户或个人的经常性或义务性转移支付，包括缴纳的税款、各项社会保障支出、赡养支出、经常性捐赠和赔偿支出以及其他经常转移性支出等。

个人所得税指家庭或成员被扣缴的工资薪金所得、对企事业单位的承包经营承租经营所得、个体工商户的生产经营所得、劳务报酬所得、稿酬所得、特许权使用费所得、利息股息红利所得、财产租赁所得、财产转让所得、偶然所得、经国务院财政部门确定征税的其他所得等个人所得的税款。生产税、消费税不在其内。

社会保障支出指家庭成员参加国家法律、法规规定的社会保障项目中由单位和个人共同缴纳的保障支出。包括养老保险、医疗保险、失业保险、工伤保险、生育保险以及其他社会保障支出。

赡养支出指家庭成员因赡养和抚养义务而付给亲友的经常性现金和定期的实物支出。现金赡养支出应按实际发生的金额计算，不论是从报告期收入中开支的，还是从银行存款、手存现金以及其他所得中开支的，均应包含在内。

其他经常转移支出指家庭或成员除缴纳的税款、社会保障支出、赡养支出以外的其他经常性转移支出，如经常性捐赠支出、经常性赔偿支出、各种罚款（如交通罚款）；政府部门向居民提供服务收取的服务费，如迁户口的办理费、办理身份证费，缴纳工会费、党费、团费以及学会团体组织费等。

经常性捐赠支出指家庭或成员赠予他人的经常性和带有义务性的现金支出，包括向寺庙的经常性捐款、定期资助贫困学生或贫困地区的款项、个人对公共设施建设的各类捐款，如解困基金、水利基金、防洪基金等，但不包括以商品或服务方式给予他人的价值额。婚丧嫁娶礼金支出及一次性馈赠支出如压岁钱、探望病人给予的礼金等不含在内。经常性捐赠支出应按实际发生的金额计算，不论是从报告期收入中开支的，还是从银行存款、手存现金以及其他所得中开支的，均应包括在内。

经常性赔偿支出指家庭或成员向因受到财产损失、人身伤害、精神损失的国家、单位、个人定期支付的赔偿支出，不包括一次性赔偿支出。

**第 45 条　生活消费支出**

生活消费支出指渔民家庭用于满足家庭日常生活消费需要的全部支出，包括伙食支出、烟酒支出、衣着支出、居住支出、生活用品支出、交通通信支出、教育文化娱乐支出、医疗保健支出、其他用品及服务支出。

伙食支出指渔民家庭住户购买粮、油、菜、肉、禽、蛋、奶、水产品、糖、饮料、干鲜瓜果等食品的支出，也包括在外饮食、餐馆外卖食品和其他饮食服务的支出，但不包括用于宠物食品的支出。

烟酒支出指渔民家庭住户用于烟草和酒类的支出。烟草包括卷烟、烟丝、烟叶。涵盖住户购买的所有烟草，包括在餐馆、酒吧等购买的烟草。不包括烟具。酒指用高粱、大麦、米、葡萄或其他水果发酵制成的含酒精饮料。主要有白酒、黄酒、葡萄酒、啤酒，包括低度酒精饮料或不含酒精的啤酒等。此处指买来在家喝的酒类，不包括在餐馆、旅馆、酒吧等消费的酒（在外饮食）。

衣着支出指渔民家庭住户用于穿着的支出，包括购买服装、服装材料、鞋类、其他衣类及配件，以及衣着相关加工服务的支出。

居住支出指渔民家庭住户用于居住的支出，包括房租、水、电、燃料、住房装潢、物业管理等方面的支出。

生活用品支出指渔民家庭住户购买家具和家用电器、日用杂品的支出。

家具和家用电器包括家具、家具材料、室内装饰品、家庭使用的各类大型器具和电器，小家电等，如冰箱、冷饮机、空调、洗衣机、吸尘器、干衣机、微波炉、洗碗机、消毒碗柜、炊具、炉灶、热水器、取暖器、保险柜、缝纫机、榨汁机、烤面包炉、酸奶机、熨斗、电水壶、电扇、电热毯等。

日用杂品包括床上用品、窗帘门帘和其他家用纺织品，以及洗涤及卫生用品、厨具、餐具、茶具、家用手工工具、其他日用品、护肤品、美容美发用品等。

交通通信支出指渔民家庭户在交通工具、交通费、通信器材、通信服务方面的支出。

交通工具包括家用汽车、摩托车、自行车及其他家庭交通工具。不包括经营用交通工具。

交通费包括乘坐各种交通工具（如飞机、火车、汽车、轮船等）所支付的交通费以及用于车辆使用的燃料费、停车费、维修费、车辆保险等。不包括因公出差暂由个人垫付的交通费。

通信工具包括固定电话机、移动电话机、寻呼机、传真机等。

通信服务费包括电话费、电话初装费、入网费、电信费、邮费等。

教育文化娱乐支出指渔民家庭户用于住户成员的教育活动、文化娱乐活动的支出。

教育包括职业技术培训费、学杂费、赞助费、一揽子教育服务费、教育用品支出等。文化娱乐包括用于文娱耐用消费品、其他文娱用品和文化娱乐服务。

文娱耐用消费品包括各种音像、摄影和信息处理设备，如彩色电视机、照相机、摄像机、组合音响、家用计算机，也包括中高档乐器、健身器材等，还包括文娱耐用消费品的零配件和维修。

其他文娱用品包括除教材及参考书以外的各种书报杂志及音像制品、文具纸张、体育户外用品、玩具、用于花鸟虫鱼等业余爱好的相关用品、宠物及宠物用品等其他文娱用品，也包括以上文娱用品的维修支出。

文化娱乐服务指和文化娱乐活动有关的各种服务费用。包括团体旅游、景点门票、体育健身活动、电影、话剧、演出票、有线电视费以及其他文化娱乐服务支出。

医疗保健支出指渔民家庭户购买医疗器具和药品，支付门诊和住院费方面的支出。

医疗器具和药品包括药品、滋补保健品、医疗卫生器具及用品和保健器具。

门诊和住院费指门诊和住院的医疗总费用，包括从各种医疗保险或其他医疗救助计划中获得的医药费和医疗费的报销款额；挂号费、诊疗费、注射费、手术费、透视费、镶牙费、出诊费、送药费、陪侍费、住院费、救护车费等；提供给门诊病人的药物、医疗器械和设备及其他保健产品。报销医疗费应按收付实现制记录，即仅当医疗费报销到手时才计入。

其他用品及服务指渔民家庭户在其他用品及服务方面的支出。

其他个人用品包括首饰、手表和其他杂项用品。

其他服务包括旅馆住宿费、美容美发洗浴、其他杂项服务。无法归入七大类服务支出的其他各项服务支出，如迷信、丧葬费、诉讼费、公证费、房地产中介服务费等也包含在内。

**第 46 条　全年纯收入和渔业纯收入**

全年纯收入指渔民家庭当年从各种来源得到的总收入相应地扣除所发生的费用后的收入总和。全年纯收入主要用于再生产投入和当年生活消费支出，也可用于储蓄和各种非义务性支出。渔民人均纯收入是按人口平均的纯收入水平，反映的是一个地区或一个渔民家庭的居民平均收入水平。计算方法：

全年纯收入=全年总收入-家庭经营费用支出-生产性固定资产折旧-税费支出

渔业纯收入=出售水产品收入+从事渔业所获得的工资性收入-经营渔业支出-渔业固定资产折旧-渔业税费支出

**第 47 条　可支配收入**

可支配收入指渔民家庭户可用于最终消费支出和储蓄的总和，即可以用来自由支配的收入。可支配收入既包括现金，又包括实物收入。本调查按照收入的来源，可支配收入包含四项，分别为：工资性收入、经营净收入、财产净收入、转移净收入。计算公式为：

可支配收入=工资性收入+经营净收入+财产净收入+转移净收入

其中：

经营净收入=经营收入-经营费用-生产性固定资产折旧-税费支出

转移净收入=转移性收入-转移性支出

**第 48 条　渔民家庭收支调查台账首页及问卷**

渔民家庭收支调查台账首页是用于采集渔民家庭收支情况基础数据的方法。在调查户中建立台账首页，按一定时间将发生收支情况通过问卷访问进行记录，由县级渔业统计人员按时间要求，直接通过村干部或村农业技术员收集或调查。本台账首页及问卷为参考表样，各地可根据实际情况自行设计，方便渔民理解。在台账首页中需要一次性填写的内容包括样本户地址及代码、居住房屋面积和估价、拥有大型网具价值、养殖面积、机动渔船数量、功率和吨位等。

样本户地址及代码指渔民家庭收支调查样本户的居住地址，按省、地、县、乡、村的行政地址填写，代码是国家统计局公布的标准代码（12 位）。村内的样本户按自然顺序编码。样本户所在的行政区划名称发生改变，但尚未获得国家标准名称和代码的，原地址和代码不变，可在备注中说明。

居住房屋面积指住宅用于生活居住的建筑面积，应扣除住宅中非生活居住（出租、生产或商用）的建筑面积。

建筑面积以房屋产权证或租赁证为准，也可按使用面积乘以 1.333 计算得出。如果没有相应证明，则由调查员根据本住宅或类似住宅判断填写。建筑面积应填写整数，不为整数时应四舍五入。

居住房屋的估价指居住房屋建筑本身的市场估值，仅包含建筑物本身的价值，不包含宅基地的价值。市场估值主要由调查员辅助住户进行填报。按农村地区的住宅市场估值方法进行估价，调查员预先了解本地区目前平均的房屋建造成本，并将这些信息提供给调查户。针对某个具体住宅，首先估计目前如果要建造同类住房所需要的成本，然后按照30年折旧的期限，根据住宅的建筑年份对剩余的价值进行折算。

**图书在版编目（CIP）数据**

2023中国渔业统计年鉴 / 农业农村部渔业渔政管理局，全国水产技术推广总站，中国水产学会编制．—北京：中国农业出版社，2023.6
ISBN 978-7-109-30778-0

Ⅰ．①2… Ⅱ．①农… ②全… ③中… Ⅲ．①渔业经济-统计资料-中国-2023-年鉴 Ⅳ．①F326.4-66

中国国家版本馆CIP数据核字（2023）第101935号

**2023中国渔业统计年鉴**
**2023 ZHONGGUO YUYE TONGJI NIANJIAN**

---

中国农业出版社出版
地址：北京市朝阳区麦子店街18号楼
邮编：100125
责任编辑：陈　瑨
责任校对：吴丽婷
印刷：中农印务有限公司
版次：2023年6月第1版
印次：2023年6月北京第1次印刷
发行：新华书店北京发行所
开本：787mm×1092mm　1/16
印张：10.25　　插页：8
字数：255千字
定价：200.00元

---